马九克
极简教育技术丛书

# 微课视频制作
# 与翻转课堂教学

马九克 / 著

华东师范大学出版社
·上海·

**图书在版编目(CIP)数据**

微课视频制作与翻转课堂教学/马九克著.—上海:华东师范大学出版社,2016
　ISBN 978-7-5675-5319-4

Ⅰ.①微…　Ⅱ.①马…　Ⅲ.①多媒体课件-制作
Ⅳ.①G434

中国版本图书馆 CIP 数据核字(2016)第 167217 号

**微课视频制作与翻转课堂教学**

著　　者　马九克
责任编辑　刘　佳
特约审读　贺晋娟
责任校对　邱红穗
装帧设计　朱耀捷

出版发行　华东师范大学出版社
社　　址　上海市中山北路 3663 号　邮编 200062
网　　址　www.ecnupress.com.cn
电　　话　021-60821666　行政传真 021-62572105
客服电话　021-62865537　门市(邮购)电话 021-62869887
地　　址　上海市中山北路 3663 号华东师范大学校内先锋路口
网　　店　http://hdsdcbs.tmall.com

印 刷 者　常熟高专印刷有限公司
开　　本　787×1092　16 开
印　　张　18.75
字　　数　389 千字
版　　次　2016 年 8 月第 1 版
印　　次　2022 年 3 月第 12 次
书　　号　ISBN 978-7-5675-5319-4/G·9557
定　　价　48.00 元

出 版 人　王　焰

(如发现本版图书有印订质量问题,请寄回本社客服中心调换或电话 021-62865537 联系)

# 见证从"机盲"到专家的美丽嬗变

七年前，在中国教育技术协会召开的年会上，我认识了上海市七宝中学的马九克老师，看了他的 PowerPoint 作品以及 Word 和 Excel 在教学中的实际应用的案例，让我大吃一惊。虽然我也自认为是会做演示文稿的，但与马老师比起来，只能甘拜下风了。更让我吃惊的是，五十多岁的他竟然是个计算机新手，2003 年当他从河南调到上海市七宝中学任物理教师时，他还是一个"机盲"。受形势所迫，他自学成才，在物理教学中积极探索计算机辅助教学，从此一发不可收。2008 年开始，他陆续出版了计算机辅助教学方面的专著，至今已经出版了八本，俨然成为一方专家。

"工欲善其事，必先巧其思"，这是我观察马老师的信息化教学行为后悟出的道理。大家熟知的 Offcie 软件再平凡不过了，但在他手里就变得出神入化。给我印象很深的是马老师用 PowerPoint 制作两个啮合转动的齿轮，齿轮上的那么多对称排放的"齿"，他竟然是用一条很粗的虚线表现出来的。参照他的这种"极变思维"方法，可以让你在一分钟内画出任意复杂形状的试管，甚至比较复杂的电路图。仅仅只是利用"自定义动画"的功能，他就制作出了教学中几乎所有动画课件。他在研究使用 PowerPoint 过程中，归纳出"极限变化思维"、"分层叠放思维"、"转动对称思维"、"对称显半思维"等大量奇异的、创新的思维方式。在 Office 的研究应用过程中，凭着这些创新的与众不同的思维方式，他能够结合教育教学的实际需要，把 Office 技术应用到极致。由于马老师具有这样的水平和能力，所以他的"Office 在教学中的应用"系列研究专著中，提供的大量案例令人耳目一新。所有著作都受到了广大教师的普遍欢迎。新的系列作品中《轻松高效做好班主任工作》一书，是集马老师三十多年教学工作的经验和二十多年的班主任工作实践，提炼出了班主任工作的典型案例，通过案例展示如何应用 PowerPoint、Word 和 Excel 这些常用的办公软件，针对性地解决实际工作中遇到的大量问题。《方便快捷制作教学课件》一书，从创新思维的角度，全面系统地论述了课件制作过程中，作图和动画的与众不同的思维方式。该书受到了微软全球教育副总裁 Anthony Salcito 的关注，并被微软（中国）

有限公司推荐为"全国中小学教师信息技术应用能力提升工程培训教材"。

近年来，马九克老师在对 Office 应用研究的基础上，对微课视频制作以及翻转课堂教学进行了深入的研究，根据自己的教学实践，制作了 200 多个教学微课视频，在对微课视频制作研究的基础上，总结了多种微课视频制作的方法，并录制了大量微课视频制作的视频教程。根据自己多年的教学经验，在对翻转课堂进行研究的基础上，他搜集整理了诸多教学案例，通过对这些案例的深入分析研究，提出了课堂教学的新结构模式。马老师的这些研究成果，将在该书中与大家分享。

马九克老师的系列研究专著，系统全面地介绍了他在将信息技术应用于教育教学过程中的众多行之有效的做法。相信你学习了马老师的研究专著后，也可以借助信息技术的威力，让自己的工作事半功倍，享受成功的快乐。

（祝智庭：华东师范大学终身教授，教育技术学博导，教育信息化系统工程研究中心主任兼教育部教育信息化技术标准委员会主任，全国教育科学规划领导小组成员暨教育信息技术学科组组长，国家发改委促进智慧城市健康发展部际协调专家组成员，联合国教科文组织 ECNU 联系中心副主任、首席专家。）

# 序言一

几年前,在闵行区教育信息技术应用研讨会上认识了马老师,后来由于我们经常一起讨论交流信息技术应用的问题,逐渐对马老师有所了解。他不仅是七宝中学的物理特级教师,而且对 Office 软件的应用,有其独到的研究。他与众不同的信息化思维,令人耳目一新。运用他开发的方法,使用 Office 软件可以解决我们教学工作中的很大一部分问题。如运用 PowerPoint 中的几个简单功能,就可以绘制出多种图形,设置多种动画。他的研究从最初的 PowerPoint 制作课件、Word 教学文档的编辑、Excel 学生成绩分析,到后来 Office 在班主任的班级管理上综合应用,他的研究不断深入,他所出版的相关著作版本也在不断升级。由于马老师在 Office 创新应用中的独到的研究成果,被微软授予"微软精英教师"称号,并被聘为微软高级培训师。他在全国 Office 在教育教学的应用研究和普及推广中独树一帜,具有很大的影响。

当前,微课制作与翻转课堂教学已成为课堂教学改革的一大潮流,这就需要录制大量教学微视频。马老师在这方面也进行了深入的研究和实践,亲自制作了大量的微课视频,我在网上也看到了他所制作的物理学科的微课视频,感觉马老师的微课视频,内容精要,形象生动,给学生课前的预习提供了很好的数字化资源。马老师在自己研究和实践的基础上,写成了《微课视频制作与翻转课堂教学》一书,马老师这本著作的问世,将为广大一线教师提供一个很好的学习材料。

教育信息化促进教育现代化已经成为教育发展的大趋势。在当今教育改革与创新的年代,我们需要一大批具有创新意识和创新能力的教师,马老师为我们树立了榜样。与马老师几年的接触中,我十分欣赏马老师带着研究的眼光去实践,带着实践的眼光去研究的做法。他注重研究与实践的结合,所以成果不断,并且研究的成果都能得到广大一线教师的普遍赞誉,成为广大教师优秀的学习材料。

应邀作序，向广大教师推荐本书，并表达我对马老师的敬意！

张民生

（张民生：原上海市教委副主任，中国教育学会副会长，国家督学，上海市教育学会会长，现国家教育咨询委员会委员，上海市教育综合改革咨询委员会委员。）

# 序言二

当前,互联网+教育正以超乎人们的想象力的速度迅猛发展,从云计算、移动互联、翻转课堂,到用 H5 制作微课页面,越来越多的新理念、新技术、新教法需要一线教师不断学习甚至终身学习,才能够跟上时代前进的步伐。在新一轮教师信息技术提升工程的教师培训中,亟需要一本能够跟上时代发展的教师信息技术培训教材和指南,上海七宝中学物理特级教师马九克老师的新作《微课视频制作与翻转课堂教学》一书,值得每一个关心移动互联网时代新兴技术在基础教育课堂教学中应用的教师关注。

马九克老师编著的《微课视频制作与翻转课堂教学》新书,我初步阅读以后,让人觉得眼睛一亮。这是一本别开生面的新技术在教学中应用的教材,它与计算机类教科书和教育理论类教科书不同,既不是单纯计算机软件的帮助文件式的教科书,也不是单纯畅谈教育理论的科研著作,这是马九克老师基于自己多年来在高中物理课堂教学中的丰富经验和全国各地参加教师培训的现场培训经验,将教育技术的理论与课堂教学实践紧密联系,更为重要的是,将新技术在教学中的应用技巧,与当前教育信息化发展的热点(翻转课堂、微课程等)融合在一起,让读者学习后可以立即应用到自己的课堂教学中。这种"干货"式的教师信息技术培训教材,当然会受到一线教师的欢迎,并能够给读者带来课堂教学变革的实际效益。

为什么目前教师的信息技术能力提升需要这本书呢? 简言之,该书有以下 3 个特点:

## 1. 内容新

众所周知,教育信息化的第一入口是 BYOD(BYOD,让每一个学生都能够自带设备进入互联网+教育)进行个性化学习。当然如果学生没有自己的信息终端(诸如手机、平板、上网本等),那么我们学校多年来有关教育信息化的努力,包括智慧校园建设、教育资源建设、三通工程等,这一类网络资源,学生无法使用,那么所有的教育网络化工作都等于白做了。而要实现BYOD,关键是做好教师的信息技术教学技能的准备。这本教材将目前发展最快的移动互联新技术如何在课堂教学中应用的技术方法,通俗易懂地介绍给读者,如 H5 微课的制作、UMU 互动教学平台的使用,如何使用微软的 Office Mix 设计制作自己的微课视频等等,这都是一线教师需要知道的好东西。

2. 易学

本书采用了以应用带学习的逆向教学法,从需求出发,选取了教师在学校日常教学中亟需要解决的问题,配合问题解决,介绍如何使用新技术。本书将具体的操作讲解得十分详尽,很适合读者"按图索骥"式地模仿操作学习,特别适合对新技术不太熟悉的一线教师。这种教学方法降低了学习的门槛,易于读者学习掌握新技术在教学中的应用。

3. 实用

马九克老师将自己多年来刻苦学习信息技术、提高课堂教学效果的丰富教学经验,融汇在本书中。本书讲述新技术在教学中的应用,介绍了一个个具体的操作,还提供了全国各地开展翻转课堂的教师们的优秀课堂教学法案例,并给出评价,可供读者学习借鉴,方便读者迁移到自己的学科教学情境中。

我常常到各地参加教师教育技术培训活动,深感我们工作在教育一线的老师们的辛苦,大家的时间都很忙,新兴的技术发展又很快,课堂教学改革急需新技术的支持,马九克老师的新书《微课视频制作与翻转课堂教学》的出版刚好满足了当前的这种需求,特推荐大家读一读这本能够解决你课堂教学的技术需求的新书。

黎加厚

(黎加厚:上海师范大学教授,教育部全国教师教育信息化专家委员会委员,中国教育技术协会学术委员会副主任)

2016 年 5 月 19 日
于上海师范大学科技园

# 前　言

从信息工具的使用到教学模式的改变,是全球教育教学改革发展的大潮流。我国目前开展的利用微课视频进行翻转课堂的教学改革,正是顺应了这一改革发展方向,也是当今我国教育信息技术应用于课堂教学改革的发展趋势。但据作者本人调研发现,在全国教育信息技术应用的培训中,近两年的统计调查数据显示,即便条件较好的省市重点学校的优秀骨干教师中,75%以上的教师没有录制过微课视频,其中 4% 的教师没有听说过微课。86% 的教师没有进行过翻转课堂教学实践,其中 14% 的教师没有听说过翻转课堂教学,只有 1% 的教师录制过一定量的微课视频并进行过翻转课堂的教学活动实践。全国其他学校情况由此可见一斑。

又据了解,没有进行微课视频制作的主要原因是,绝大多数教师不知道如何制作微课视频,或没有掌握微课视频录制的方法。本书从微课的基本概念(配置了 12 个视频教程)入手,对微课视频制作的方法进行了详细的讲解,既教会你如何下载网络视频,如何编辑视频文件,以及媒体文件格式的转换方法,更用较大篇幅详细介绍了目前主要的屏幕软件 Camtasia Studio 的使用方法,既有文字说明,又有 20 个 Camtasia Studio 软件录制微课的视频教程,"手把手"教会你制作微课视频。同时还介绍了微软发布的简单易学的 Office Mix 录制 PowerPoint 微课视频的方法。书中有大量的微课视频,可供读者参考使用。

作者在全国听了很多翻转课堂教学的公开展示课,其中有不少的课,很多教师不清楚该如何去组织课堂教学,如何构建在多媒体信息技术支持下的新型课堂教学模式,表面上虽然使用了现代化的教学设备,但实际的课堂仍是传统的教学方法,不知道教育信息技术如何融入到课堂教学中。据此作者收集了在全国公开展示的包含小学、初中、高中在内的 10 节有代表性的课堂教学实录,书中既有每节课的微课视频及课堂教学设计方案,又有对每节微课视频及课堂教学的点评。读者用手机扫描二维码即可观看。在观看课堂教学实录的同时,对照着课堂教学的切片式点评,让读者真正明白在教育信息技术支持下,如何构建新型课堂教学的模式。

书中还介绍了很多实用的方法技巧,如 H5 移动场景的页面制作,如何制作各种二维码,如何使用问卷星和百度云管家,如何把手机画面显示在电脑上,如何把手机当鼠标来控制电脑等等。扫描书中二维码可以看到多个教学中应用的 H5 移动场景,且内容在不断添加中,在二维码图案不变的情况下,你总能看到最新的内容。

本书主要读者对象是广大中小学教师,以及从事基础教育研究的教育工作者,本书也可作为学校教师教育信息技术应用方面培训的教材。高校教师在进行慕课活动中也可以作为参考。本书语言流畅,图文并茂,易学易懂,实用性强。

作者在多年的研究过程中,原上海市教委副主任、中国教育学会副会长、国家督学、现国家教育咨询委员会委员张民生教授,教育部教育信息化技术标准委员会主任、全国著名教师教育技术应用研究专家、华东师范大学终身教授、教育技术学博导祝智庭教授,教育部全国教师教育信息化专家委员会委员、中国教育技术协会学术委员会副主任、上海师范大学教育技术系黎加厚教授等,多次给予了指导和帮助。华东师范大学国际慕课研究中心主任陈玉琨教授、田爱丽博士在本书的编写过程中都给予了很大的帮助与支持。对以上专家和领导在本书编辑和出版过程中的帮助、关心和支持,我们表示深深的感谢!

仇忠海

(仇忠海:上海市七宝中学原校长兼党委书记,上海市特级校长,中学特级教师,教育部校长培训中心兼职教授,上海市劳模(两次),国务院特殊津贴获得者,第二届"上海市教育功臣"。)

# 目录

# 第1章　微课程及微课视频综述

## 1.01　微课视频及设计制作

由于云计算和移动互联网等信息技术的普及,教育观念和教学方式的转变,以及学生个性化教育的需求,同时 21 世纪学校信息化环境的变化,促进了新的教学方式的变化,翻转课堂教学已经成为当前教育信息化的热点,微课程是进行翻转课堂教学的基础,设计微课程和制作微课视频已经成为 21 世纪教师应该具有的基本技能。

微信扫一扫①

### 1　认识微课程

（1）什么是微课程

微课程是指基于教学设计思想,使用多媒体技术,以音频、视频为主要载体,针对某个学科知识点(如重点、难点、疑点、考点等)或教学环节(如学习活动、主题、实验、任务等),而设计开发的一种情景化、支持多种学习方式的在线视频网络课程。除了主要的微课视频以外,它还应该包括任务单、导学案、测试题以及评价等教学环节。微课程也可以简称微课。

（2）微课视频及特点

微课视频是微课程的重要部分。微课视频是指时间在 10 分钟以内,有明确的教学目标,

_____

① 扫一扫本书中的二维码,可以直接阅读、使用本书中相关的电子文档、课件和视频。

内容短小，能够集中说明一个问题的视频。

之所以把微课视频的时间限定在 10 分钟以内，是根据脑科学的研究结果。研究表明，在一般情况下，人们在听讲时注意力能够集中的时间不会超过 10 分钟，实际上，对于中国的绝大多数学生而言，能够集中注意力认真听课的时间会更短。一般小学生微课视频的时间在 3—5 分钟，初中生在 5—6 分钟，高中生在 7—8 分钟为宜。微课视频一般控制在 8—10 分钟以内，即使再多内容也不要超过 10 分钟。

微课视频具有短小精悍且制作周期短，制作成本低，技术门槛低，制作易上手，传播成本低等特点。

微课视频制作时要突出"微"、"小"、"精"的特性。

所谓"微"，既有"细小，轻微"的意思，又有"精深奥妙"的含意。这里的"微"，不仅是指视频的时间较短，更具有目前"微时代"、"微言大义"及"微而精"的特点。

"小"的含义：一是指微课视频的容量小，时间短，所以微课视频的文件容量可以很小，一般只有几十兆甚至几兆，这样符合目前互联网播放视频的带宽和速度的基本要求。二是指微课的选题要小，因为时间短，所以微课视频只能是针对某个知识点或者某道习题进行讲解。

所谓"精"，指的是微课的设计要精致、紧凑，不能拖泥带水。因为时间短，所以微课视频中的每一分钟甚至每一秒钟都应该经过精心的设计，否则就无法在较短的时间内完成教学任务。传统的课堂教学，教师有较多的时间来导入学习内容，也有相对充裕的时间来组织学习活动，微课视频则要对每一段教学活动都需要进行更精致的设计。

总之，微课视频主要是针对教学中的某个重点、难点、疑点、考点等来进行讲解的。在某一个微课视频中，知识的讲解不能面面俱到。

（3）正确认识微课视频

目前有不少教师制作的不是微课视频，只是一段视频。因此要澄清对微课的一些错误认识，它不是教师讲课用的多媒体课件，不是一节课的浓缩版，更不是一节常规精品课的视频切片。微课视频不等于完整课堂的局部片段，它本身就是一个完整的教学设计。微课不是对原有课件的简单分隔或重复，而是要进行深入细致的思考，针对知识点重新进行教学设计和深加工。

2　微课的设计制作

（1）选题

根据本节课的重点、难点、易错点，将一节课或者一个教学单元分成若干个知识点，根据所教的学段不同，可以分为 2—3 个或者 3—5 个知识点。要整理一个清单，列出各个知识点。

（2）设计

对每个知识点进行分析研究。根据不同的知识点，创新地设计出不同的信息化教案。包括 PowerPoint 课件中图形、动画的设计，其他视频的引用，图片、Flash 动画的插入等。

（3）制作

微课设计好以后，主要是 PowerPoint 的形式，然后利用录课软件进行屏幕录像。录制好以后，再进行后期加工处理，如去除噪音，冗余内容的剪辑，添加字幕和标注，在视频前面还可以添加片头，后面可以添加片尾等。

3　微课的分类

微课按照表达内容及应用目的，可以分为以下六种类型：

（1）理论讲授型

适用于讲解基础概念、规律和原理等类型，注重知识的内在规律性和逻辑性。如理科教学中的概念、规律的讲解。

（2）推理演算型

适用于原理、规律、定律等，注重推演过程对学生理解知识的意义，如理科教学中的公式、原理、解题过程等。

（3）答疑解惑型

适用于习题讲解、解答技巧的专项突破，如理科教学中的习题类讲解。

（4）情感感悟型

适用于德育类主题或内容，能引起学生共鸣，引发学生深思，如语文、政治等文科类学科。

（5）技能训练型

适用于动作技能、操作技能、语言运用技能等，如体育、音乐、美术等学科。

（6）实验操作型

适用于利用仪器或设备、器材研究探索概念、规律生成的过程。如物理、化学、生物等理科教学中实验过程的录制。

4　微课视频的制作形式

微课视频的制作既有一定的标准，也有各种不同的形式。要根据课程的要求，选用不同的制作形式。以下是一些微课视频制作的常用形式。

（1）PowerPoint 动画的视频

根据知识点，特别是一些知识的疑难点，学生不易理解的抽象的概念，要通过 PowerPoint 动画来展示这些学生难以理解的知识点。这对教师的 PowerPoint 的应用技术要求较高，要制作出高质量的微课视频，教师一定要掌握 PowerPoint 的应用技能和使用方法。

（2）公式讲解的视频

对于理科的教学，涉及很多公式，可以利用 PowerPoint 先制作出这些公式表现的动画形式，在讲解的过程中，可以根据讲授的内容，让公式慢慢随着讲解的进度逐渐出现。再配以书写笔的标注进行讲解，如果全部用笔书写，会出现由于书写不规范占用过多的版面的情况。

（3）插入 Flash 的视频

一些质量很高的 Flash 动画，可以直接插入到 PowerPoint 文档中，对 PowerPoint 屏幕进行录制。当然也可以对 Flash 动画文件的个别内容进行适当的修改。

（4）插入视频的视频

很多微课视频在制作时，需要配合一些已有视频进行讲解，如物理、化学、生物等学科的微课中，仅仅 PowerPoint 动画不能让学生相信讲解内容的真实性，需要通过实验视频再现客观现象的真实过程，而需要的视频不一定都要自己亲自录制，可以把网上下载的一些视频进行裁剪编辑后插入到 PowerPoint 文档中，再根据视频内容进行讲解。

（5）Word 文档视频

对于 Word 文档，利用书写笔进行书写，然后直接用屏幕录像软件进行录制。对于一些 PowerPoint 课件制作水平不高的教师，或者要快速录制一些试题且不需要动画效果，可以直接在 Word 文档上录制。

（6）画图板（绘图软件）制作视频

电脑中 Windows 系统自带的画图板或绘图软件，可以调出各种不同色彩的笔，能够方便地绘制一些简单的彩色图形，因此很适合给低年级学生制作微课视频时使用。

## ◎ 1.02 微课视频的录制及标准

1 微课视频的录制形式

（1）常见录课软件

制作微课视频可以有多种形式，最常用的是屏幕录像软件进行屏幕录像，目前比较流行的是 Camtasia Studio 录屏软件，可以保存成多种格式的视频文件，同时可以对录制的视频进行剪辑和编辑，对声音进行降噪或重新配音，功能比较强大。可以满足录制微课视频中的基本需要。另一个录屏软件是国内的屏幕录像专家，也可以录制多种格式的视频文件，并且也有较高的清晰度，也可以对声音进行降噪处理，或重新导入声音等功能。但是对视频的再编辑功能有点欠缺。如果不需要对录制的视频重新编辑，添加艺术效果，后者也是不错的选择。两款软件都能录制高清晰的微课视频。

（2）实际的录制过程

实际的录制过程是：通过手写板在电脑屏幕上进行书写，然后用录屏软件进行屏幕录制。电脑屏幕上可以是各种形式的界面。常用的有：1. PowerPoint 放映时的界面；2. 绘图软件显示的界面，如 Windows 自带的画图板，绘图软件（如绘图软件 SmoothDraw）；3. Word 界面等。总之，只要是电脑屏幕呈现出来的内容都可以通过屏幕录像软件将其录制为视频文件。目前，录制界面通常是 PowerPoint 界面,它可以呈现各种图形和动画,对一些抽象概念的讲解很有帮助。对于低年级学生,可以用免费绘图软件 SmoothDraw,它更多侧重于书写功能,可以方便调整出各种颜色。

(3)可汗录课的工具

可汗录制微课程的方法是:使用 Camtasia Studio 录屏软件,外加手写板 Wacom Bamboo,使用免费绘图软件 SmoothDraw 进行板书。叮汗录制的微课视频主要是文字形式,由于没有涉及到动画,所以只用了绘图软件进行板书。

(4)微课视频制作中教师的多重角色

在制作微课视频的过程中,教师具有多重的角度。从教师角度而言,教师要有良好的专业能力和一定的教学经验。要努力使微课视频在内容上具有科学性、准确性、逻辑性、知识性。同时还要求教师有常用信息技术软件的应用能力,熟练掌握 PowerPoint 课件制作中的动画设置技术,并要注意颜色的搭配,以及字体字号的设置。还要掌握视频的裁剪编辑技能,屏幕录课软件的应用技能。另外从视频制作的角度,要努力提高微课程视频的视觉效果,使微课程具有一定的艺术性和可观赏性。

2 优秀微课视频的标准

微课视频的制作要遵循一定的标准和原则。微课视频制作的基本原则是:聚集、简要、清晰、技术、创新。

(1)聚集一个知识点

微课视频只讲述一个教学知识点,这个知识点是供学生自主学习时,必须要教师讲述才能理解的内容,要站在利于学生自主学习的角度进行讲解。这些内容是学习的重点、难点、易错点,学生能够自己通过阅读教材理解的内容,一般不需要制作成微课视频。

(2)内容要简明扼要

微课程的时间由于要控制在 10 分钟以内或更短,要抓住学生注意力集中的最佳黄金时段,简明扼要地概述知识点,点拨难点,突出注意点,循序渐进帮助学生完成对知识点的学习。微课视频的讲解有别于课堂教学,要精讲,所以每句话都要进行推敲。

(3)语言图像要清晰

微课视频在讲解时要使用规范的学术用语,语言文字表述要清晰、有条理,易于学生理解;画面合理布局,成像清晰,无制作缺陷。PowerPoint 画面要能够清晰地呈现学习内容;插入的视频画面清楚,选用的图片清晰等。

(4)适当选取制作技术

针对不同的主题,选取合适的一种或者多种方法,恰当运用信息技术,帮助学生自主学习。注意:使用技术的目的在于辅助学生学习,切勿滥用技术,在讲解过程中分散学生学习的注意力。

（5）多种创新活动

录制微课视频进行翻转课堂教学，本身就是教学的创新活动，因此教育理念要创新，实施的教学模式要创新，运用的信息技术要创新，以此丰富教学策略，激发学生自主学习的兴趣，并让学生易于理解学习的内容。

## 🌀 1.03 PowerPoint 微课视频设计制作

PowerPoint 微课视频的设计制作，涉及知识点的划分，PowerPoint 课件的制作以及录屏的过程。这里只简单说明一下微课视频设置的基本方法。教学中有很多知识点，这些知识点有的是重点知识，有的是难点知识，制作这些知识点的微课视频，首先要把这些知识点找出来，分析这些知识点涉及到哪些概念，准备讲解什么问题，达到什么样的目的，特别是涉及到的抽象的概念，准备通过什么样的图形，什么样的动画去表达，插入什么样的视频辅助课程进行教学，都要进行详细的思考和分析研究。也就是在对这些知识点进行分析研究的基础上，确定通过什么样的图形，什么样的动画以及视频，来突出教学的重点，突破教学的难点，解决学生的疑点，梳理教学的考点。下面以高中物理几个微课视频的设置过程为例进行简单分析。但是由于读者的学科不同，在此不作过多的学科知识的分析。有关 PowerPoint 作图和动画的设置技巧，请参见《方便快捷制作教学课件》（马九克著）一书，在此不再赘述，读者可以参照配套的 PowerPoint 文档进行分析。录制的过程参见本书"第 5 章　录屏软件 Camtasia Studio 使用教程"。

1　知识点微课视频制作过程

下面以高中物理电学中《电动机工作原理》微课视频的制作，简单说明知识点微课视频设计的过程。

（1）微课视频的设计分析

电动机工作原理的微课视频涉及到两大问题，主要是：电动机为什么能一直转动下去？换向器和电刷是如何改变电流方向的？根据微课视频的分析，再进行微课视频的设计，要在视频中分别展示线圈在不同位置的电流方向以及受力情况，同时要对电刷和换向器进行动画的放大处理，以此向学生说明电刷和换向器改变电流方向的工作原理。

（2）微课视频的动画设置

根据微课视频的分析和设计，进行 PowerPoint 的作图和动画设置。

1）绘制电刷和换向器图形

如图 1-1 所示。这些放大的图形是教师在对教材进行分析研究的基础上，为了突出显示局部内容，运用创造性的思维绘制的。这也是在设计 PowerPoint 课件时需要考虑的重要的一部分。

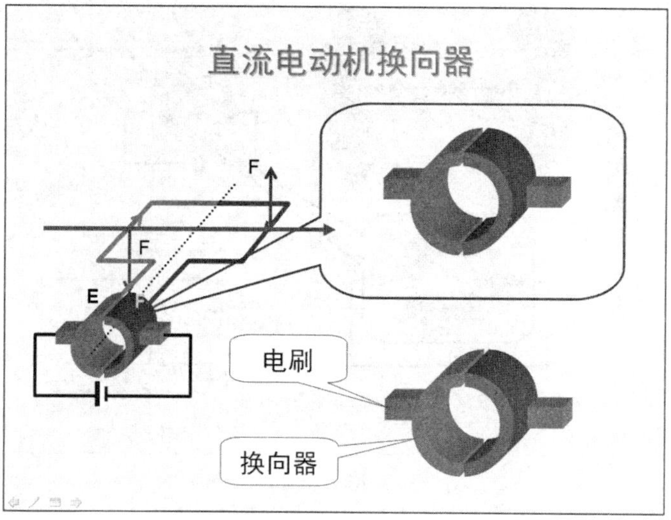

图 1-1

2) 绘制不同位置的线圈受力情况

如图 1-2 所示。为了让学生了解线圈在不同位置时的受力情况,需要绘制出线圈在不同位置的图形,进行分析讲解。

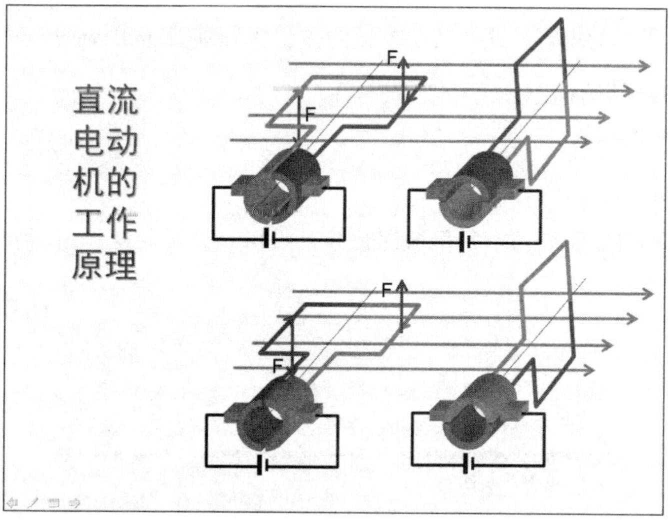

图 1-2

3) 绘制放大图形,并设置动画

如图 1-3 所示。除了绘制放大的图形以外,还要通过动画进一步说明电刷和换向器的工作原理。

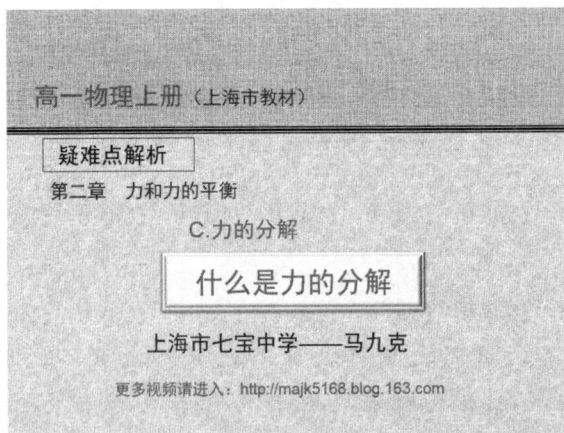

图 1-3

## 2　教学单元微课视频的制作

一个教学单元微课视频的设计,要对整个单元的教学内容进行全面考虑,根据学科及教学内容的不同,将该单元的教学内容分成若干个知识点。下面以物理学科《力的分解》为例,说明一个教学单元的微课视频设计方法。

《力的分解》是一个教学单元,涉及内容较多,分成了 11 个微课视频,当然这不是一节课的内容,是整个教学单元的内容。这个教学单元的微课视频涉及了 PowerPoint 的图形、动画,插入了视频以及 Flash 动画。

(1) 设置统一格式

1) 统一首页格式

要保持每个视频的风格一致,每个微课视频首页格式设置要统一,且要布局合理,突出主题,如图 1-4 所示。

图 1-4

2）内容页面格式保持一致

除了首页格式相同外,其他幻灯片的格式也要保持一致,可以通过幻灯片的母版,保持各幻灯片具有相同的格式,如图1-5所示。

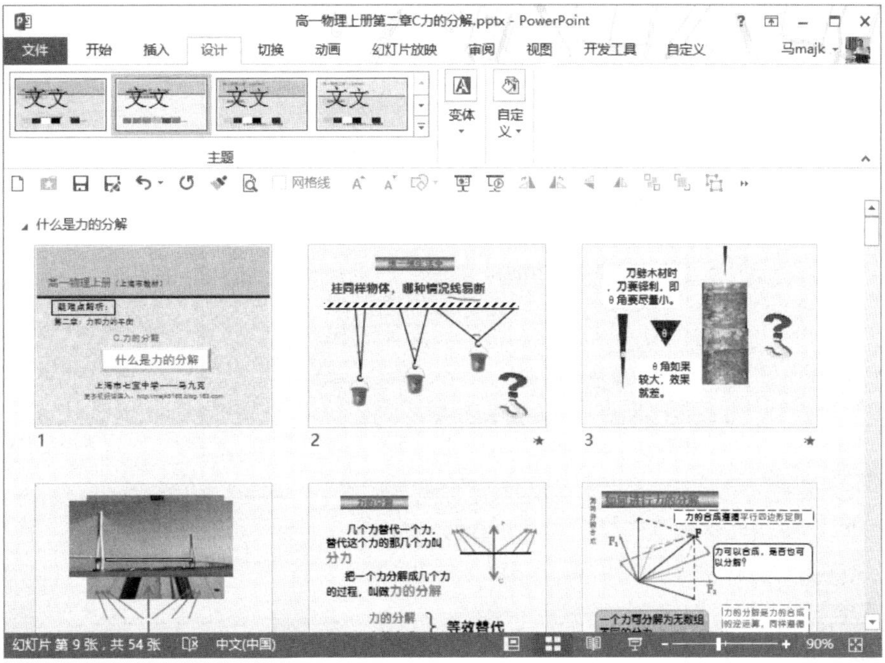

图1-5

（2）划分知识点

1）通过"节"显示知识点

根据本单元的知识内容,将本单元的内容划分为若干个知识点,当然在划分的时候,不要仅仅局限于课本的知识,可以根据课本知识增添若干扩展知识点,以满足不同层次学生的自主学习的需求。本单元划分为11个知识点,微课视频分别是:什么是力的分解;如何进行力的分解;力的分解的案例;杆架上力的分解;力的分解的应用;力的分解——古代石桥;力的分解练习;力的正交分解;力的动态变化;力的动态变化常见例题分析。前面几个是基本知识点,后面几个是知识的扩展。

在PowerPoint上可以通过"开始"选项卡,在"幻灯片"组中的"节"选项中点击"全部折叠",即可看到每个知识点,以及每个知识点包含的幻灯片张数,如图1-6所示。

2）显示幻灯片的预览图

点击"幻灯片预览"按钮,可以看到各幻灯片按"节"排列的情况,如图1-7所示。做好了这些PowerPoint课件就可以应用后面介绍的录屏软件进行微课视频的录制了。

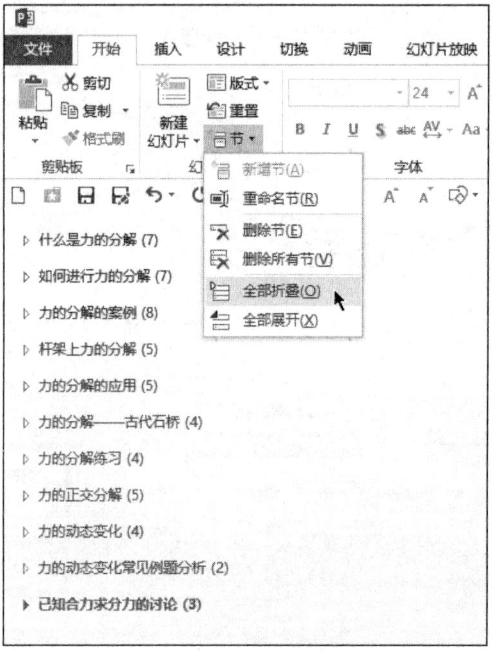
文件
开始
插入
设计
切换
动画
幻灯片放映
剪切
复制
格式刷
粘贴
剪贴板
新建
幻灯片
版式
重置
节
新增节(A)
重命名节(R)
删除节(E)
删除所有节(V)
全部折叠(O)
全部展开(X)
字体
什么是力的分解 (7)
如何进行力的分解 (7)
力的分解的案例 (8)
杆架上力的分解 (5)
力的分解的应用 (5)
力的分解——古代石桥 (4)
力的分解练习 (4)
力的正交分解 (5)
力的动态变化 (4)
力的动态变化常见例题分析 (2)
已知合力求分力的讨论 (3)

图 1－6

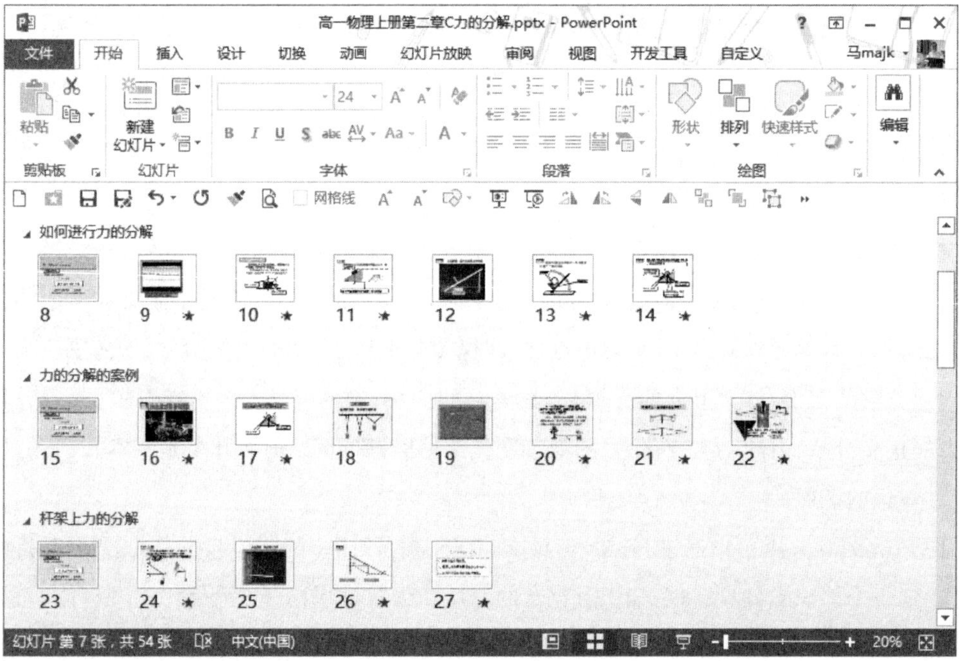
高一物理上册第二章C力的分解.pptx - PowerPoint
文件
开始
插入
设计
切换
动画
幻灯片放映
审阅
视图
开发工具
自定义
马majk
粘贴
剪贴板
新建
幻灯片
幻灯片
字体
段落
形状
排列
快速样式
绘图
编辑
网格线
如何进行力的分解
力的分解的案例
杆架上力的分解
幻灯片 第 7 张，共 54 张
中文(中国)
20%

图 1－7

# 第2章　视频的下载及格式的转换

在制作教学课件时，需要大量的视频文件来丰富课堂教学，而网上众多的视频文件如何能够下载到自己的电脑中，又如何转换文件的格式插入到 PowerPoint 文件中，是不少教师制作课件时面临的难题。下面介绍如何将视频文件从网上下载到自己的电脑中并转换文件格式的方法。

## 2.01　网络视频的下载

### 1　优酷网站视频文件的下载

视频网站很多，比较好的视频网站首选优酷网站，在浏览器地址栏中输入优酷网站地址 http://www.youku.com，可以进入优酷网站主页。下面介绍优酷网站视频文件的下载方法。

（1）视频文件的搜索

在优酷主页的搜索框中，输入要找的视频文件的名称，如物理学科教学中需要搜索"重力在斜面上的分解"的视频，然后点击"搜索"，可以看到与"重力在斜面上的分解"相关的视频文件，在每一个视频文件的下面有文件的大概介绍和文件的播放时间，如图2-1所示。

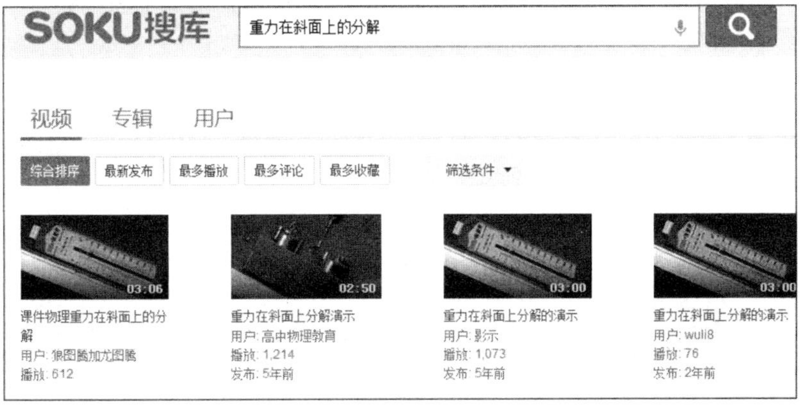

图2-1

（2）找到下载按钮

选中一个视频文件，双击打开，就可以在线播放了，如图 2-2 所示。在该界面的左下角，可以看到有一个"下载"工具按钮。

图 2-2

（3）"下载"的多种选项

点击"下载"工具按钮后，左边的选项可以让视频在手机上观看，用微信中的"扫一扫"，扫描左下角的二维码，可以直接在安装了优酷客户端的手机中观看该视频。如果要下载到电脑中，则提示让你下载安装"PC 客户端"，如图 2-3 所示。在电脑中安装优酷客户端，可以方便地下载、上传视频文件。

图 2-3

（4）优酷客户端的用法

1）文件的下载。在如图 2-3 所示的对话框中，点击"PC 客户端"，下载并安装优酷客户端软件，然后打开该软件，在"视频库"选项中可以看到很多视频文件，点击后即可在线观看。也可以直接在此搜索视频文件后，在线观看或直接下载，如图 2-4 所示。点击"下载"，可以看到下载的任务选项，如图 2-5 所示，点击"开始下载"，即进入文件的下载状态。

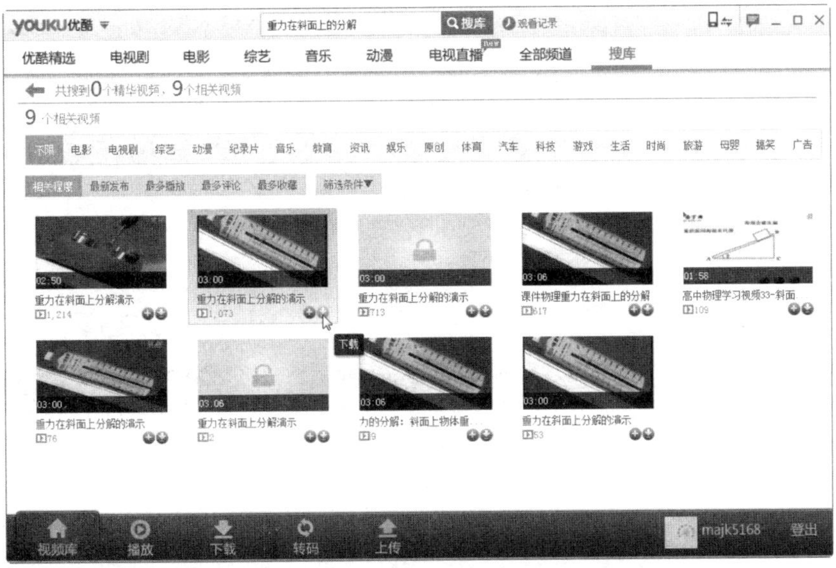

图 2-4

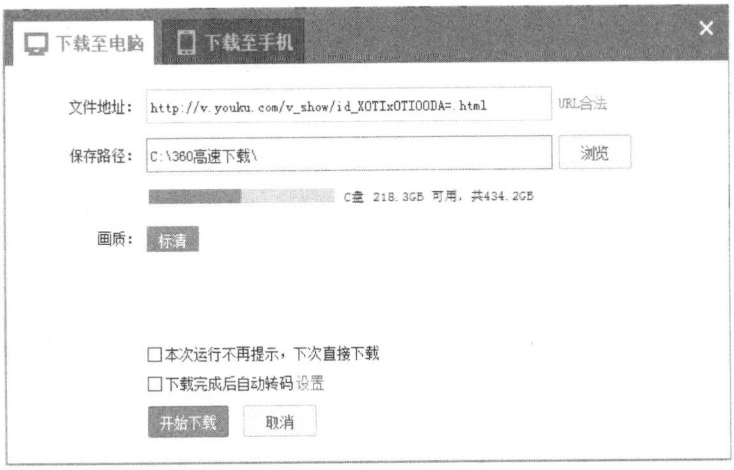

图 2-5

2）文件上传。要上传文件需要注册和登录。点击"上传"选项卡，如图 2-6 所示。再点击左上角的"新建上传",得到"新建上传"选项卡,如图 2-7 所示。点击"添加",添加需要上传的文件,设置有关的选项后,点击"一键上传"即可。

图 2-6

图 2-7

## 2　利用解析网站下载视频文件

很多视频网站没有提供下载工具,但是可以利用解析网站下载视频文件。FLVCD 是视频、音乐专辑批量解析下载的门户网站(http://www.flvcd.com),主要功能是获取各大视频网站视频的原始地址后解析下载,解析能力十分强大。多数在线网络视频不提供下载链接,而FLVCD是目前最专业的FLV视频解析下载网站。下面以下载中央电视台2013年8月1日的新闻联播节目为例,说明利用FLVCD解析网站的使用方法。

(1)在视频网站上找寻下载的内容

1)进入央视官网http://cctv.cntv.cn,如图2-8所示。然后点击上方的"频道"按钮,进入央视频道大全界面,如图2-9所示。然后点击左下角的"CCTV1"。

图2-8

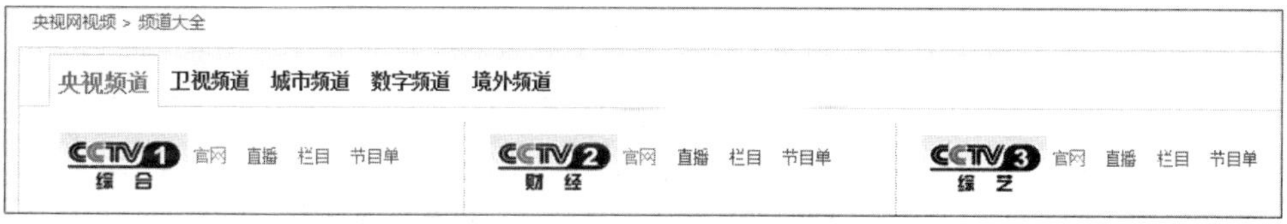

图2-9

2)点击进入"新闻联播"栏目,如图2-10所示。在右边的"日历查询"中找到需要的日期,如图2-11所示。点击该日期后,再点击"新闻联播完整版视频20130801",如图2-12所示。然后在地址栏中复制视频文件的地址。

(2)下载文件

1)打开FLVCD视频解析网站http://www.flvcd.com。将前面复制的视频文件地址复制到"视频地址"搜索框中,如图2-13所示,然后点击"开始"。自动将长视频分割成若干段小视频。如图2-14所示。然后点击"用硕鼠下载该视频"。

2)下载安装客户端。当点击了"用硕鼠下载该视频"后,提示你"立即下载安装硕鼠客户端",如果已经安装,则点击"硕鼠专用链下载",如图2-15所示。再在出现的窗口中点击"(推荐)添加到硕鼠Nano的窗口下载"。

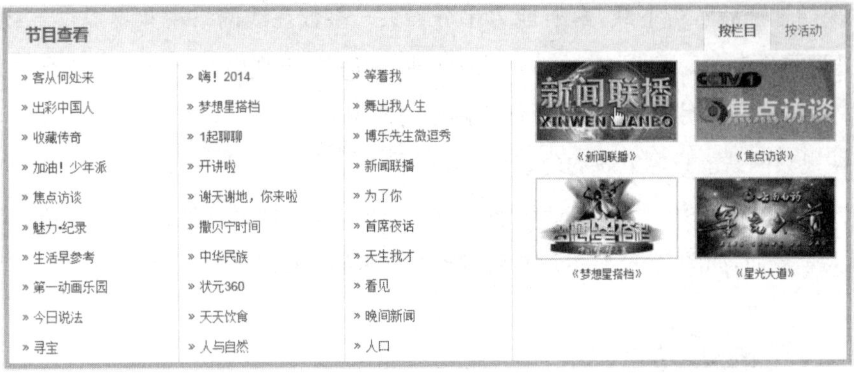

图 2-10

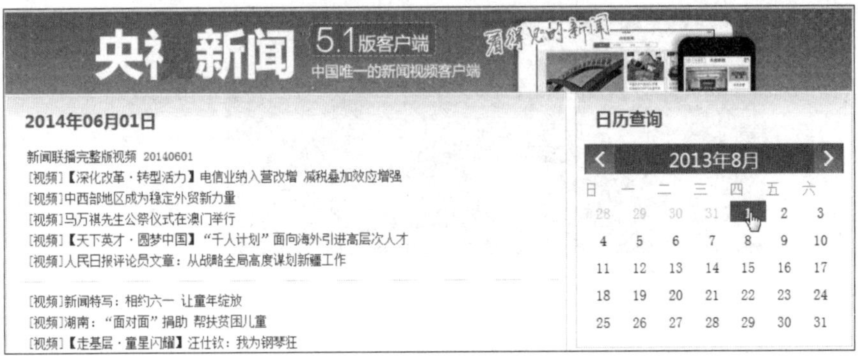

图 2-11

图 2-12

图 2 - 13

图 2 - 14

图 2 - 15

3）在弹出的"添加新任务"窗口中，可以更改下载文件的"储存位置"，然后点击"确定"，如图2-16所示。下载客户端时，可以看到"正在下载"的文件或"已下载"的文件，如图2-17所示。在上方的选项卡中可以进行相关设置。此外，右击某一文件，点击"打开文件所在目录"，可以打开文件所在的文件夹，找到下载的文件。

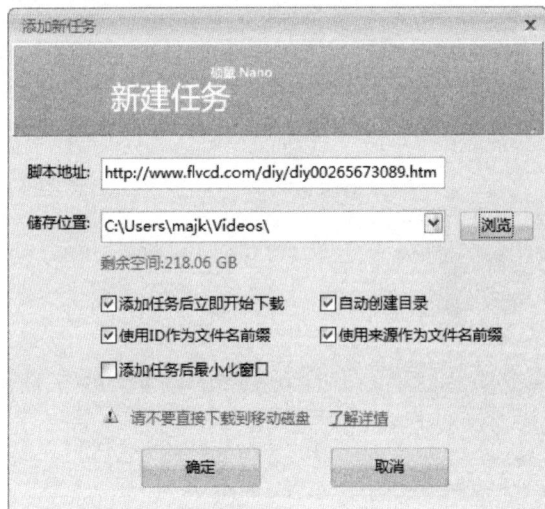

图 2-16

图 2-17

## 2.02 用格式工厂转换文件格式

文件格式转换的软件很多，比较好的是"格式工厂"。打开官网 http://www.pcfreetime. com/CN/index.html，在该网站下载"格式工厂"软件。格式工厂可以转换各种媒体文件的格式，操作简单方便。

1 视频文件格式的转换

视频文件的格式很多，网上下载的视频文件很多是 FLV 的格式，而这个格式是不能直接插入到 PowerPoint 文档中使用的，一般 PowerPoint 插入的视频文件是 WMV、MPG、AVI、MP4[①]等几种格式，同一个文件，MPG 文件较大，其他大小相差不多。因此常常需要把 FLV 文件转换成 WMV 或 MP4 等格式，方便在 PowerPoint 中使用。

（1）认识"格式工厂"软件界面

"格式工厂"软件的界面如图 2-18 所示。上面有工具栏，左边是选项，可以转换视频、音频和图片的格式。工具栏如图 2-19 所示。各工具的使用说明如下：

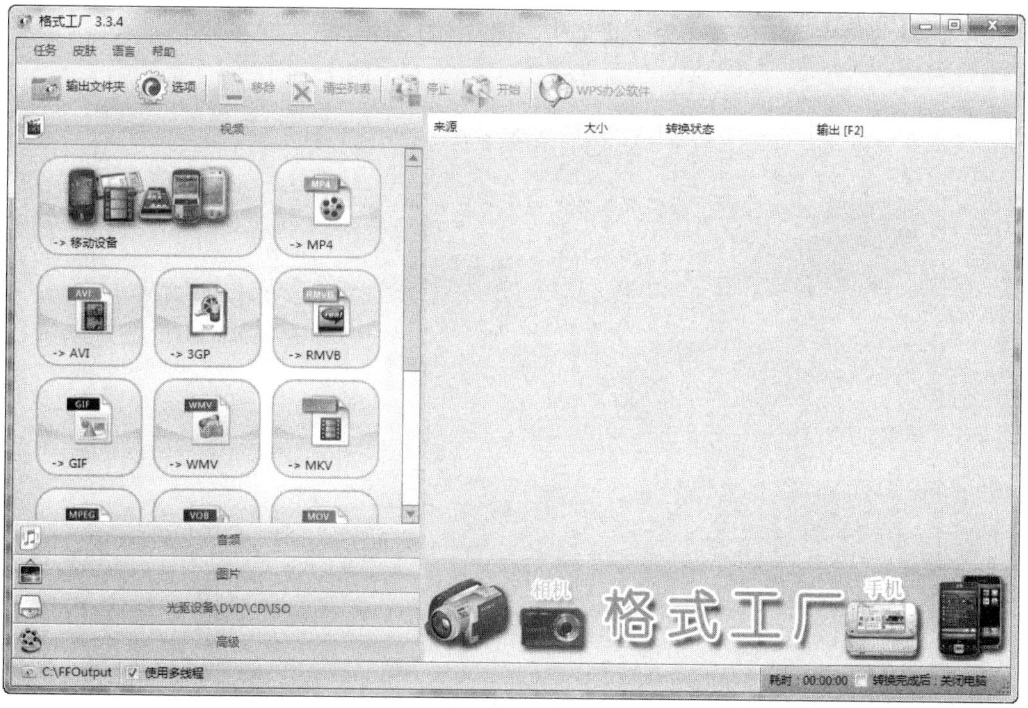

图 2-18

---

① 本书中出现的文件名 MP4、FLV 等，字母不区分大小写。文件名 MP4 和 mp4 含义相同，大小写使用方式遵从相关软件的显示方式。

图 2-19

1）输出文件夹：保存转换后的文件的文件夹。

2）选项：弹出选项页，可进行相关的设置。

3）移除：从下面列表中移除所选任务。

4）清空列表：清空下面列表里所有任务。

5）停止：停止转换任务。

6）开始：开始或者暂停转换任务。

（2）转换视频文件格式

1）图 2-18 中左边选中"视频"选项，如果想把文件转换为 WMV 格式，则点击中间的"—＞WMV"图标（想转换成哪个格式就选择哪个格式的图标），得到如图 2-20 所示的输入文件框，点击"添加文件"，打开某一个视频文件，如图 2-21 所示。

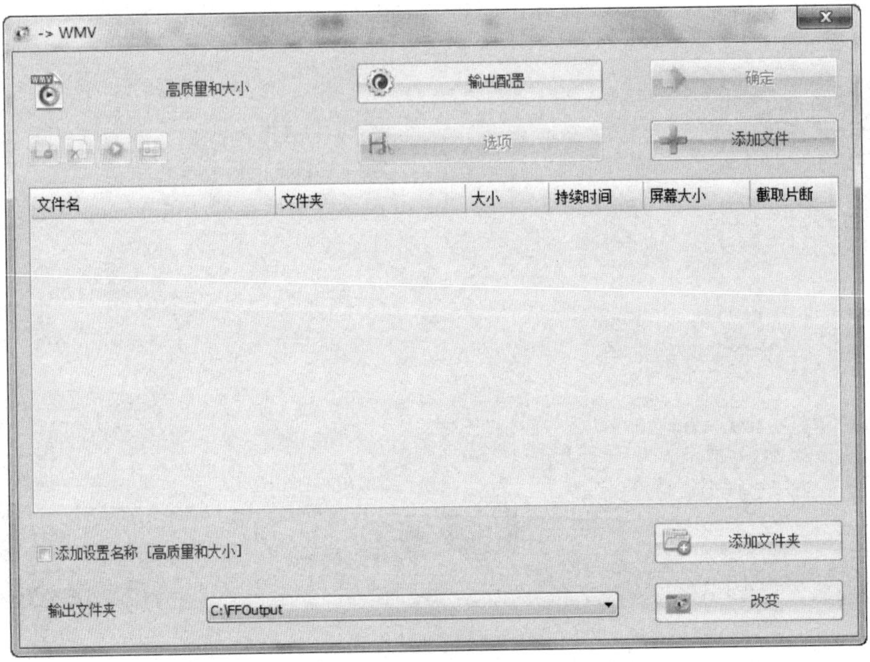

图 2-20

图 2 - 21

2）点击"打开"后，将文件添加到对话框中，如图 2 - 22 所示。点击"确定"即可。

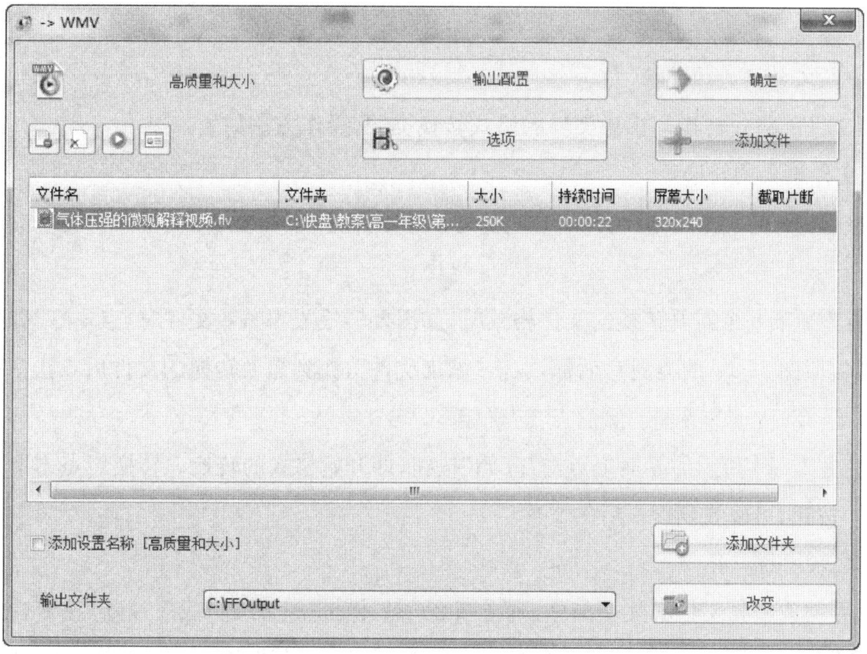

图 2 - 22

3）回到主界面后，点击"开始"即可进行格式的转换，如图 2 - 23 所示。转换完成后，在放置文件的文件夹中找到该文件即可。

图 2 - 23

**2　音频文件格式的转换**

音频文件的格式转换与视频文件的格式转换类同，操作方法如下：

（1）文件格式的转换

1）图 2 - 18 的左边点击"音频"选项，可以看到各种音频文件格式的列表，如图 2 - 24 所示。

2）当选择某一个需要转换的文件格式时，如需要转换成 WAV 文件时，点击"-＞WAV"，可以得到类似图 2 - 20 的类同对话框，点击"添加文件"，找到需要转换的文件后点击"打开"，会出现如图 2 - 25 所示的界面。然后点击"确定"。

3）在图 2 - 26 所示的界面上点击"开始"按钮，即开始格式的转换。转换后点击上方的"输出文件夹"按钮，可以找到转换后的文件。

（2）截取片断

如果要截取音频文件的某一部分，则在图 2 - 25 中点击上方的"截取片断"按钮，在得到的如图 2 - 27 所示的界面上，可以截取音频文件的某一段，对其进行格式的转换，在选取一段时间后点击"确定"即可。如果不需要截取片断，在图 2 - 25 中直接点击"确定"即可。

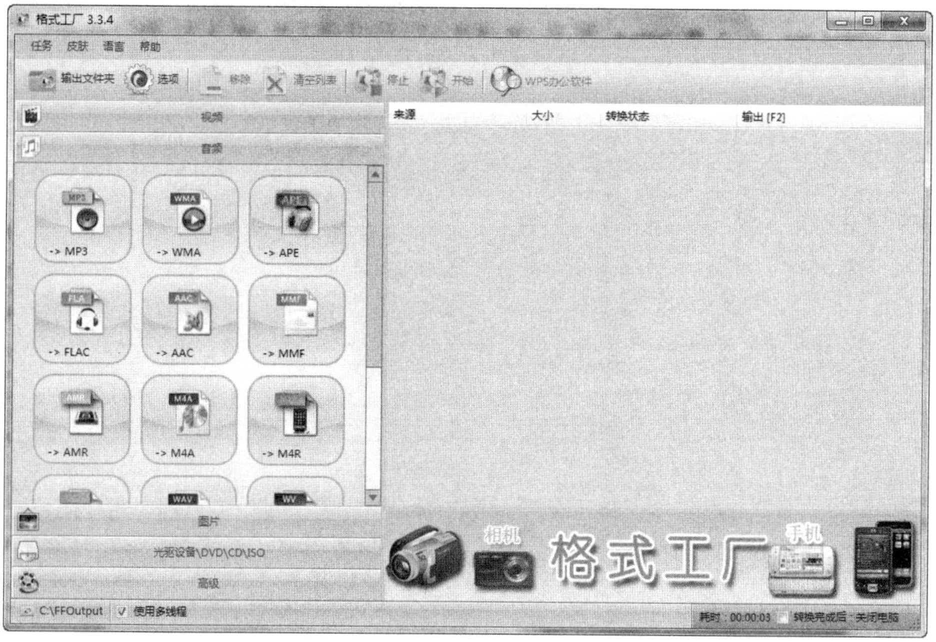

图 2 - 24

图 2 - 25

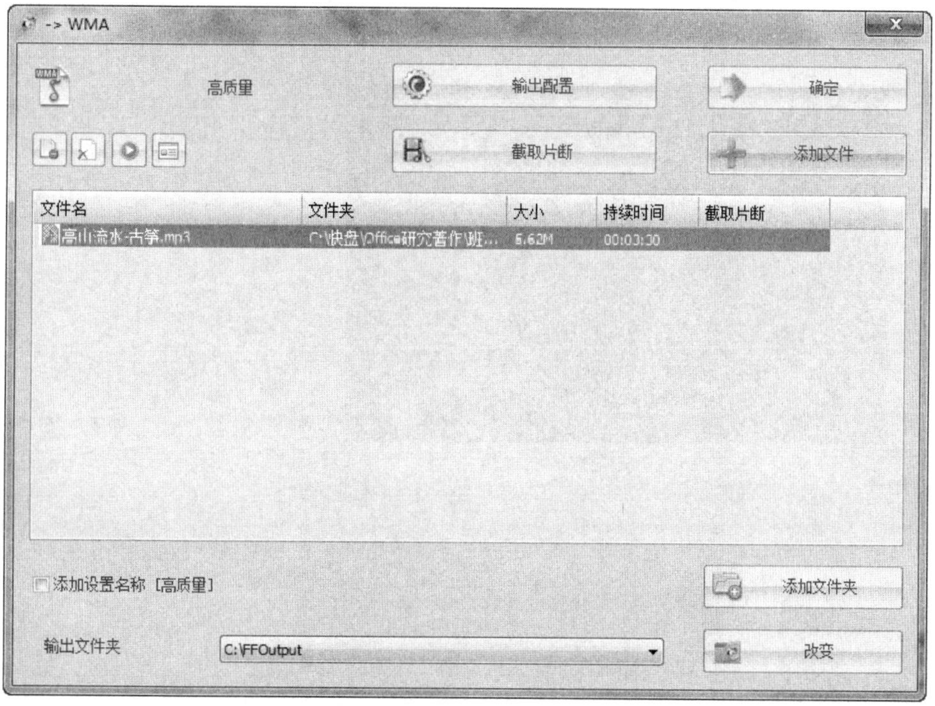

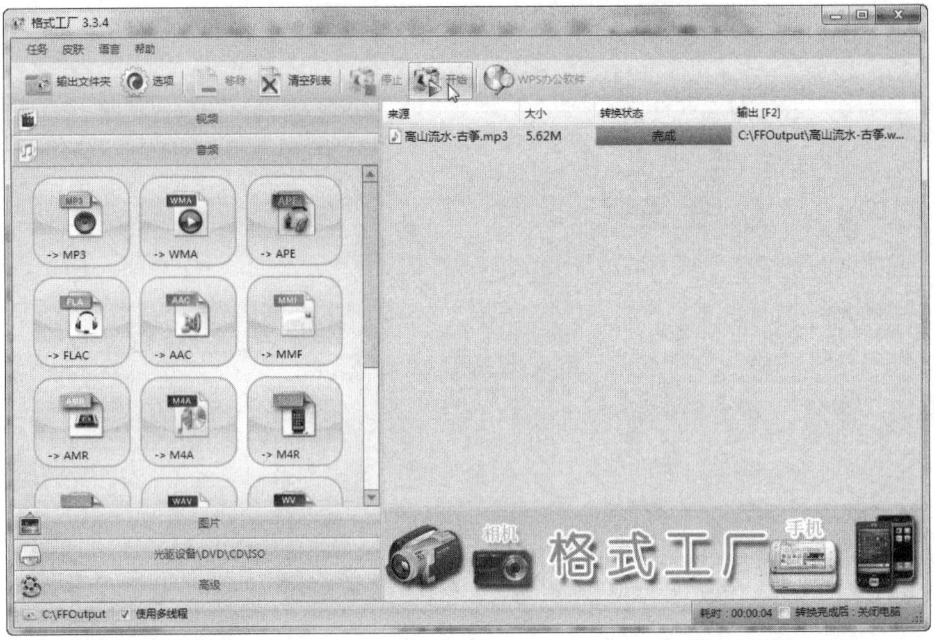

图 2 - 26

图 2 - 27

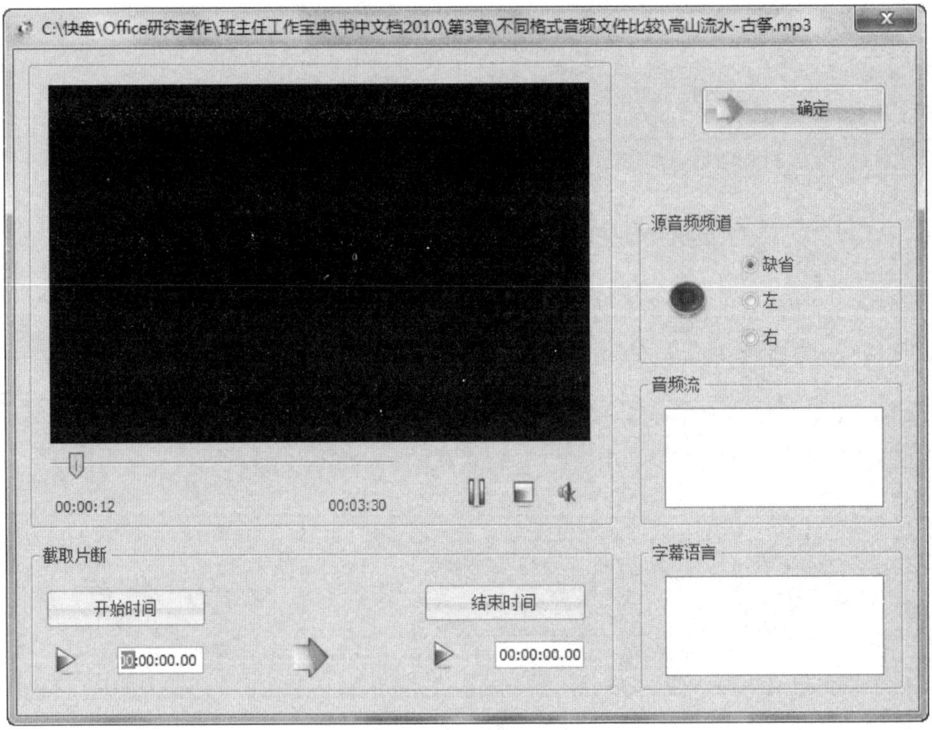

3 图片文件格式的转换及其设置

在"格式工厂"的界面左边点击"图片"选项,则可以进行图片格式的转换,转换方法与前面的类同。

4 软件设置

对软件进行一些简单设置,可以方便工作。在软件界面上点击"选项",在得到的如图 2-28 所示的"选项"对话框中,可以改变"输出文件夹"的位置。还可以选择文件转换完成后自动"打开输出文件夹"。

图 2  28

## 2.03  更改图片大小

我们常常需要用到特定格式和特定大小的图片,前面提到利用格式工厂可以改变图片的格式,下面介绍利用图像处理工具 ACDSee 软件更改图片大小的方法。

1 认识图片属性

在 ACDSee 官网(http://cn.acdsee.com/download)下载该软件并安装。

(1)在软件界面的上方菜单栏中,点击"视图",然后点击"预览"和"属性",可以在左边看到预览图,右击鼠标可以显示不同的预览图。可以在右边看到该图片的各种属性,如图 2-29 所示。

图 2 - 29

　　(2) 在右边的属性栏中,可以看到文件大小。例如,下图显示某张照片的图像尺寸(英寸)为45.33×34.00,每英寸像素为72,把图像尺寸(英寸)中的长和宽分别乘以72,得到的图像尺寸为3264×2448,两数相乘的结果为7990272,约等于8.0 MP,即800万像素,如图2-30所示。

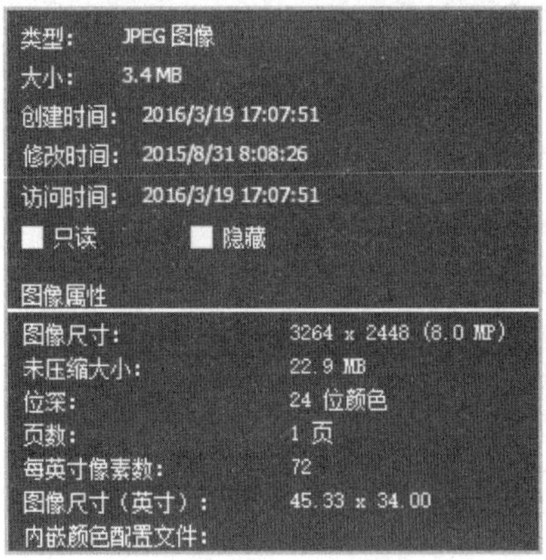

图 2 - 30

　　(3) 点击右上角的"查看"选项卡,可以预览大图,下方可以看到图像的信息以及显示的比例,如图2-31所示。

图 2-31

### 2  更改图片大小

（1）点击右上角的"编辑"选项卡，左边即出现"编辑模式菜单"，在此可以利用各种工具对图片进行重新编辑和修改。若要更改图片大小，可以点击"几何形状"下的"调整大小"，如图 2-32 所示。

图 2-32

（2）在"调整大小"的菜单中，可以看到以"像素"、"百分比"、"实际/打印大小"等不同形式改变大小的选项，如图 2-33 所示。在此可以根据不同的选项改变图像的大小。在"实际/打印大小"中，单位可以选择为"厘米"，然后设置以厘米为单位的图像的几何尺寸大小。

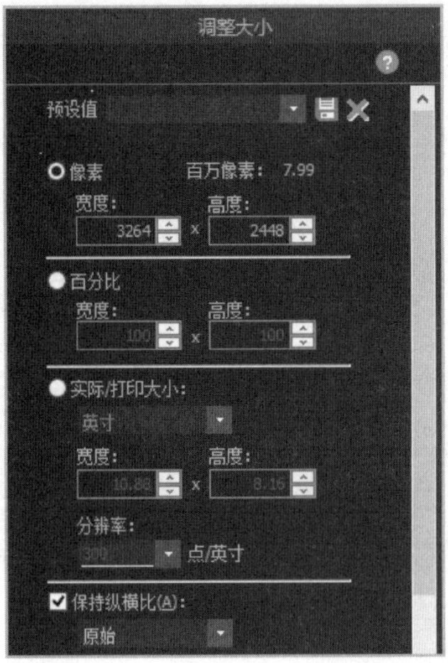

图 2 - 33

### 3 操作实例

我们常常需要按照一定的要求设置图片的大小。如,要求设置一个"900 像素×500 像素"的图像时,设置方法如下:

(1) 选择一张图片,在右边可看到图片的信息。图像尺寸(英寸)为 56.00×42.00,每英寸像素为 72,图像尺寸就是 4032×3024(12.5 MP),即 1200 万像素,如图 2 - 34 所示。

图 2 - 34

（2）调整大小。点击右上角的"编辑"，进入图像的编辑状态，在"调整大小"菜单中，把像素"宽度"调整为"900"，由于下方选中了"保持纵横比"，所以上方的"高度"为"675"像素，如图2-35所示。然后点击"完成"。

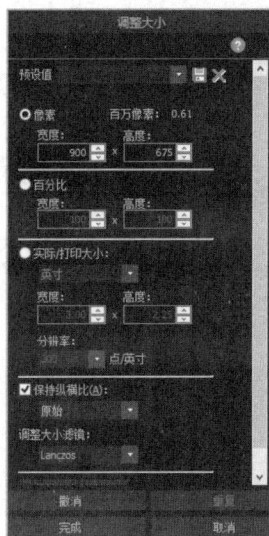
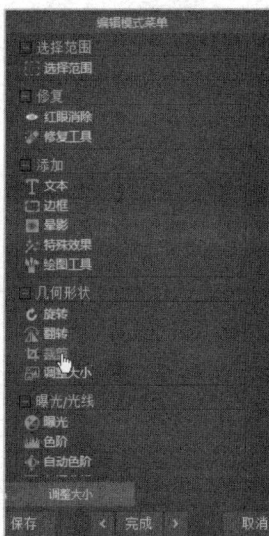

图 2-35          图 2-36

（3）在得到的"编辑模式菜单"中，点击"裁剪"。如图2-36所示。

（4）在得到的"裁剪"菜单中，在宽度为900像素的情况下，将像素高度调整为500，如图2-37所示。然后点击"完成"，保存即可。

图 2-37

（5）由于默认的每英寸像素数（72）不变，所以在调整图像的像素时，图像的几何尺寸（英寸）也由 56.00×42.00 变为 12.50×6.94，如图 2-38 所示。

图 2-38

# 第3章 用视频编辑专家编辑视频文件

视频编辑专家8.0是一款专业的视频编辑软件,包含视频编辑与转换专家、视频分割专家、视频文件截取专家、视频合并专家、配音配乐专家、字幕制作专家和视频截图专家七大视频编辑功能,具有专业、易用与免费的特点,是视频编辑爱好者的必备工具之一。

## 3.01 视频编辑专家8.0的安装

视频编辑专家8.0的官网下载地址是 http://www.17rd.com。

1 视频编辑专家8.0的安装

(1)将安装文件下载到本地计算机后,双击安装文件,进入软件安装向导界面,单击"下一步",进入"安装程序"的安装界面,如图3-1所示。

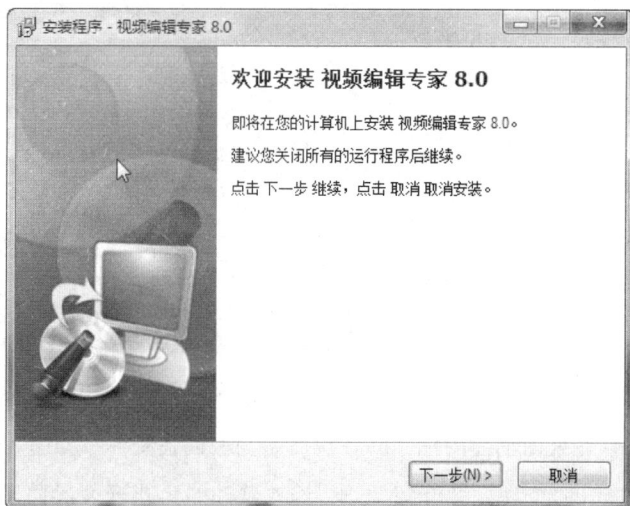

图3-1

（2）在"安装程序"界面输入"用户信息"后，单击"下一步"，如图3-2所示。

图3-2

（3）进入"选择安装文件夹"界面后，可以选择软件的安装路径，如图3-3所示。

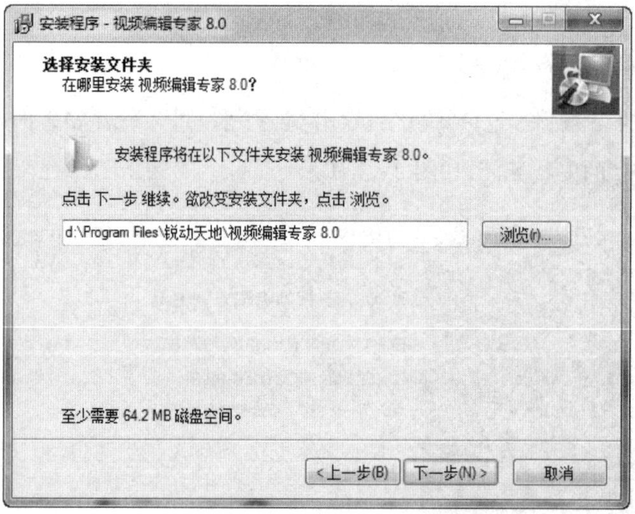

图3-3

（4）选择了文件的安装路径后，单击"下一步"进入"安装程序"的"选择额外任务"界面，在该界面可以选择是否"在桌面创建图标"和"在快捷启动栏创建图标"，如图3-4所示。

（5）选择创建图标的方式后，单击"下一步"进入软件的正式安装界面。安装完成后，界面如图3-5所示。可根据实际情况决定是否运行视频编辑专家8.0。最后点击"完成"即可。

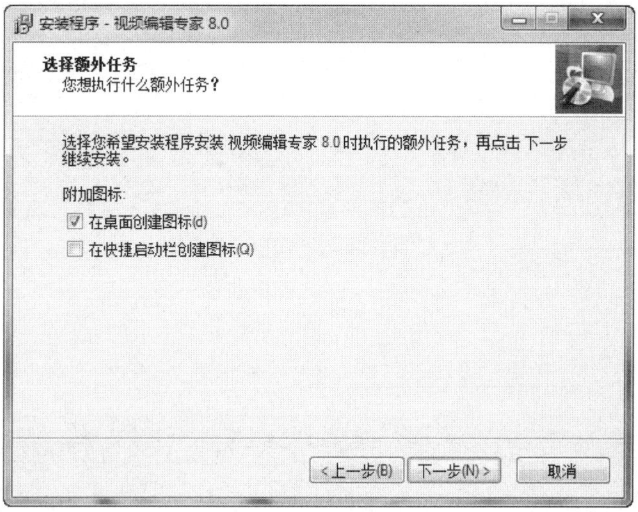

图 3-4

图 3-5

2 视频编辑专家 8.0 的主界面

视频编辑专家 8.0 的主界面简洁明了,分为两个功能模块,即编辑工具模块和其他工具模块。"编辑工具"模块包含 7 种功能:"编辑与转换"、"视频分割"、"视频文件截取"、"视频合并"、"配音配乐"、"字幕制作"、"视频截图"。"其他工具"模块提供了刻录工具、音频工具的功能获取入口,如图 3-6 所示。

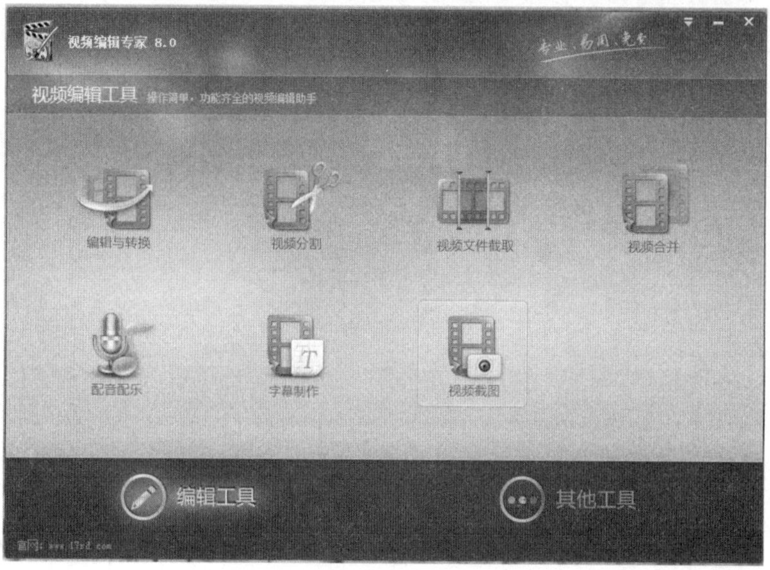

图 3 - 6

## 3.02 视频编辑与转换

视频"编辑与转换"的功能主要是对视频进行格式转换,在转换的同时可以对视频文件进行"裁剪"、"设置效果"、"添加水印"、"添加字幕"和"画面旋转"的编辑。在如图 3 - 6 所示的主界面上点击"编辑与转换",进入如图 3 - 7 所示的视频转换界面。在"选择需要转换成的格式"

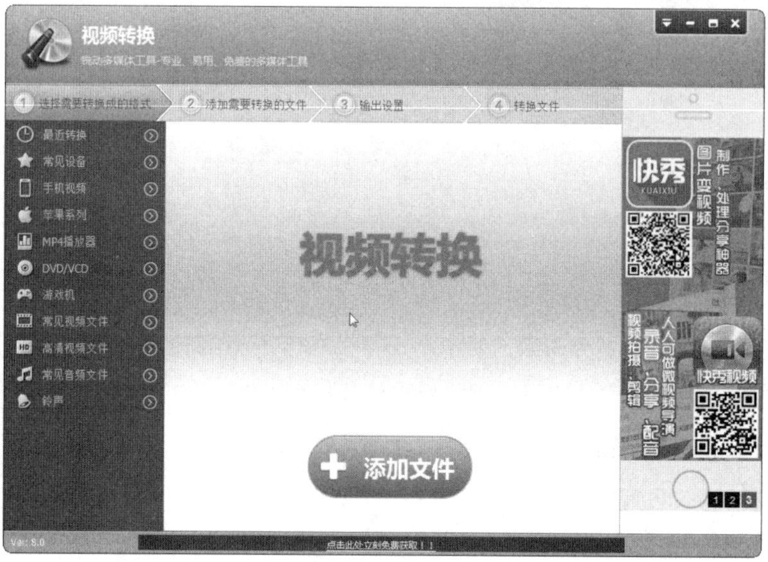

图 3 - 7

界面中可以选择"常见设备"、"手机视频"、"苹果系列"、"MP4 播放器"、"DVD/VCD"、"游戏机"、"常见视频文件"、"高清视频文件"、"常见音频文件"和"铃声"等文件格式。

1  选择需要转换的格式

一般使用"常见视频文件"格式。在如图 3-7 所示的视频转换界面,点击左边的"常见视频文件",常用的视频文件格式有 AVI、ASF、MP4、FLV 和 SWF 等,然后选中欲转换的格式的图标,如选择"AVI",单击"确定"按钮,如图 3-8 所示。

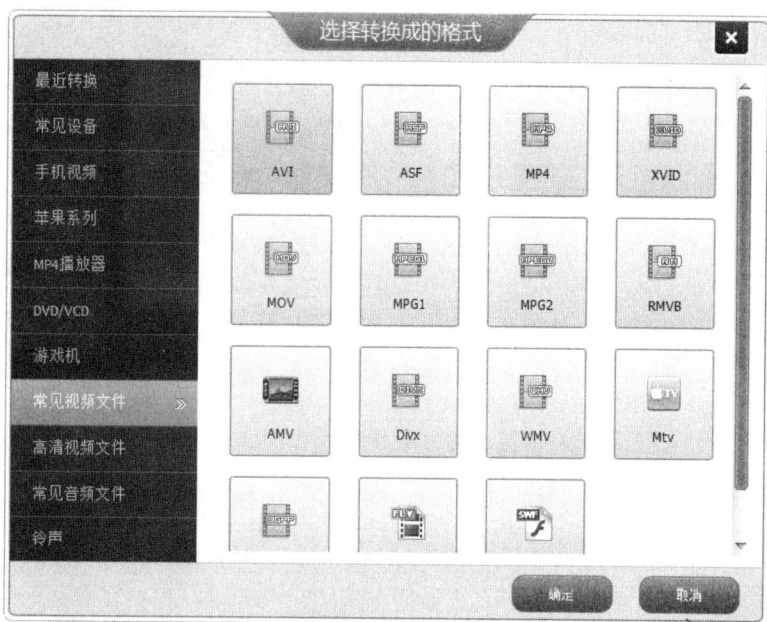

图 3-8

2  添加需要转换的文件

选择了需要转换的格式后,单击如图 3-7 所示的"添加需要转换的文件"按钮,添加文件后,进入如图 3-9 所示的"视频转换"界面。

(1)添加:单击"添加"按钮,可以继续添加需要转换格式的视频文件。

(2)删除:单击"删除"按钮,可以删除该界面上选中的视频文件。

(3)清空:单击"清空"按钮,可清空该界面列表中的所有视频文件。

(4)编辑:单击"编辑"按钮,可打开如图 3-12 所示的视频编辑界面。在该编辑界面,可以实现视频的"裁剪"、"效果"、"水印"、"字幕"和"旋转"编辑。

(5)截取:单击"截取"按钮,打开"视频截取"界面,可截取视频中的某一个片段并进行保存。"截取"功能类似于主界面的"视频文件截取"功能(详细内容参见 3.04"视频文件截取")。截取视频时,既可以通过拖动视频截取界面的"小滑块"来截取,也可以通过在"开始时间"和

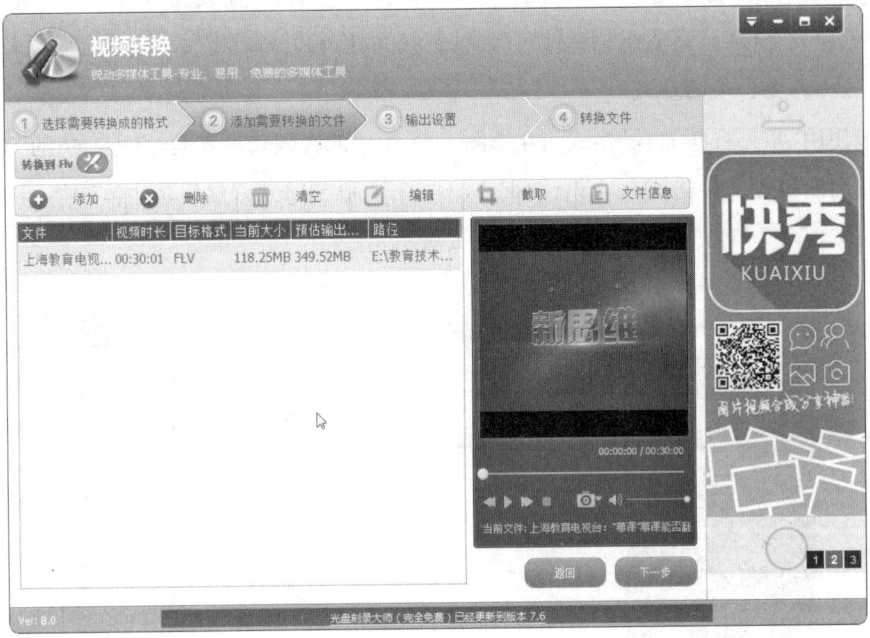

图 3 - 9

"结束时间"文本框中输入时间数值以实现对视频"开始点"和"结束点"的精准选择。设置完以后，单击"确定"按钮即可完成视频的截取（注：视频截取效果只有在视频输出后才能够看到），如图 3 - 10 所示。

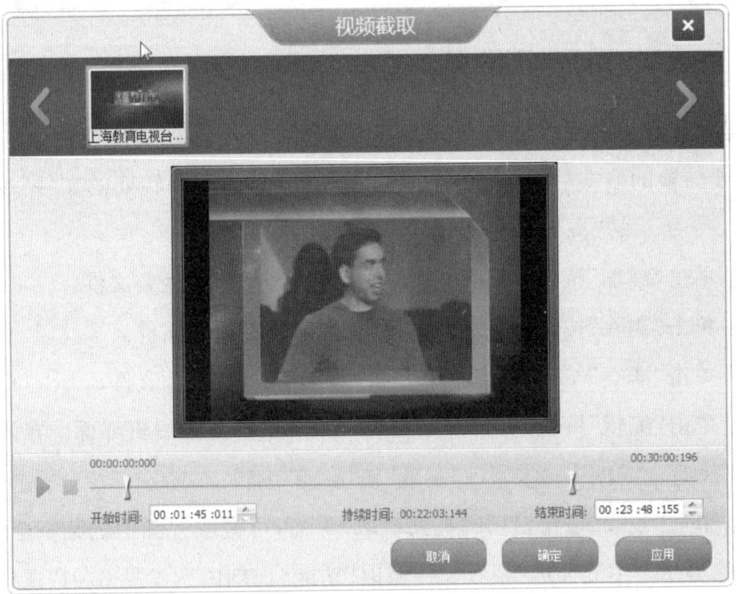

图 3 - 10

（6）文件信息：单击"文件信息"，可查看所编辑的视频文件的"基本信息"、"视频信息"和"音频信息"，如图 3-11 所示。

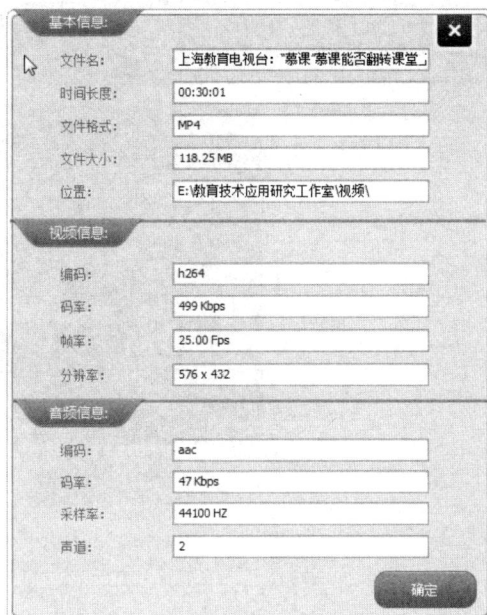

基本信息：
| | |
|---|---|
| 文件名： | 上海教育电视台："慕课"慕课能否翻转课堂" |
| 时间长度： | 00:30:01 |
| 文件格式： | MP4 |
| 文件大小： | 118.25 MB |
| 位置： | E:\教育技术应用研究工作室\视频\ |

视频信息：
| | |
|---|---|
| 编码： | h264 |
| 码率： | 499 Kbps |
| 帧率： | 25.00 Fps |
| 分辨率： | 576 x 432 |

音频信息：
| | |
|---|---|
| 编码： | aac |
| 码率： | 47 Kbps |
| 采样率： | 44100 HZ |
| 声道： | 2 |

确定

图 3-11

3　视频编辑

（1）裁剪：通过对原视频画面大小和位置的选择来实现对原视频画面尺寸大小的调整。在调节"裁剪区域尺寸"时，可直接输入数值，也可以在画面上移动绿色的边框调节裁剪画面的大小。在调节"裁剪区域位置"时，既可以直接在画面上拖动绿色的"十字形"或边框，也可以在义本框中输入数值进行调节。调节完相关参数后，单击"确定"按钮完成裁剪操作，如图 3-12 所示。

（2）效果：在"效果"界面，可对视频画面的"亮度（亮度是指画面的明亮程度）"、"对比度（画面明暗的比值）"和"饱和度（画面色彩的纯度）"进行调整，如图 3-13 所示。调整完后单击"确定"按钮即可。

（3）水印：选择"添加文字水印"可为视频添加"文字水印"，选择"添加图片水印"可为视频添加"图片水印"，如图 3-14 所示。

（4）选择完水印的类型后，可对水印的水平位置和垂直位置进行设置。单击"设置字体"按钮，还可以对文字水印的字体、字号等样式进行设置，如图 3-14 所示。

（5）字幕：可为视频文件添加字幕（注：在此处为视频添加的字幕只有在生成视频之后才能看到，详细内容请见 3.07"字幕制作"）。

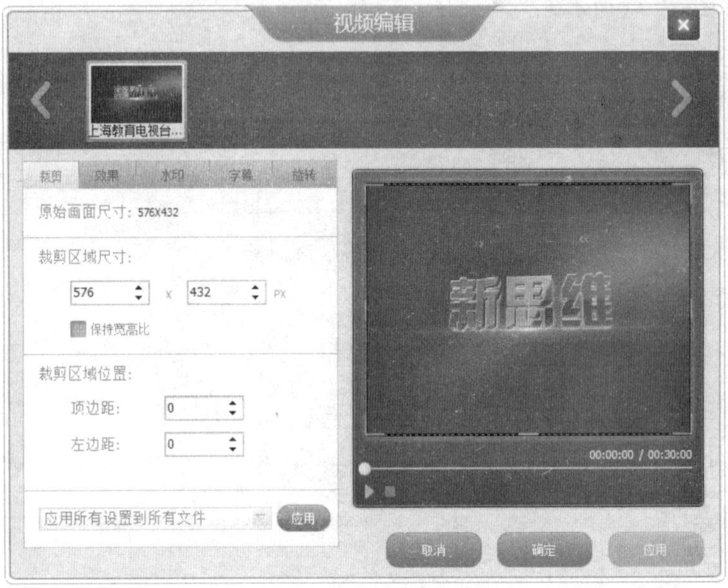
视频编辑
上海教育电视台...
裁剪
效果
水印
字幕
旋转
原始画面尺寸：576X432
裁剪区域尺寸：
576
432
PX
保持宽高比
裁剪区域位置：
顶边距：
0
左边距：
0
应用所有设置到所有文件
应用
00:00:00 / 00:30:00
取消
确定
应用

图 3 - 12

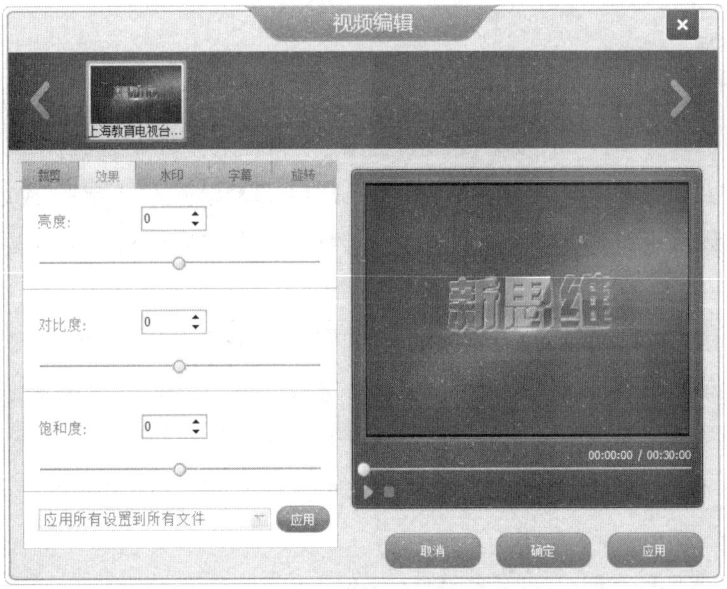
视频编辑
上海教育电视台...
裁剪
效果
水印
字幕
旋转
亮度：
0
对比度：
0
饱和度：
0
应用所有设置到所有文件
应用
00:00:00 / 00:30:00
取消
确定
应用

图 3 - 13

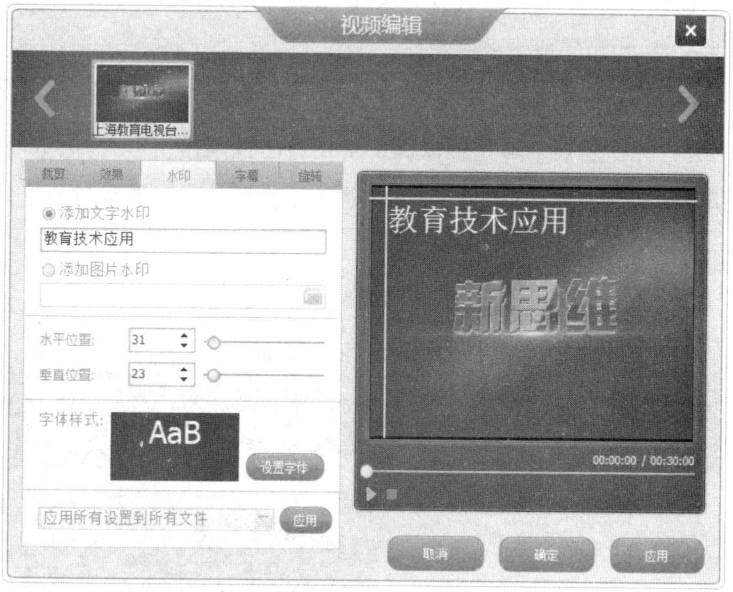

图 3-14

方法一：在文本框中输入文字后，在"垂直位置"选项中，设置字幕在屏幕上的垂直位置，通过"设置字体"按钮可对文字的字体进行设置。设置完以后，单击"应用"按钮，字幕制作完毕，然后单击"确定"按钮即可，如图 3-15 所示。

图 3-15

方法二：点击"字幕文件"输入框右边的文件夹按钮" "，导入在记事本中编辑好的保存为srt格式的字幕文件，也可完成字幕的制作。

（6）旋转：可将视频的播放画面进行旋转。包含四个选择项：不旋转；旋转90度；旋转180度；旋转270度。这个功能对运用摄像机正常拍摄的视频作用不大，但是可以对运用手机拍摄的、输出到电脑上以后旋转了90度的视频进行旋转、调整，使之回归到正常的画面状态，如图3-16所示。

图 3-16

4　文件的输出

（1）输出设置。完成需要转换的视频文件的各项设置后，单击"下一步"，进入"输出设置"界面，如图3-17所示。在该界面主要设置视频文件的"输出目录"、"文件名"。勾选"显示详细设置"后将会显示视频文件的详细信息。

（2）若需要对文件的输出格式进行更改，单击"更改目标格式"按钮，就可以对视频文件的输出格式再次进行更改，如图3-17所示。

（3）转换文件。视频文件的输出设置完成后，单击"下一步"按钮，进入"转换文件"界面。在该界面会显示视频文件转换的实时进度。如果想放弃转换，可以点击"停止"按钮，结束转换。转换完成后，会显示"视频转换成功"的提示框，如图3-18所示。

图 3 - 17

图 3 - 18

### 3.03 视频分割

单击视频编辑专家 8.0 主界面的"视频分割"按钮,进入视频分割界面。

1 添加要分割的视频文件

单击视频分割界面的"添加文件"按钮,添加需要进行视频分割的视频文件。文件添加完毕后,会显示该视频的"视频信息"和"音频信息"的相关信息。在"输出目录"中可设置视频文件输出、保存的位置,如图 3-19 所示。

图 3-19

2 分割设置

添加视频文件后,单击"下一步"按钮进入分割设置界面,如图 3-20 所示。在"视频分割"界面有四种分割方法可供选择。

(1)每段时间长度

默认将视频文件平均分为四个时间长度一致的视频文件。

若手动输入分割后每个视频文件的时间长度,软件将按照所设置的时间长度对视频文件进行分割。

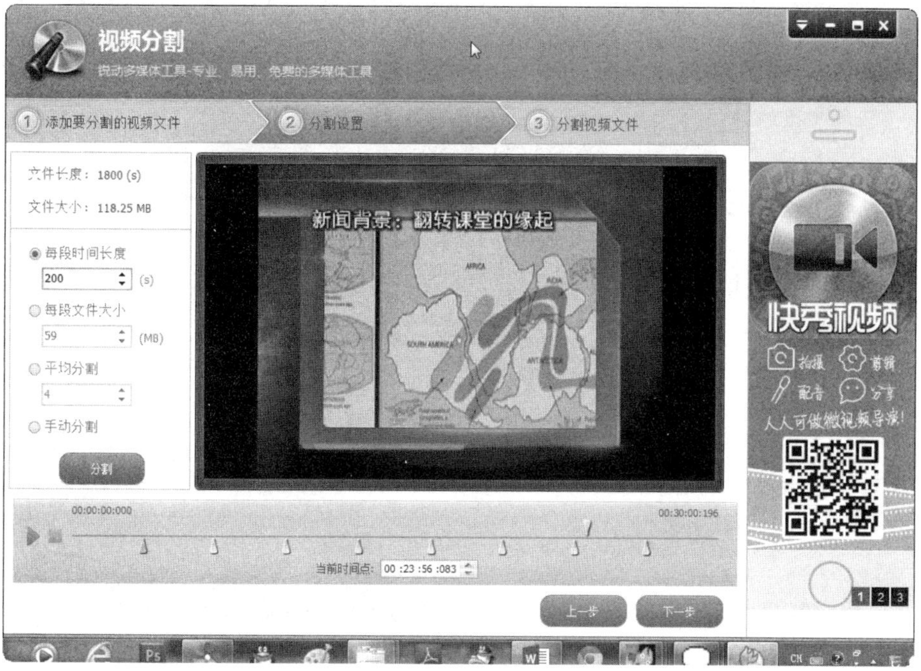

图 3-20

（2）每段文件大小

默认将视频文件平均分为两个视频文件。

若手动输入分割后的每个视频文件的大小，软件将按照所设置的文件大小对视频文件进行分割。

（3）平均分割

默认将视频文件平均分为两个视频文件。

若手动输入分割后的视频文件数，软件将按照设置的视频文件分割数对视频文件进行分割。

（4）手动分割

1）滑块调节法：拖动"时间线"上的滑块到需要分割的时间点，点击"　（设置当前时间点为分割点）"按钮（该按钮的位置见图 3-21），将该时间点设置为分割点。

2）时间设置法：在文本框中直接输入时间数值，点击"　（设置当前时间点为分割点）"按钮，将该时间点设置为分割点，如图 3-21 所示。

（5）若时间分割点设置不正确或想更改在该时间点的分割，可点击"　（删除当前时间分割点）"按钮，删除已经设置好的分割点。若想预览某个分割点的视频内容，可点击"　（跳转到上一个时间分割点和跳转到下一个时间分割点）"按钮进行预览。

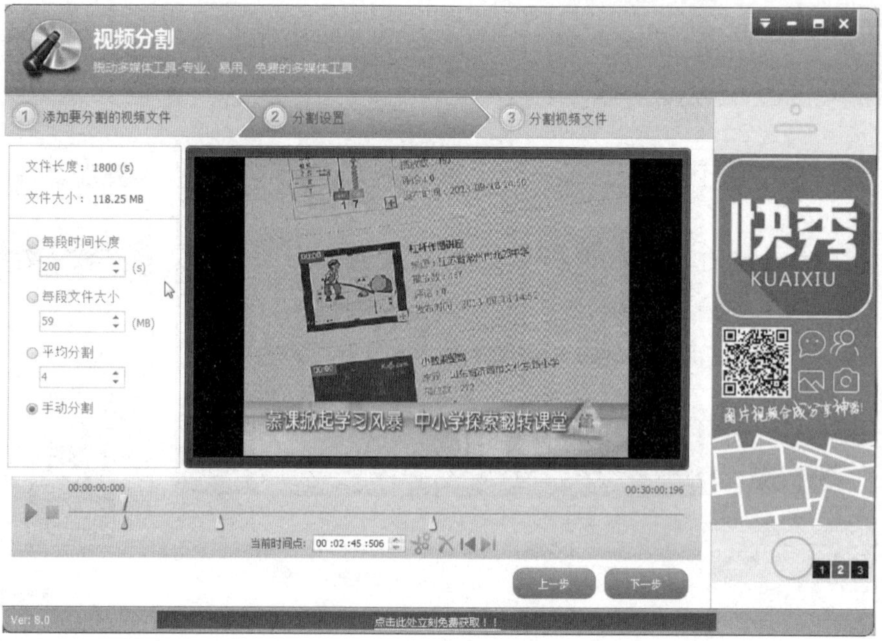

图 3 - 21

### 3　分割视频文件

视频文件分割点设置完以后，单击"下一步"按钮，进入"分割视频文件"界面。视频文件分割完以后，会提示"视频分割成功"。分割结束后，可单击"打开输出文件夹"按钮查看分割完的视频文件，如图 3 - 22 所示。

图 3 - 22

## 3.04 视频文件截取

单击视频编辑专家 8.0 主界面的"视频文件截取"按钮,进入视频文件截取界面。

1 添加要截取的视频文件

单击视频截取界面的"添加文件"按钮,添加需要进行视频截取的视频文件。文件添加完毕后,会显示该视频的"视频信息"和"音频信息"。在"输出目录"中可以设置视频文件输出、保存的位置,如图 3-23 所示。

图 3-23

2 设置截取时间

添加完视频文件、设置完文件输出保存的位置后,单击"下一步"按钮,进入"设置截取时间"界面。在该界面可拖动"滑块"设置截取视频的开始时间和结束时间,也可以在"时间文本框"中直接输入开始时间和结束时间进行截取,如图 3-24 所示。

3 截取视频文件

设置完截取时间后,单击"下一步"按钮,进入"截取视频文件"界面,在该界面会显示"截取进度"的实时进度。截取完毕后,会显示"视频截取成功"的提示框,如图 3-25 所示。

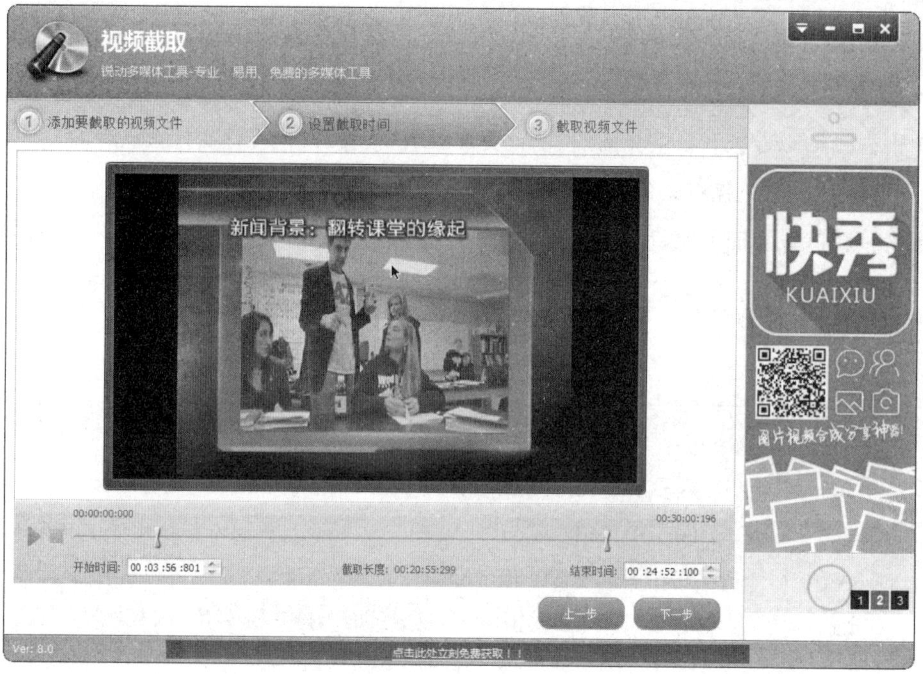
视频截取
锐动多媒体工具-专业、易用、免费的多媒体工具
1 添加要截取的视频文件
2 设置截取时间
3 截取视频文件
新闻背景：翻转课堂的缘起
快秀
KUAIXIU
图片视频合成分享神器!
00:00:00:000
00:30:00:196
开始时间: 00 :03 :56 :801
截取长度: 00:20:55:299
结束时间: 00 :24 :52 :100
上一步
下一步
Ver: 8.0
点击此处立刻免费获取！！

图 3－24

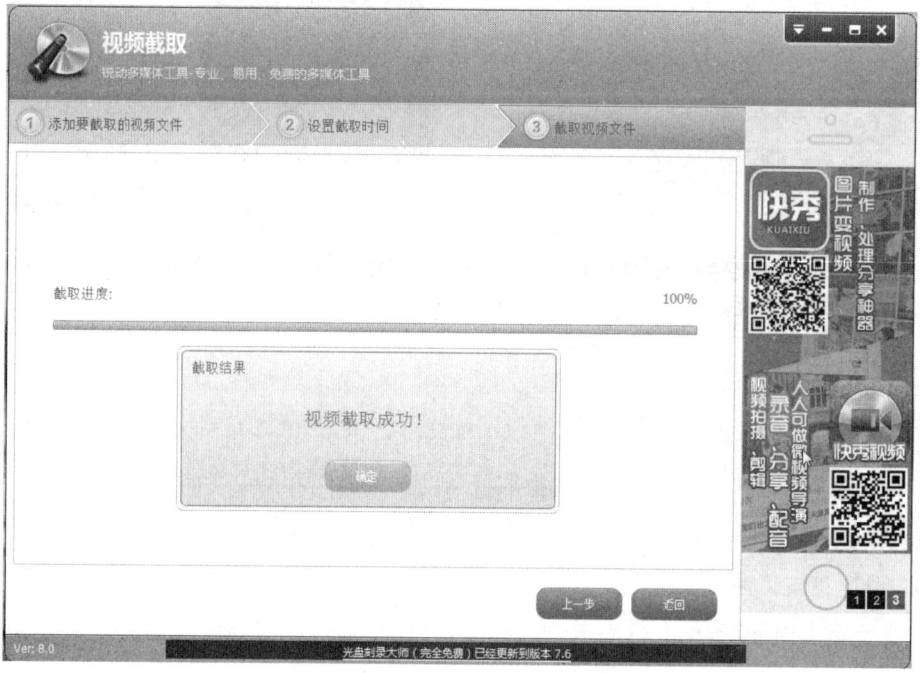
视频截取
锐动多媒体工具-专业、易用、免费的多媒体工具
1 添加要截取的视频文件
2 设置截取时间
3 截取视频文件
截取进度:
100%
截取结果
视频截取成功！
确定
快秀
KUAIXIU
图片变视频
制作、处理分享神器
视频拍摄、剪辑
录音、分享、配音
人人可做微视频导演
快秀视频
上一步
返回
Ver: 8.0
光盘刻录大师（完全免费）已经更新到版本 7.6

图 3－25

## 3.05 视频合并

单击视频编辑专家8.0主界面的"视频合并"按钮,进入视频文件合并界面。

1 添加需要合并的文件

单击视频合并界面的"添加"按钮,添加需要进行合并的视频文件(视频合并界面与视频编辑与转换界面一样,在此就不再赘述),如图3-26所示。

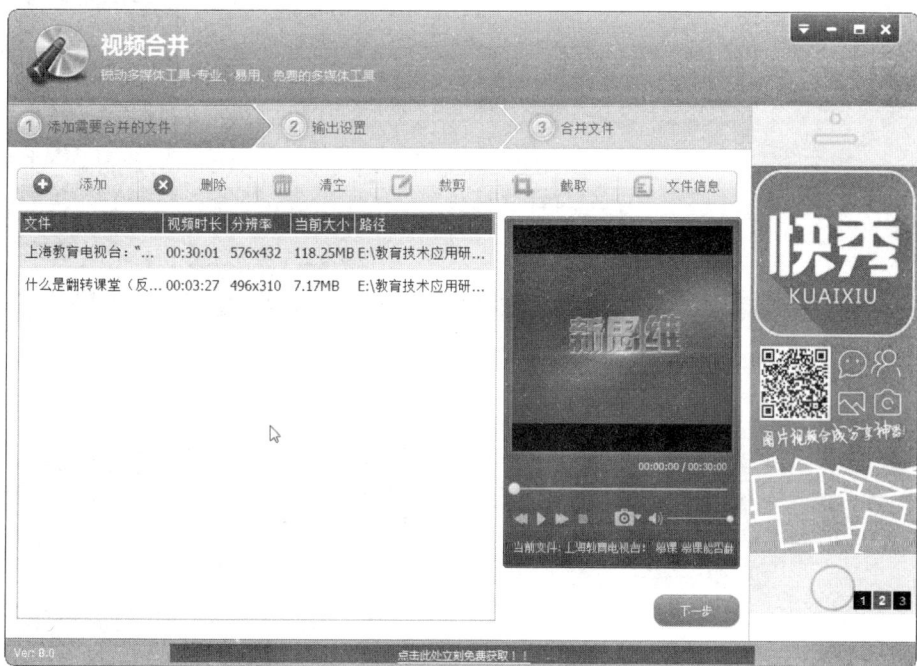

图 3 - 26

2 输出设置

添加完视频文件后,单击"下一步"按钮,进入视频"输出设置"界面。在该界面可设置"输出目录(输出文件的保存位置)"、"目标格式(输出文件的保存格式)",单击"更改目标格式"按钮可更改输出视频文件的格式。勾选"显示详细设置"可查看输出视频文件的详细设置信息,如图3-27所示。

3 合并文件

"输出设置"设置完以后,单击"下一步"按钮,进入"合并文件"界面。在该界面会显示"合并进度"的实时进度。合并完毕后,会显示"视频合并成功"的提示框,如图3-28所示。

图 3 - 27

图 3 - 28

## 3.06  配音配乐

单击视频编辑专家 8.0 主界面的"配音配乐"按钮，进入配音配乐界面。

1  添加视频文件

单击视频配音界面的"添加"按钮，添加需要进行配音配乐的视频文件。文件添加完毕后，会显示该视频的"视频信息"和"音频信息（若已有音频信息）"的相关信息，如图 3-29 所示。

图 3-29

2  给视频添加配乐和配音

视频文件添加完毕后，单击"下一步"按钮，进入"给视频添加配乐和配音"界面，如图 3-30 所示。

（1）配乐

单击"配乐"，进入配乐界面。单击"新增配乐"按钮，可以为时间线上"播放头"所在位置的原视频添加配乐。若视频时间较长，可为视频添加多段配乐，如图 3-31 所示。

1）设置配乐音量比例：单击配乐界面的设置音量比例的工具按钮"🔊"，可打开"音量比例设置"界面，拖动"滑块"可设置原音与配乐音量之间的比例大小。原音和配乐的默认音量比例各为 50%，可根据音量大小的实际情况调节各自所占比例，如图 3-32 所示。

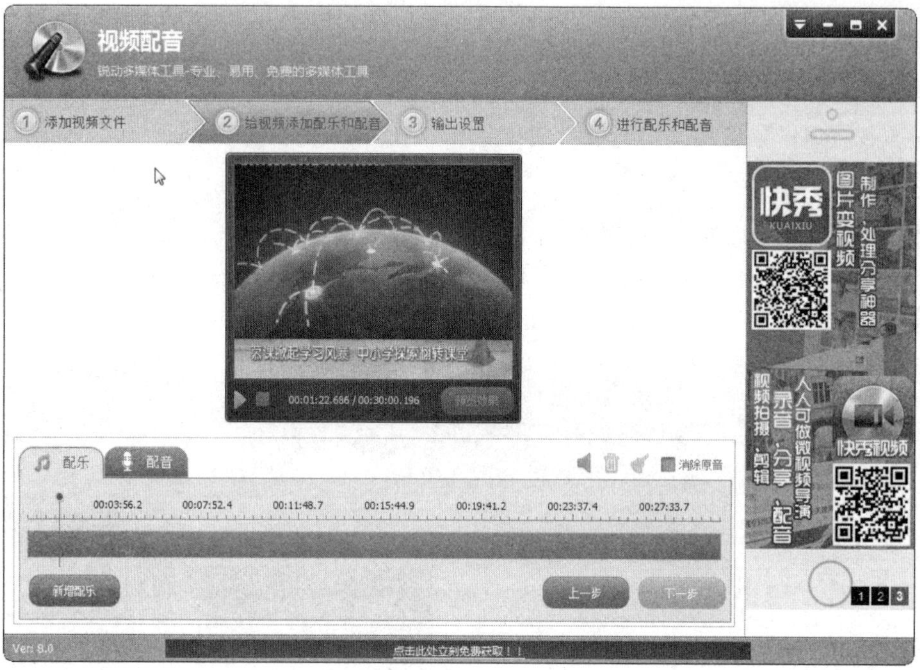
视频配音
锐动多媒体工具-专业、易用、免费的多媒体工具
1 添加视频文件
2 给视频添加配乐和配音
3 输出设置
4 进行配乐和配音
快秀
KUAIXIU
图片变视频
制作·处理分享神器
人人可做微视频导演
快秀视频
00:01:22.686 / 00:30:00.196
配乐
配音
消除原音
00:03:56.2
00:07:52.4
00:11:48.7
00:15:44.9
00:19:41.2
00:23:37.4
00:27:33.7
新增配乐
上一步
下一步
Ver: 8.0
点击此处立刻免费获取！！

图 3－30

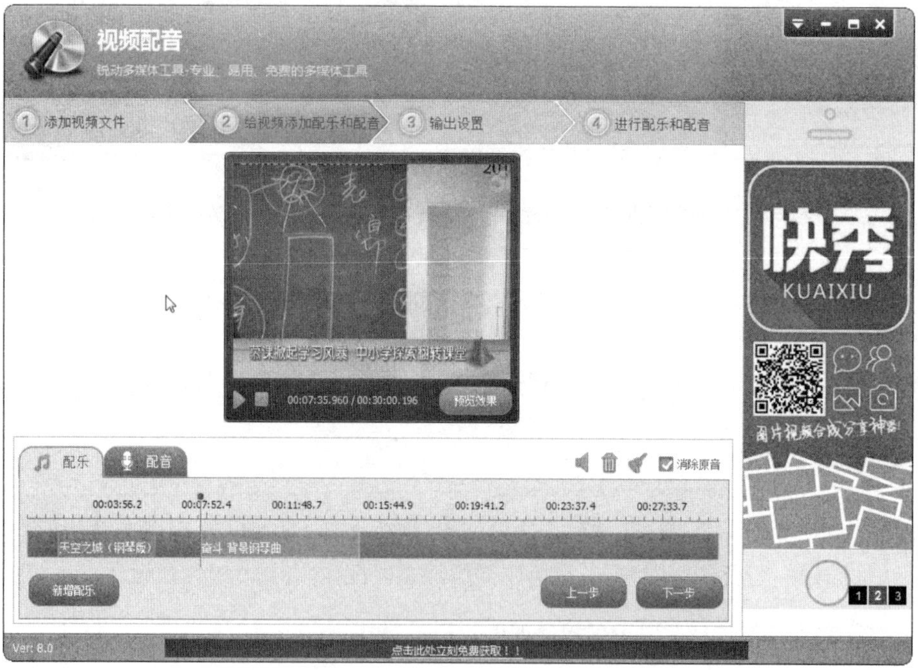
视频配音
锐动多媒体工具-专业、易用、免费的多媒体工具
1 添加视频文件
2 给视频添加配乐和配音
3 输出设置
4 进行配乐和配音
快秀
KUAIXIU
图片视频合成分享神器!
00:07:35.960 / 00:30:00.196
预览效果
配乐
配音
消除原音
00:03:56.2
00:07:52.4
00:11:48.7
00:15:44.9
00:19:41.2
00:23:37.4
00:27:33.7
天空之城（钢琴版）
奋斗 背景钢琴曲
新增配乐
上一步
下一步
Ver: 8.0
点击此处立刻免费获取！！

图 3－31

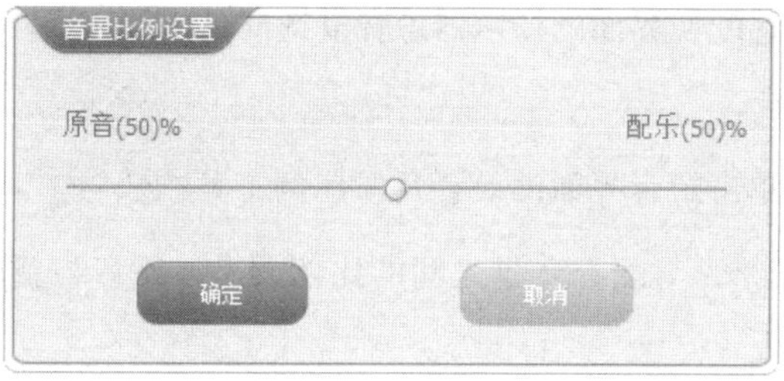

图 3 - 32

2）删除当前选中的配乐段落：选择时间线上的某一配乐段落，单击删除配乐段落工具按钮"🗑"，可删除当前选中的配乐段落。

3）清空所有的配乐段落：单击配乐界面的清空所有段落的工具按钮"🧹"，可删除时间线上所有的配乐段落。

4）消除原音：勾选配乐界面的消除原音复选框"☑消除原音"，就能把原视频中的音频清除（该效果需要在输出视频后才能体现）。

（2）配音

单击"配音"，进入配音界面。单击"新配音"按钮，为时间线上"播放头"所在位置的原视频添加配音，也可根据需要为视频添加多段配音，如图 3 - 33 所示。

图 3 - 33

1）扬声器静音：勾选配音界面的扬声器静音复选框"▨扬声器静音"，可将该段配音静音，在预览视频的时候将没有声音。

2）设置音量比例：单击配音界面的设置音量比例工具按钮"🔊"，可打开"音量比例设置"界面，拖动"滑块"可设置原音与配音音量之间的比例大小。原音与新配音的默认音量比例各为50%，如图3-34所示。

图3-34

3）删除当前选中的配音段落：选择时间线上的某一段配音，单击删除当前选中的配音段落工具按钮"🗑"，可删除当前选中的配音段落。

4）清空所有的段落：单击配音界面的清空所有的段落工具按钮"✒"，可删除时间线上所有的配音段落。

5）消除原音：勾选配音界面的消除原音复选框"☑消除原音"，则会把原视频中的音频清除（该效果需要在输出视频后才能体现）。

6）快捷键设置：单击配音界面的"**快捷键设置**"按钮，可打开"录音快捷键"设置界面，在该界面可自定义开始录音和停止录音的快捷键，如图3-35所示。

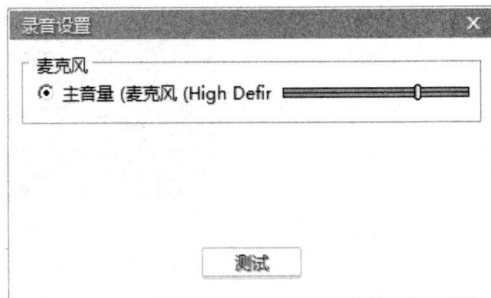

图3-35    图3-36

7）高级设置：单击配音界面的"高级设置"按钮，可打开"录音设置"界面。单击"测试"按钮，可测试麦克风设备能否正常工作，如图3-36所示。

3　输出设置

配乐和配音工作完成后,单击"下一步"按钮,进入输出设置界面。在该界面可设置"输出目录(输出文件保存的位置)"、"目标格式(输出文件的保存格式,可选择"与原视频格式保持一致"或"使用其他的视频格式")"。

(1)若选择"与原视频格式保持一致",则"更改目标格式"和"显示详细信息"复选框不能使用。

(2)若选择"使用其他的视频格式"按钮,则可更改输出视频文件的格式。勾选"显示详细设置"可查看输出视频文件的详细设置,如图 3-37 所示。

图 3-37

4　进行配乐和配音

"输出设置"设置完以后,单击"下一步"按钮,进入"进行配乐和配音"界面。在该界面会显示"转换进度"的实时进度。转换完毕后,显示"视频配乐和配音成功"的提示框,如图 3-38 所示。

## 3.07　字幕制作

单击视频编辑专家8.0主界面的"字幕制作"按钮,进入字幕制作界面。

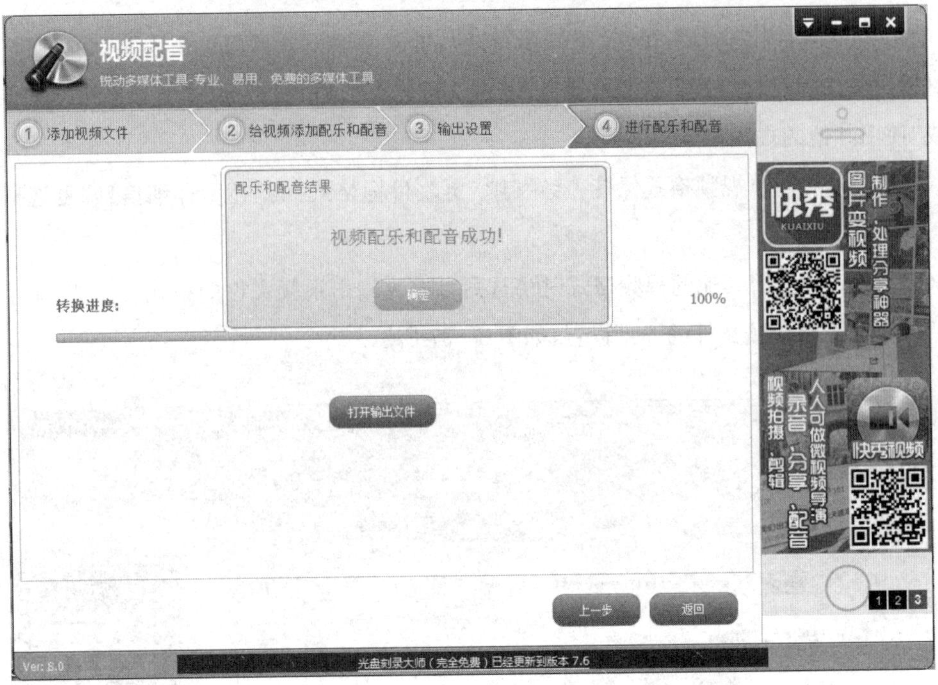

图 3-38

## 1 添加视频文件和编辑字幕

单击字幕制作界面的"添加视频"按钮,添加需要制作字幕的视频文件,如图 3-39 所示。

(1) 导入字幕:单击"导入字幕"按钮,可导入保存为 srt 格式的字幕文件。

(2) 导出字幕:单击"导出字幕"按钮,可将在视频编辑专家8.0 中编辑好的字幕保存为 srt 格式的字幕文件。

(3) 保存字幕:单击"保存字幕"按钮,可保存在视频编辑专家8.0 中编辑好的字幕文件。

(4) 新增行:单击"新增行(F4)"按钮,可新增一行按序号排列的字幕。

(5) 插入行:单击"插入行"按钮,可在选中的某一行字幕下新增一行字幕。

(6) 删除行:单击"删除行"按钮,可删除选中的一行字幕。

(7) 清空:选择所有字幕,单击"清空"按钮,将删除所有编辑好的字幕。

(8) 开始时间和结束时间:调节字幕开始出现的时间点和结束的时间点。

(9) 字幕内容:在新增行或插入行之后,可在文本框中输入字幕文字。

(10) 自定义位置:勾选"☑ 自定义位置"复选框,可调节字幕在视频中的水平位置和垂直位置。

(11) 设置字体:单击"设置字体"按钮,可打开字幕文字字体设置界面,在该界面可设置文字的字体、字形和大小等,如图 3-40 所示。

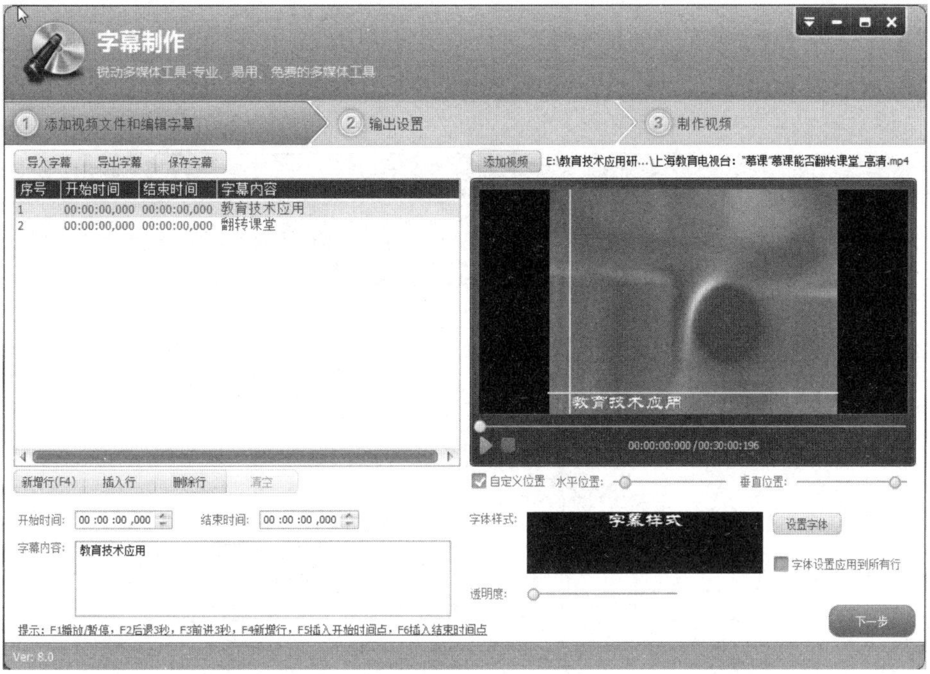

图 3 - 39

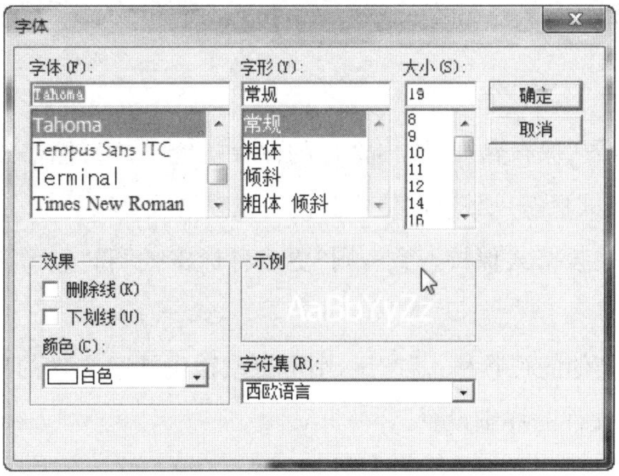

图 3 - 40

（12）字体设置应用到所有行：勾选"☐ 字体设置应用到所有行"复选框，可将在字体设置中的设置应用到为该视频制作的每一行字幕。

（13）字体样式：用来显示所设置的字幕的大小、位置等样式。

（14）透明度：拖动透明度上的"滑块"可调节字幕的透明程度。

2　输出设置

添加完字幕并对字幕文字的各种格式进行调整后,单击"下一步"按钮,进入"输出设置"界面,如图 3-41 所示。

图 3-41

(1) 在该界面可设置"保存路径(输出文件的保存位置)"、"目标格式(输出文件的保存格式,可选择"与原视频格式保持一致"或"使用其他的视频格式")"。

(2) 若选择"与原视频格式保持一致",则"更改目标格式"和"显示详细信息"复选框不能使用。

(3) 若选择"使用其他的视频格式"按钮,则可更改输出视频文件的格式。勾选"显示详细设置"可查看输出视频文件的详细设置。

3　制作视频

输出设置完成后,单击"下一步"按钮,进入"制作视频"界面。在该界面会显示视频制作的实时进度。制作完毕后,显示"制作成功"的提示框,如图 3-42 所示。

## 3.08　视频截图

单击视频编辑专家 8.0 主界面的"视频截图"按钮,进入视频截图界面。

图 3-42

1　添加需截图的视频文件

单击视频截图界面的"加载"按钮,添加需要进行视频截图的视频文件。

2　截图设置

添加完视频后,进入截图的设置环节。

(1) 截图模式

截图模式分为剧情连拍和自定义时间点两种模式。

1) 剧情连拍:剧情连拍模式类似于照相机的连拍,在设置好时间间隔后,软件会自动按照时间间隔对视频进行截图,如图 3-43 所示。

2) 自定义时间点:自定义时间点截图是通过设定截图的时间点来实现对视频的截图。在视频播放到需要进行截图的时间点后,点击"设置截图时间点"按钮" ",将该时间点设置为截图时间点。若需要更改设置,可选择该时间点的"滑块",点击"删除截图时间点"按钮" ",删除该截图时间点,如图 3-44 所示。

(2) 图片格式

截图后的图片能够保存为 BMP(未经压缩的图片文件格式)、PNG(背景透明的高压缩比的图片文件格式)、JPG(一种常用的有损压缩图片文件格式)三种图片格式,可以根据实际需求选择图片格式进行保存。

图 3 - 43

图 3 - 44

（3）时间间隔

时间间隔只有在剧情连拍截图模式下才能起作用。在剧情连拍截图模式下，可设置每隔多少秒截取一幅图像。

（4）图像宽度

设置截取图像的宽度大小（默认为截取与原视频宽度大小一致的图像）。

（5）输出目录

设置截取图像的保存位置。

3　截图

上述设置完成后，点击"截图"按钮，进入视频截图状态。视频截图完成后，会提示"视频截图成功"的对话框，如图 3-45 所示。

图 3-45

# 第4章 绘图软件 SmoothDraw 使用简介

## 4.01 SmoothDraw 软件简介

### 1 软件简介

SmoothDraw 是一款简单实用的绘画软件，SmoothDraw 具备可调画笔、多重线条平滑不走样、透明处理及多图层分绘等功能，支持各种绘图板（数位板、手写板、数字笔）以及 TabletPC，可自由旋转画板，简单易用，即刻上手。特别是结合绘图板的压感功能，能为教师们提供更加广阔的创意空间。尤其是美术课、书法课等，可以利用绘图板的这个特性设计出更多有创意的课程。SmoothDraw 软件界面如图 4-1 所示。

图 4-1

## 2　认识工具栏

SmoothDraw 界面的左上角为工具栏,如图 4-2 所示。

图 4-2

其中,前三项分别表示保存、撤销一步和前进一步操作,点击第四个按钮"",则可以在显示的左侧面板之间切换。点击最右边按钮"",则在开启蒙板之间切换。开启蒙板后,画板处于保护状态,无法在上面作画,效果如图 4-3 所示。

图 4-3

## 4.02　SmoothDraw 软件的基本应用

### 1　更改画板尺寸

(1) 在软件界面左上角点击菜单栏中的"文件"→"更改画板尺寸",如图 4-4 所示,会出现如图 4-5 所示的"更改尺寸"窗口对话框。

(2) 在图 4-5 中,可以按自己的需要更改画板尺寸,是否保持宽高比,在改变了画板尺寸的情况下是否同时改变图像大小等。若点击了"不改变图像大小"模式,还可通过点击右边的九个方格中任一方格选择图片停靠画板的位置。选中的位置呈蓝色激活状态,其他为灰色。

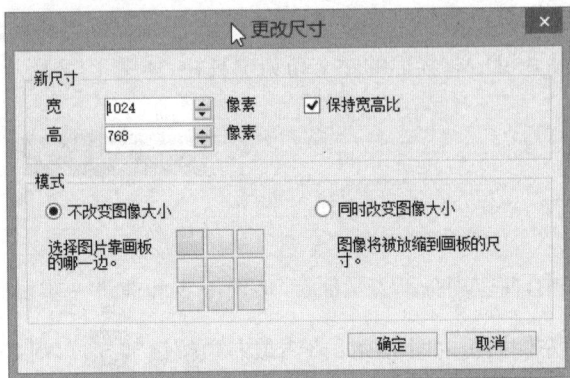

图 4-4                    图 4-5

2　缩放和旋转画板

(1) 点击菜单栏中的"选项"→"放缩、旋转"中的" ▬ "和" ✚ "按钮,即可放大、缩小或旋转绘图画板,如图 4-6 所示。

图 4-6

(2) "放缩"项有 25%、50%、100%、200%、400%五档供选择。在"旋转"项中点击" ✚ ",则画板依次按顺时针方向旋转 45°;点击" ▬ ",则画板依次按逆时针方向旋转 45°。画板放缩 50%、顺时针旋转 45°的效果如图 4-7 所示。

3　更改前景/背景色

(1) 更改前景色

方法一:在左边的控制面板里的前景色面板中,如图 4-8 所示,通过鼠标或手写笔点选前景色,可选择并变换前景色(笔触颜色),选好颜色后,上方的前景/背景色显示区左上角的前景色框中的颜色会相应改变。

方法二:直接点击上方的前景/背景色显示区左上角的前景色框,在下方弹出的颜色区域

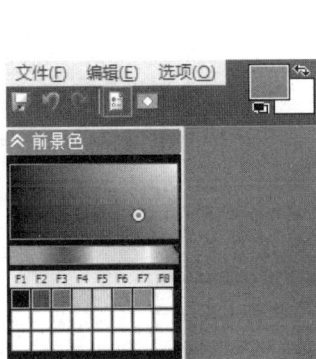

图 4 - 7

图 4 - 8

图 4 - 9

中点选颜色后,再在区域外的任一位置单击,亦可改变前景色。此外,还可手动调节 R、G、B 滑块或输入颜色的颜色值进行精确选色,如图 4 - 9 所示。

(2) 更改背景色

方法一：点击前景/背景色显示区的"🔁"按钮,置换前景/背景色,如图 4 - 10 所示。再选择控制面板里的前景色面板中的颜色,再次点击前景/背景色显示区的"🔁"按钮即可。

方法二：直接点击图 4 - 8 上方的前景/背景色显示区右下角的背景色框,在下方弹出的颜色区域点选颜色后再在区域外任一位置单击,即可改变背景色。还可手动调节 R、G、B 滑块或输入颜色的颜色值进行精确选色,如图 4 - 11 所示。

图 4 - 10 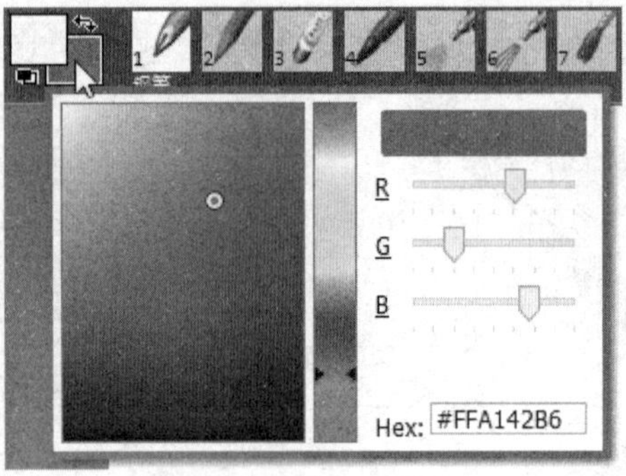　　　　　　　　　　图 4 - 11 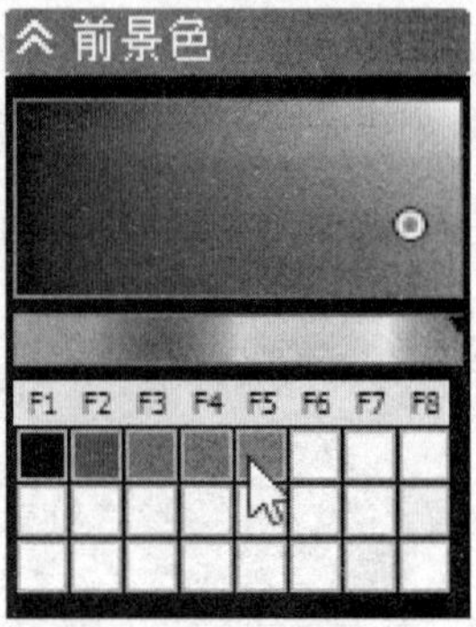　　　　　　　　　图 4 - 12

（3）保存前景色

对于喜欢的或经常要用到的颜色,可将其保存下来以备后面使用。方法为：在前景色面板中点选一种颜色,然后在下方一色块中右击,此时该色块即变为点选后的颜色,下次只要直接点击该色块就可以直接使用该颜色,如图 4 - 12 所示。

## ◎ 4.03　SmoothDraw 中的工具的使用

除快捷工具栏提供的 12 种工具外,点击快捷工具条右边的倒三角箭头,即出现 SmoothDraw 自带的所有工具,共达 30 种之多,这些工具基本能满足用户的各种需求,如图 4 - 13 所示。

图 4 - 13

SmoothDraw 提供了多种类型的画笔工具。除了钢笔、铅笔、水笔、蜡笔、喷枪、毛刷、图像水龙头、水彩、涂抹笔、克隆画笔等之外,还有调整照片的明暗笔、模糊笔、锐化笔,以及平滑上色必备的加水模糊笔等。此外,还有移动、矩形选取、滴管、拖拽画板、文本、填充等辅助工具。这些工具的用法基本相同。

1　使用画笔

(1) 设置画笔

点击不同的画笔工具,可在工具选项的控制面板中拖动对应滑块或点击上方蓝色圆框,对笔尖的直径大小、墨水流量进行设置。笔尖直径最小为 1,最大可设到 128;墨水流量最小为 1%,最大可设到 100%。例如,2B 铅笔的工具选项面板如图 4 - 14 所示。当使用橡皮工具时,此面板同样是对其大小和浓度进行设置。参数设置完以后,直接在绘图区拖动鼠标或手写笔即可绘画,效果如图 4 - 15 所示。

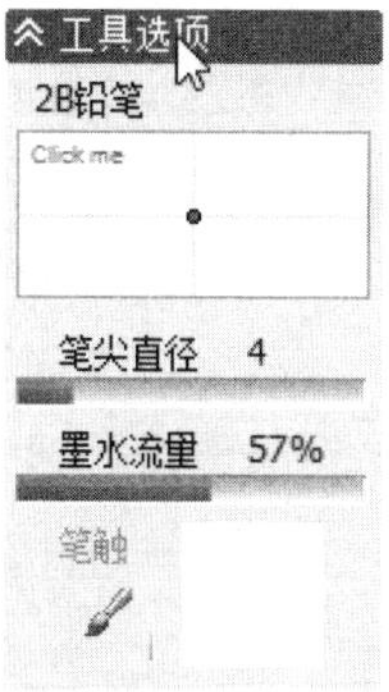

图 4 - 14

图 4 - 15

（2）画笔应用

点击左边工具选项面板中的"![笔触]"按钮，将弹出编辑画笔界面，对于像"星星"、"草"、"图像水龙头"这类工具，可在此设置一些动态效果，如图4-16所示。对"图像水龙头"工具的相关参数进行设置后的使用效果如图4-17所示。

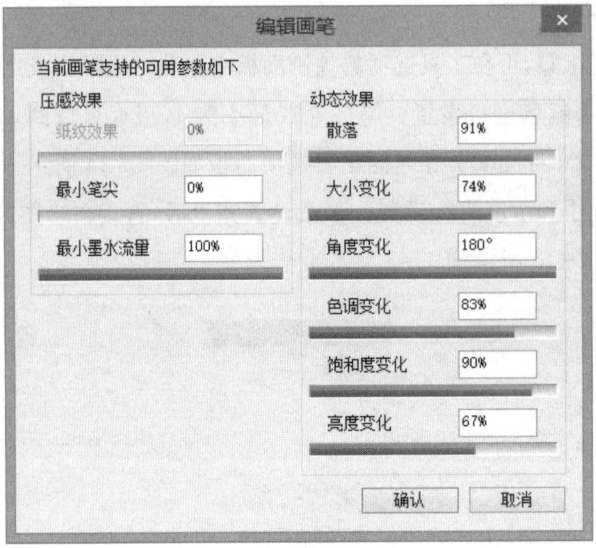

图4-16

图4-17

2　使用辅助工具

（1）常用工具

1）"矩形选取"和"移动工具"。"移动工具"常配合"矩形选取"工具进行选中区域的图像的位置移动。

2）"滴管工具"。用来选取绘图区的某一特定颜色。

3）"拖拽画板"。局部作图不方便时，可通过"拖拽画板"工具调整画板的局部位置。

使用这四个工具时，工具选项面板为空，不用设置参数。当使用文本和填充工具时，对应的工具选项面板将发生变化。

（2）文本

当选中文本工具时，左边的选项面板如图 4-18 所示，当输入非中文时，直接在下面的文本框中输入即可。SmoothDraw 暂不支持中文的输入，若想输入汉字，可通过复制粘贴的方式粘贴到文本框。工具栏图标的操作与 word 类似，前四项分别为字体、字形、大小效果设置，左对齐，居中，右对齐。点击最后一个图标" 📄 "即可提交当前文本，此时文本框将清空，然后可再次输入新的文本。文本输入效果如图 4-19 所示。

（3）填充

填充工具选项面板如图 4-20 所示，Tolerance 为颜色容差，表示相近颜色被允许填充的比例。还可点击 Antialias 选项框选择是否消除锯齿。

3　自定义快捷工具条

若快捷工具条中没有自己常用的工具，又不想每次点击右边的倒三角箭头查找、选取，可选中该工具，拖动到快捷工具条的某一方格中，即可替换该方格的原有工具，完成工具的定制，如图 4-21 所示。若快捷工具条中已有该工具，则快捷工具条中其所在方格会加亮并呈白色背景以提醒用户。快捷工具条栏共能定制 12 种工具。

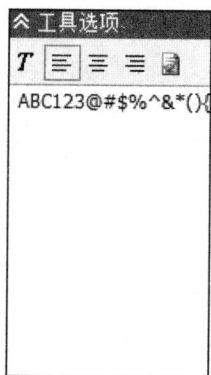

图 4-18

图 4 - 19

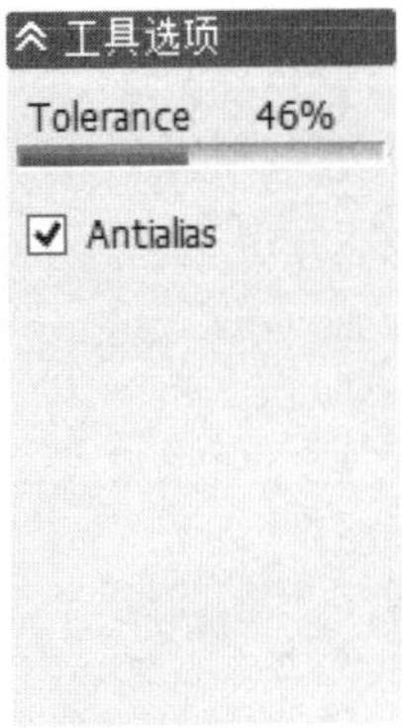

图 4 - 20

图 4 - 21

### 4 巧用工具选项绘制自定义图形

有时,对软件自带的星星、草、图像水龙头等工具的默认图片不满意,想替换成其他图片,这时,可借助星星、草、图像水龙头工具进行绘制。

(1) 改换默认图形

要先绘制图片原图,如,选择"图像水龙头"工具,点击左边的工具选项面板中软件默认的图片" ",将弹出选择图片界面,选择图片后,点击"打开",会发现左边的工具选项面板中默认的图片已被替换为自选图片。此时,依照画笔工具的使用方法即可绘制自选的图片原图。以树叶图片为例,绘制效果如图4-22所示。

图4-22

注意:为避免与图片无关的背景的干扰,自选图片时建议选择背景透明的PNG图片格式。

(2) 绘制自设风格图片

若只想保留图片外形并自设图片颜色,可选择"星星"或"草"工具,点击工具选项面板中软件默认的图片,将弹出选择图片界面,选择图片后,点击"打开",此时默认图片已被替换为自选图片。这样,依照画笔工具的使用方法选择前景色后即可绘制别样风格的图片。仍以树叶图片为例,绘制出的效果如图4-23所示。

绘制到此,比较图4-22和图4-23,便能很快发现"图像水龙头"工具和"星星"、"草"工具的异同。

图 4 - 23

## 4.04　使用图层

图层就是把图分为若干个层。可以显示某一图层,也可以全部叠加显示。图层控制面板如图 4 - 24 所示。

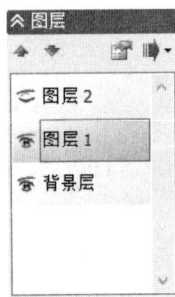

图 4 - 24

1　图层的显示/隐藏

点击图层名前的""按钮,图层切换到显示状态,图层可见;点击""按钮,图层切换到隐藏状态,图层不可见。

2 上移/下移图层

选中某一图层,点击"▲"按钮,图层即上移一层;点击"▼"按钮,图层即下移一层。最底层的图层不能下移,同样,最顶层的图层不可上移。

3 设置图层的不透明度

选中某一图层,点击"📷"按钮,弹出图层属性界面,如图 4-25 所示。在该界面可更改图层名称,设置图层的"不透明度",还可选择"混合模式"。

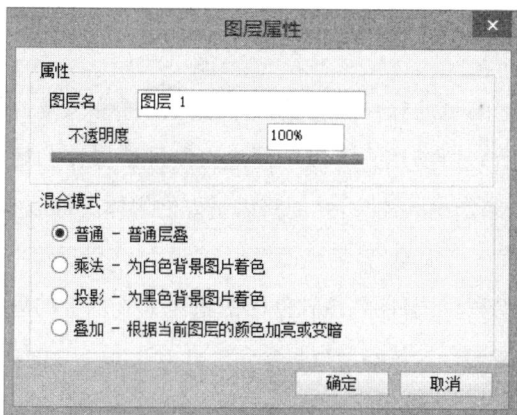

图 4-25

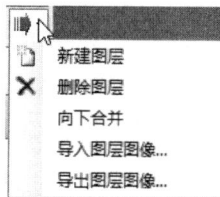

图 4-26

4 更多操作

选中某一图层,点击"▥▼"按钮,弹出更多操作菜单,如图 4-26 所示。

(1)新建图层。在选中的图层上面新建一个图层,非最顶层新建。

(2)删除图层。删除选中图层。

(3)向下合并。选中的图层与下面一层图层合并成一层。

(4)导入图层图像。在选中的图层里导入图像。

(5)导出图层图像。将选中的图层导出,另存为单独的图片文件。

利用 SmoothDraw 软件绘制的图形,既可以利用录屏软件边讲解边录制,也可以把绘制的图形保存起来。可以保存成不同格式的图片文件。

# 第 5 章　录屏软件 Camtasia Studio 使用教程

Camtasia Studio 是一款屏幕录像和编辑的软件。它提供了强大的屏幕录像、视频剪辑和编辑、视频剧场和视频播放功能。使用该软件，用户可以方便地录制屏幕操作和配音、视频的剪辑，添加转场效果、说明字幕和水印，制作视频片头，并能将编辑好的媒体文件以 MP4、FLV、SWF、WMV、MOV、AVI、RM、GIF 等视频格式输出，甚至能够以 MP3 格式仅仅输出声音文件。本教程是 Camtasia Studio 6 版本软件的教程。目前，该软件已更新至 8.0 以上的版本，如果老师有需要可自行下载该软件并以该图文教程为基础进行自学。

（微信扫一扫）

## 5.01　Camtasia Studio 6 软件的安装

1　Camtasia Studio 6 的安装

（1）文件下载

下载软件 Camtasia Studio V6（包含安装包、注册机、汉化补丁）后，将压缩文件解压到桌面，打开解压后的文件夹，里面包含三个文件：安装包、注册机、汉化补丁。

（2）安装

1）双击安装程序，出现"欢迎使用 Camtasia Studio 6 安装向导"后，单击"Next"，如图 5 - 1 所示。

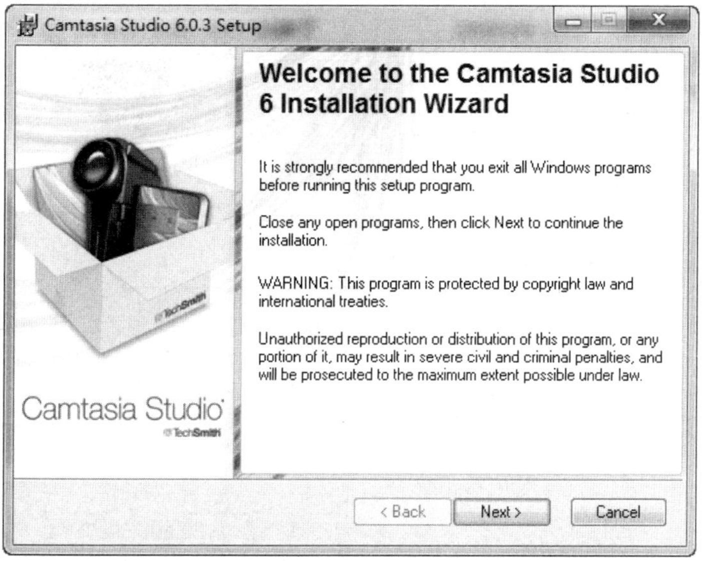

图 5-1

2）出现"协议许可"界面，选择第一个单选按钮"I accept the license agreement（我接受协议许可）"，单击"Next"，如图 5-2 所示。

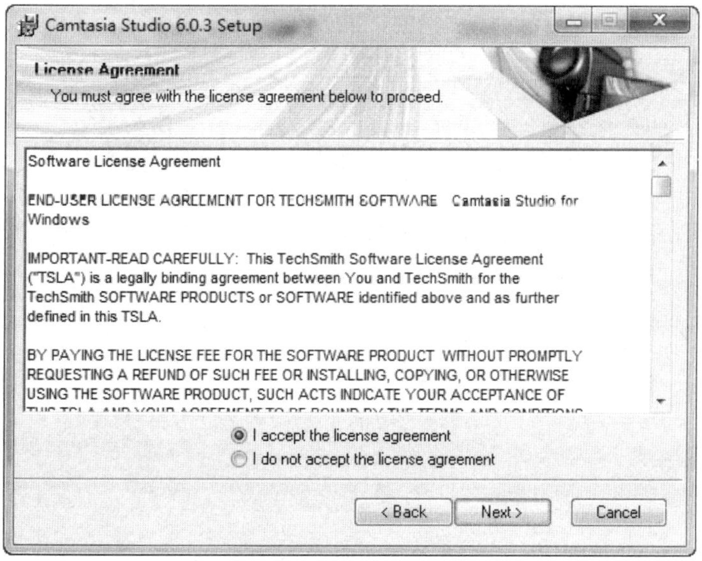

图 5-2

3）出现"安装类型"界面，选择第一个按钮"30 day evaluation（30 天试用期）"，如图 5-3 所示。

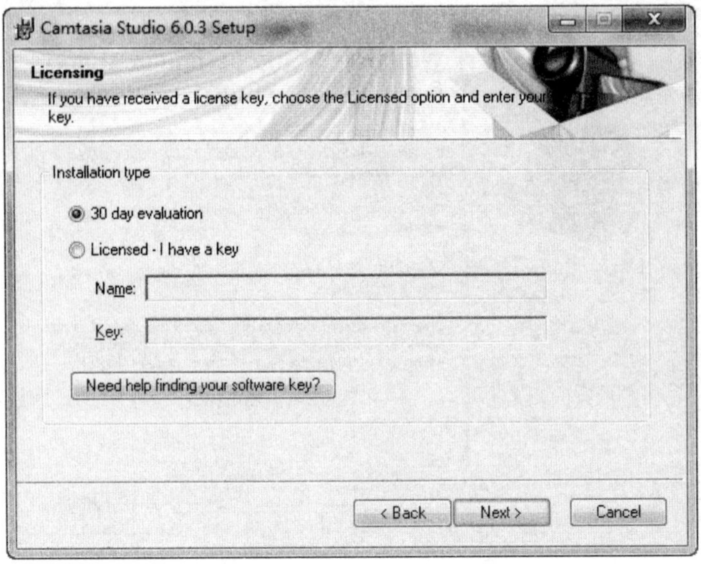

图 5 - 3

4）出现"安装位置"界面后，单击"Browse（浏览）"按钮，选择软件要安装的磁盘位置，如图5 - 4 所示。路径选择好后，单击"OK"按钮，如图 5 - 5 所示。

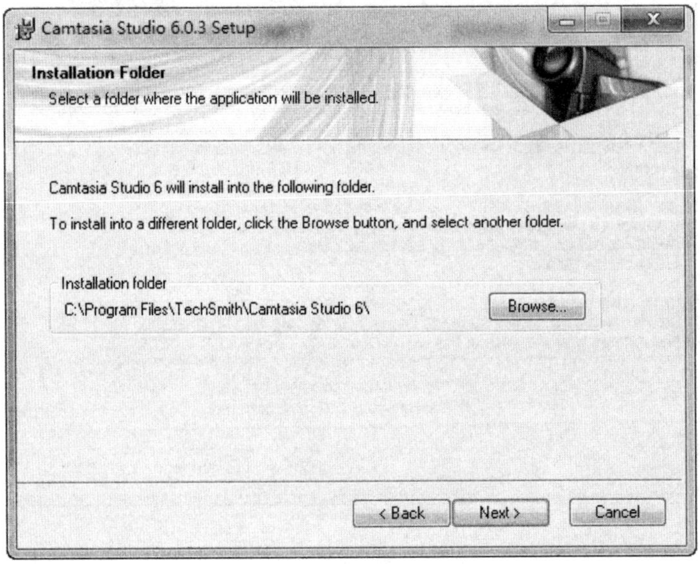

图 5 - 4

图 5-5

5）单击"Next"按钮后，可根据个人需要勾选"Enable Camtasia Studio Add-in for Microsoft PowerPoint（将 Camtasia Studio 作为工具栏插入 PPT 中）"，然后单击"Next"按钮，如图 5-6 所示。

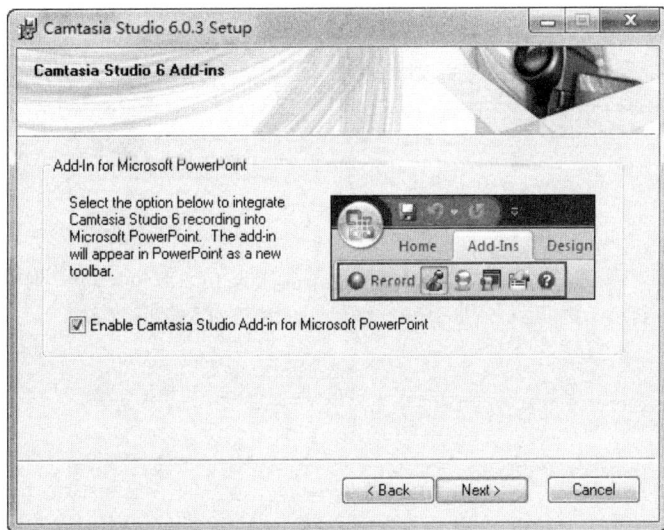

图 5-6

6）出现如图 5-7 所示的安装选项时，可根据个人需求进行选择。从上至下的 4 个选项分别是："安装完成后立即运行 Camtasia Studio"、"在桌面创建 Camtasia Studio 快捷方式"、"安装完成后打开 Camtasia Studio 网站"、"系统启动时自动启动 Camtasia Studio"。一般勾选第 2 个选项"在桌面创建 Camtasia Studio 快捷方式"即可。

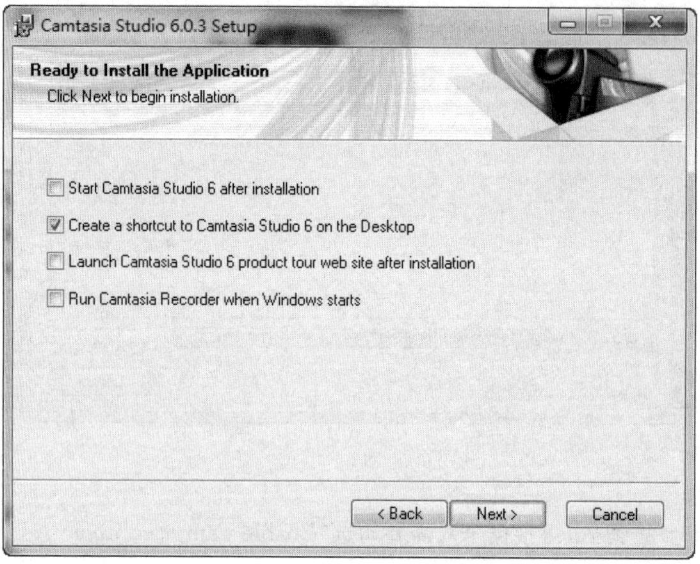

图 5 - 7

7）单击"Next"后，出现如图 5 - 8 所示的安装进度界面。

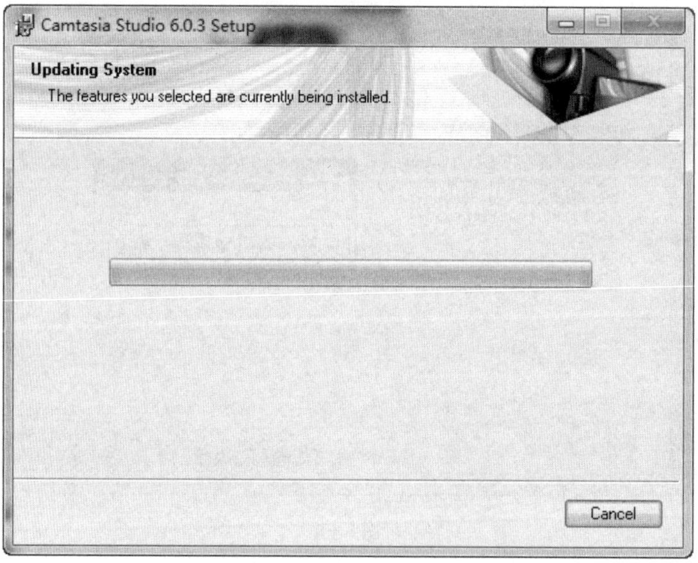

图 5 - 8

8）安装完成后，出现如图 5 - 9 所示的界面。单击"Finish"完成安装。

2　Camtasia Studio 6 的汉化

（1）双击 Camtasia Studio 6 汉化补丁，出现如图 5 - 10 所示的界面。

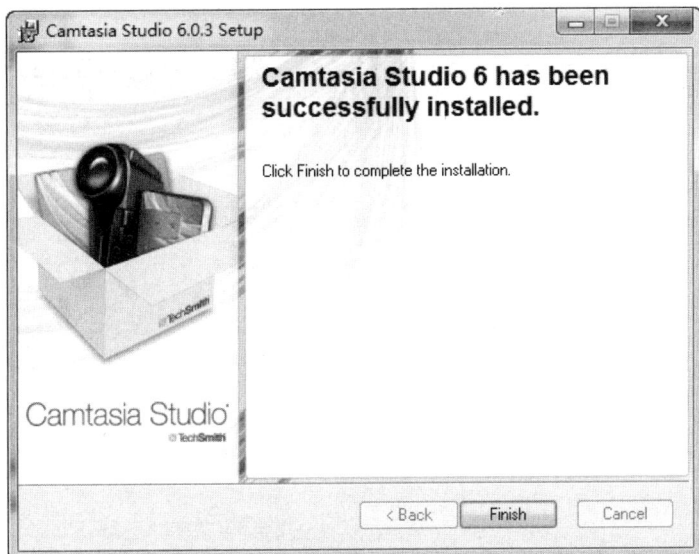

图 5-9

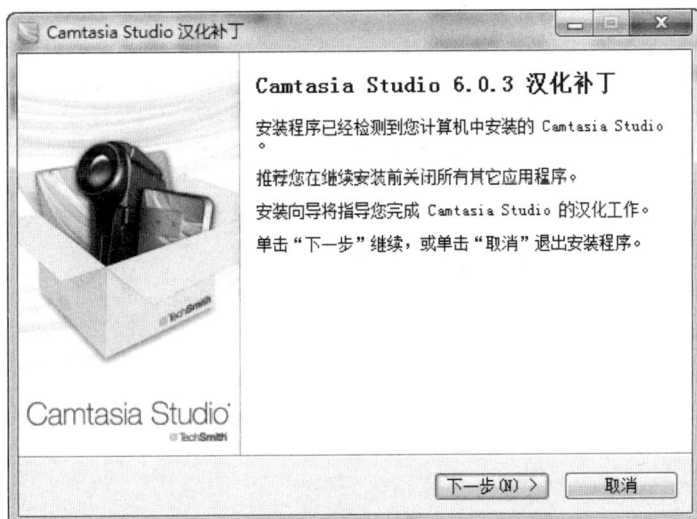

图 5-10

(2) 单击"下一步",出现如图 5-11 所示的界面。一般可将"附加软件"前的勾去掉。单击"下一步"安装汉化补丁。

(3) 当汉化补丁安装完成后,出现如图 5-12 所示的界面,单击"完成"按钮退出安装界面。重启软件后,程序变成中文界面,如图 5-13 所示。

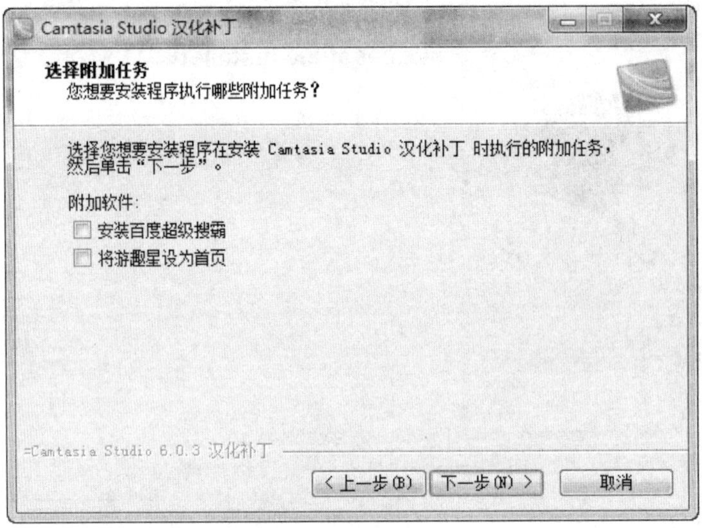
Camtasia Studio 汉化补丁
选择附加任务
您想要安装程序执行哪些附加任务?
选择您想要安装程序在安装 Camtasia Studio 汉化补丁 时执行的附加任务，然后单击“下一步”。
附加软件:
安装百度超级搜霸
将游趣星设为首页
Camtasia Studio 6.0.3 汉化补丁
< 上一步(B)
下一步(N) >
取消

图 5 - 11

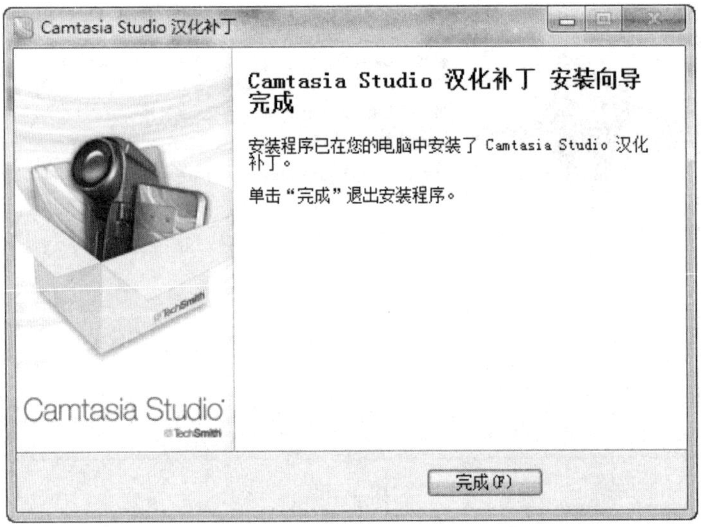
Camtasia Studio 汉化补丁
Camtasia Studio 汉化补丁 安装向导完成
安装程序已在您的电脑中安装了 Camtasia Studio 汉化补丁。
单击“完成”退出安装程序。
Camtasia Studio
完成(F)

图 5 - 12

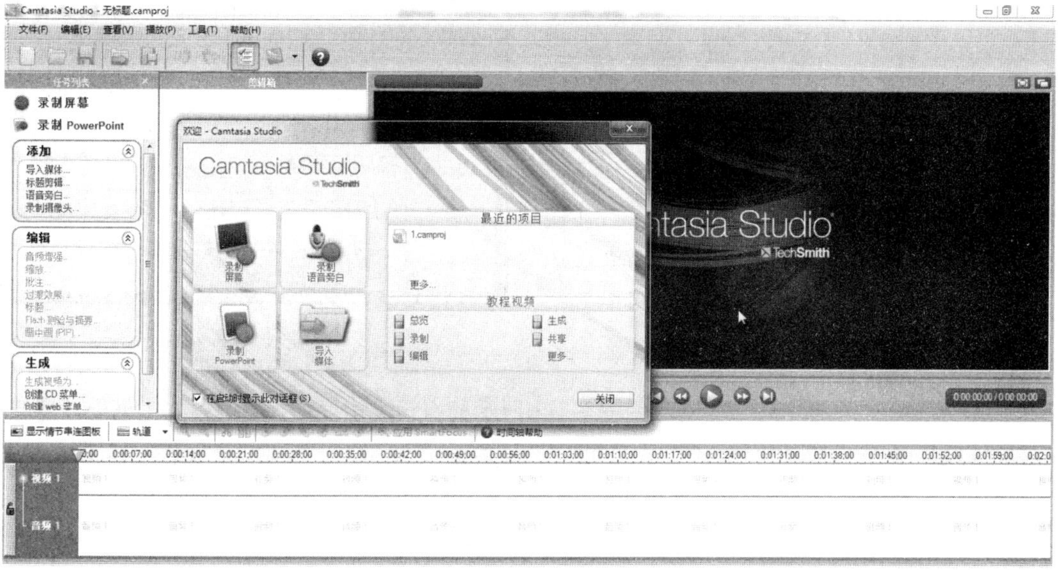

图 5 - 13

3 Camtasia Studio 6 的注册

（1）重启软件，出现如图 5 - 14 所示的界面。选择"我有一个软件密钥（S）"，双击打开
Camtasia Studio 6 注册机，如图 5 - 15 所示。

（2）将 Camtasia Studio6 注册机中的"Product"和"Type"分别选择为"Camtasia Studio 3. x"
和"Academic"，如图 5 - 16 所示，单击"Gen（生成）"按钮，生成序列号。

图 5 - 14

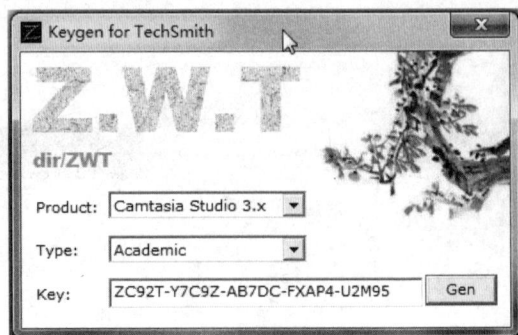

图 5 - 15                                     图 5 - 16

（3）将"Key"中的序列号复制到如图 5 - 17 所示的密钥文本框中。在姓名文本框中任意输入一个人名，点击完成按钮，完成注册，如图 5 - 18 所示。

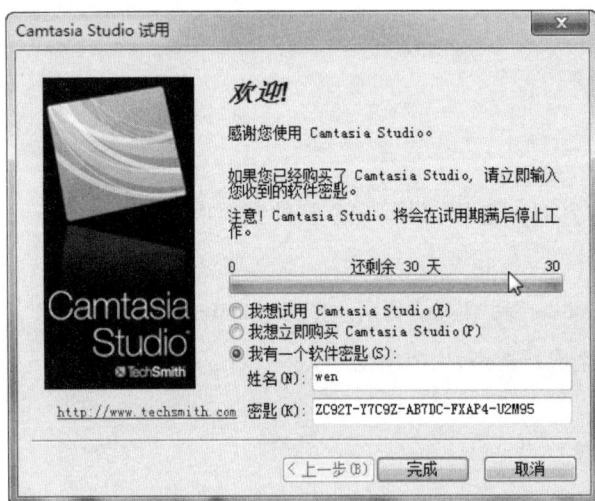

图 5 - 17                                     图 5 - 18

**5.02  Camtasia Studio 6 界面简介**

1    认识软件界面

（1）成功安装 Techsmith Camtasia Studio 6 后，打开软件，会启动欢迎界面，如图 5 - 19 所示。欢迎界面分为屏幕录制选项、最近的项目和视频教程三个模块。用户可以根据自己的需求选择是否要求软件每次启动时打开欢迎界面。

（2）关闭欢迎界面后，打开软件工作界面，如图 5 - 20 所示。该软件的界面与常用的 Office 软件界面相似，包括标题栏、菜单栏、工具栏、任务列表、剪辑箱、监视窗口、时间轴面板等。

图 5-19

图 5-20

## 2　Camtasia Studio 6 菜单栏

### (1) 文件菜单

文件菜单项下的常用命令包括对项目的操作、录制对象的选择、导入媒体素材、项目的打包生成,如图 5-21 所示。包括以下几类。

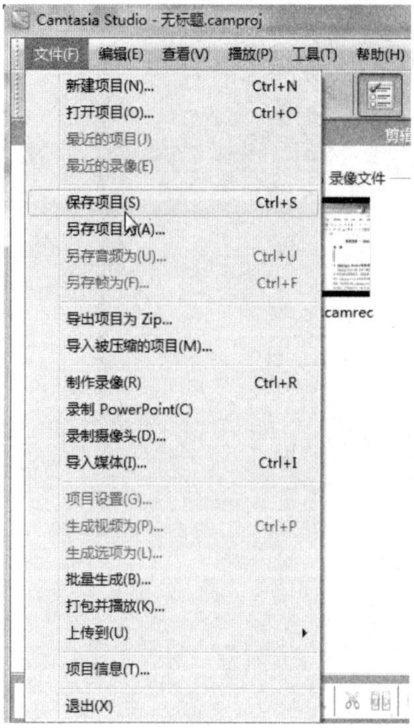

图 5 - 21

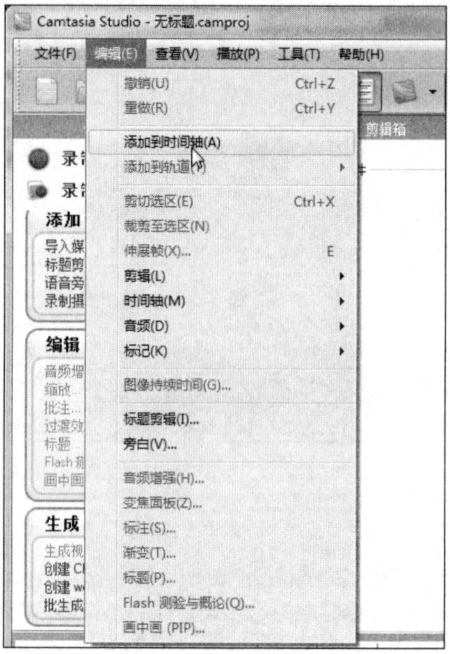

图 5 - 22

1）项目的操作：Camtasia Studio 项目操作包括"新建项目(Ctrl＋N)"、"打开项目(Ctrl＋O)"、"保存项目(Ctrl＋S)"、"另存项目为"等。

2）录制对象的选择：包括"制作录像"、"录制 PowerPoint"、"录制摄像头"等。

3）导入媒体素材：可导入 Camtasia Studio 录制的视频、音频、图像等素材。

4）项目的打包生成：包括将项目生成视频为、批量生成、打包并播放等。

（2）编辑菜单

编辑菜单中包括常用的编辑媒体素材时用到的命令，如撤销、重做、将媒体添加到时间轴、对时间轴上媒体的操作命令、音频的淡入淡出、音量的增大降低以及添加标注与旁白等，如图 5 - 22 所示。

（3）查看菜单

在查看菜单命令项下，可以设置主界面显示的面板，放大或缩小时间轴上媒体显示的长度，按缩略图、详细信息等方式查看剪辑箱中的媒体文件，如图 5 - 23 所示。

（4）播放菜单

播放菜单包含了监视器窗口中常用的视频播放按钮，如播放/暂停，停止，上一个剪辑（左）与下一个剪辑（右）等。由于播放菜单中的功能可以利用监视器窗口和时间轴面板上的按钮来实现，因此不是很常用，如图 5 - 24 所示。

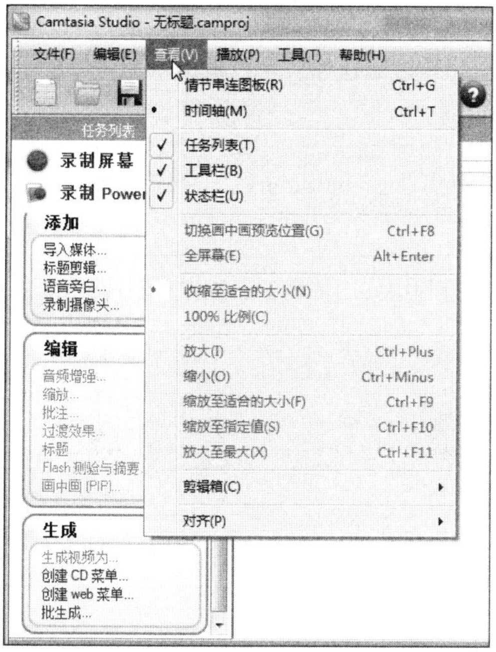

图 5 - 23

图 5 - 24

（5）工具菜单

工具菜单项包含了 Camtasia 录像机、剧院和播放器。此外，该菜单下的选项菜单，可对"程序、PPT、更新选项、变焦、热键"进行设置。

3　Camtasia Studio 6 工具栏

Camtasia Studio 6 的工具栏较为简单，只有九个常用的工具，如图 5 - 25 所示。

图 5 - 25

（1）新建项目工具 ▢ ：单击新建项目工具，能够快速地新建项目。

（2）打开项目工具 ▢ ：单击打开项目工具，选择并打开已经保存好的项目。

（3）保存项目工具 ▢ ：单击保存项目工具，可以对修改后的项目进行保存。

（4）导入媒体文件工具 ▢ ：单击导入媒体文件工具，将需要编辑的媒体文件导入到剪辑箱中。

（5）生成视频工具 ▢ ：单击生成视频工具，将编辑好的媒体文件生成为视频文件。

（6）撤销与重做工具 ▢ 、▢ ：单击撤销工具，实现对上一步操作的撤销，恢复操作之前的状态。单击重做按钮,取消上一步的撤销状态,恢复上一步操作后的状态。

(7) 显示/隐藏任务列表工具 ▩ : 单击显示/隐藏任务列表工具,可显示或隐藏主界面的任务列表。

(8) 启动其他工具 ▩▾ : 单击其他工具,可启动 Camtasia 录像机、剧院和播放器。

4　Camtasia Studio 6 任务列表

Camtasia Studio 6 的任务列表将使用软件过程中常用的任务归置在一起,使用起来非常方便,如图 5-26 所示。

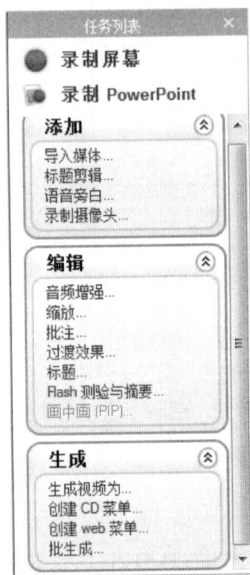

图 5-26

(1) 录制屏幕:选择该任务,进入屏幕录制状态。可对屏幕上的操作进行视频记录,并可设置需要录制的屏幕的大小。

(2) 录制 PowerPoint:选择该任务,可对播放状态下的 PPT 中的内容与动画进行录屏。对于 PowerPoint 在播放过程中的录制,也可以直接点击"录制屏幕"按钮进行录制。

(3) "添加"任务:可用来添加媒体文件、标题剪辑、语音旁白或者录制者的影像。

(4) "编辑"任务:该任务列表中的任务主要是实现对媒体文件的编辑。

(5) "生成"任务:该任务列表中的任务主要是将编辑好的媒体文件生成为视频格式的文件,方便传播。

5　Camtasia Studio 6 时间轴面板

时间轴面板是对媒体文件进行编辑的地方,可添加音视频轨道,对媒体文件进行剪辑,实现淡入淡出效果,增大或调低音量,消除录音背景噪音等,如图5-27所示。

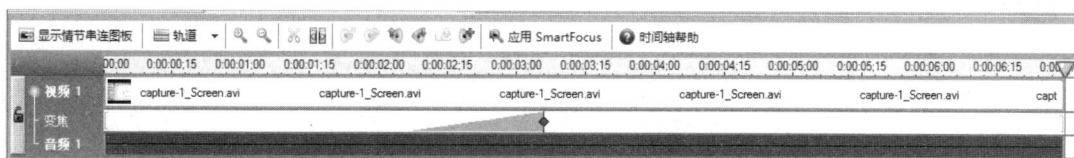

图 5 - 27

6　Camtasia Studio 6 剪辑箱

剪辑箱是用来装载需要编辑的媒体文件的"容器",能够装载的媒体文件类型有Camtasia Studio 的媒体文件,包括图像文件、视频文件和音频文件,如图5-28所示。

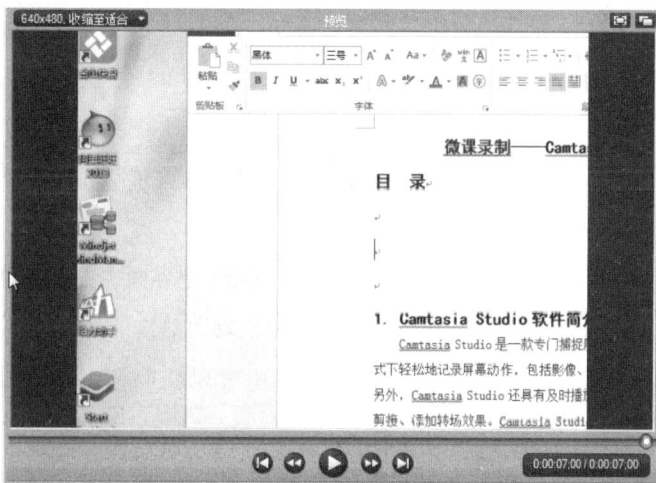

图 5 - 28　　　　　　　　　　　　　　　　　　图 5 - 29

7　Camtasia Studio 6 监视器

右上角的监视器是用来预览媒体文件,或者在时间轴面板上编辑媒体文件时用来监视编辑效果的地方,如图5-29所示。

## 5.03 用 Camtasia Studio 6 录制视频

1　用 Camtasia Studio 6 录制屏幕

首先设置电脑的分辨率，一般笔记本电脑的分辨率较高，录制的文件如果要在普通台式机上观看，最好在录制前把笔记本电脑的分辨率调整到 1024×768。

打开 Camtasia Studio 6 录屏软件，再单击任务列表中的"录制屏幕"按钮或工具菜单下的 Camtasia 录像机，即可打开录像机的设置界面，如图 5-30 所示。

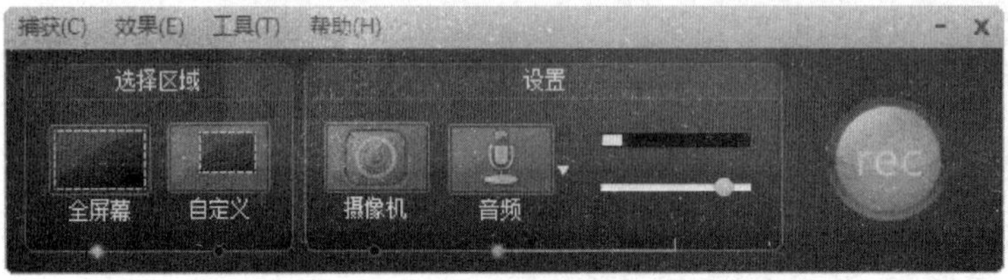

图 5-30

（1）录像机设置界面菜单简介

1）"捕获"菜单：捕获菜单包括录制（F9）、停止（F10）、选择录像区域、选择录音和录像的功能。

2）"效果"菜单：在效果菜单中可以设置录制屏幕时单击鼠标的声音和鼠标光标显示效果等内容。

3）"工具"菜单：与 Camtasia Studio 主界面中的工具菜单的功能类同。点击"工具"菜单中的"选项"，再点击"热键"选项卡，可以修改热键。

4）"帮助"菜单：在帮助菜单中可以获取在线帮助，进行在线注册，学习入门指南视频教程。

录像机设置界面分为三块内容：选择区域、设置和录像键。

（2）选择区域设置

在"选择区域"中，可以选择录制的屏幕的大小，分为全屏幕、自定义和选择三种模式。

1）全屏幕模式：录制整个屏幕上鼠标的操作和屏幕内容的变化。

2）自定义模式：单击自定义，录制者可以在右边的文本框中输入需要录制的屏幕的大小，也可以点击小三角形，选择软件预设的录制屏幕的大小。此外，选择自定义模式时，建议一般情况下将纵横比锁定，防止所录制的屏幕纵横比失调，影响画面的观看效果。

3）选择模式：点击"自定义"，会出现"选择"按钮，单击"选择"按钮后，屏幕上会出现十字形光标,让录制者选择录制的屏幕区域。

（3）设置区域

在设置区域,可以设置摄像机和音频的录制效果。

1) 摄像机：单击摄像机,可设置在录制过程中是否录入微课视频录制者的头像(一般不用)。

2) 音频：单击音频,可设置录制过程中麦克风输入音量的大小。音量太大,则会在录制时录入较多的环境噪音,太小,则录入的音量不够大,因此将音频音量大小设置成 80% 左右即可(音频音量设置时直接拖动音量滑块即可)。

（4）录制键

单击录制键,在 3 秒钟倒计时结束后,可开始屏幕的录制。

2  屏幕录制过程中的设置

屏幕录制开始后,如果双击下方任务栏中的录制图标,会出现如图 5-31 所示的录制控制界面。

图 5-31

（1）音频调节：可通过音频调节滑块调节录制的音量的大小。

（2）重新启动(restart)：重新开始录制屏幕。

（3）暂停(pause)：单击暂停按钮,暂停录制屏幕,再次单击暂停按钮,可实现在上一次录制暂停处继续录制,并在录制结束后保存为同一个文件。

（4）停止(Stop)：停止录制屏幕。

录制过程中这个界面一般不出现,可以不管它。

3  屏幕录制完成后的文件操作

在屏幕录制完成后,按下默认结束快捷键"F10"(或者自定义快捷键),或者单击图 5-31 中的"停止录制"按钮,出现如图 5-32 所示的界面。

（1）时间(time)：显示本次录制的文件的时间长度。

（2）收缩为合适大小(shrink to fit)：调整窗口到合适的大小,方便预览视频文件。

（3）播放：单击播放按钮可对录制的内容进行预览。

（4）保存(Save)：单击保存按钮,保存录制的视频文件,以便后期进行剪辑处理。

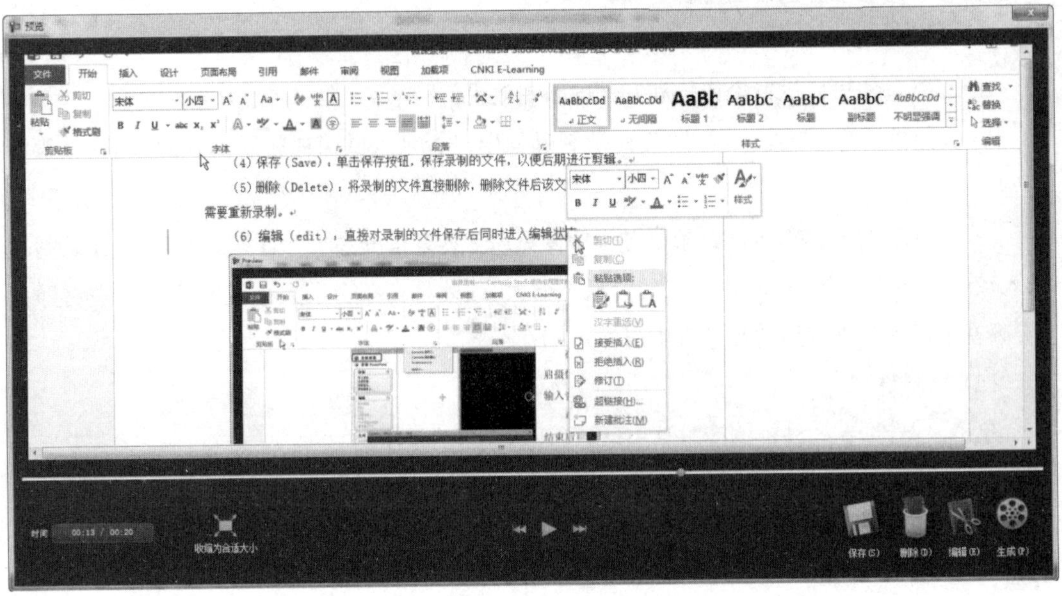

图 5 - 32

（5）删除（Delete）：将录制的文件直接删除，删除文件后该文件将不存在，需要重新录制。

（6）编辑（edit）：直接对录制的文件进行保存，同时进入编辑状态，此时，录制者可以对录制的视频进行编辑。建议一般采用这种方法。

（7）生成视频：如果录制的视频文件效果较好，也可以直接将文件输出为视频格式的文件，进行保存和传播。一般录制的视频都需要编辑，所以此按钮一般不用。

视频的生成设置参见"5.05 用 Camtasia Studio 6 生成视频"。

4　用 Camtasia Studio 6 录制 PPT

（1）直接录制 PowerPoint

录制供课堂教学用的 PowerPoint 时，可单击"录制 PowerPoint"按钮，如图 5 - 33 所示。首次录制 PowerPoint 时，软件会询问"未打开 Camtasia Studio PowerPoint 插件，您是否愿意开启插件并启动录制 PowerPoint"，这时，选择"是"，打开需要录制的 PowerPoint，并进行录制。

（2）用录制屏幕的方法录制 PPT

打开需要录制的 PowerPoint，然后按照录制屏幕的方法对全屏播放状态下的 PowerPoint 进行录制即可。

若是在安装时没有将 Camtasia Studio 以插件的方式嵌入 PowerPoint 中，建议以录制屏幕的方式录制 PowerPoint。用录制屏幕的方法录制视频与直接录制 PowerPoint 的视频的效果是一样的，所以录制 PowerPoint 课件时常用录制屏幕的方法。

图 5-33

## 5.04 用 Camtasia Studio 6 编辑视频

在前期录制完媒体文件后,就进入了媒体文件的编辑阶段了。媒体文件的编辑是在界面下方的时间轴面板和轨道上实现的。首先要把媒体文件导入到剪辑箱中以备编辑。

1 导入媒体文件

(1)导入媒体文件的方法

在剪辑箱中点击右键选择"导入媒体"或在文件菜单下选择"导入媒体"命令,可将准备好的视频、音频、图片和用 Camtasia Studio 录制的媒体文件等素材导入剪辑箱中。

(2)可导入的媒体文件格式

1)视频文件格式。可以导入的视频文件的格式有 CAMREC(用 Camtasia Studio 录制的视频文件的格式)、avi、mp4、mpg、mpeg、wmv、mov 和 swf 等。

2)音频文件格式。可以导入的音频文件的格式有 wav、mp3 和 wma 等。

3)图像文件格式。可以导入的图像文件的格式有 bmp、gif、jpg 和 png 等。

2 文件编辑中的基本操作

媒体文件的编辑操作包括文件剪辑、过渡效果的设置、设置画中画、视频文件的降噪、音量大小的调节等。

（1）轨道的添加

1）添加轨道。点击时间轴面板上"▇▇▇▮-"轨道按钮,展开添加轨道面板,可以添加"标记轨道"、"标题轨道"、"音频轨道"、"画中画轨道"等,如所图5-34所示。

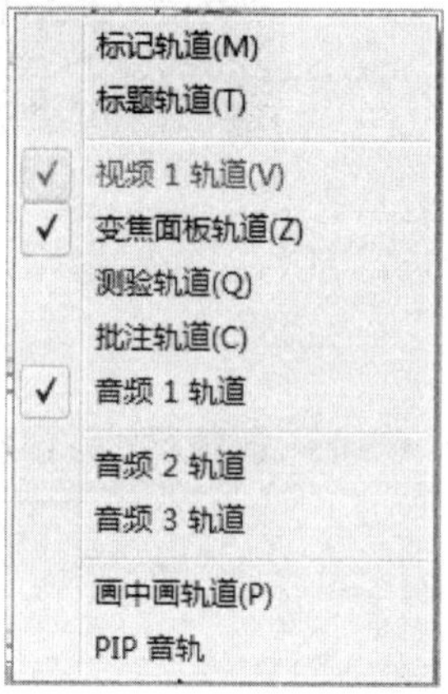

标记轨道(M)
标题轨道(T)

✓ 视频 1 轨道(V)
✓ 变焦面板轨道(Z)
测验轨道(Q)
批注轨道(C)
✓ 音频 1 轨道

音频 2 轨道
音频 3 轨道

画中画轨道(P)
PIP 音轨

图 5-34

2）标记轨道。选择标记轨道,即可添加标记轨道。添加标记轨道后,可以在标记轨道轴上,通过右击鼠标为该媒体文件添加一个标记,双击该标记,可打开标记修改面板,修改标记信息。

3）标题轨道。选择标题轨道,即可添加标题轨道。标题轨道添加的标题是做标记用的。此轨道一般不用。

（2）删除轨道

若要删除标记轨道、标题轨道、测验轨道、画中画轨道,只需点击"▇▇▇▮-"轨道按钮,取消对应轨道的选中状态即可。

（3）锁定轨道与轨道解锁

在媒体文件的编辑过程中,经常会发生由于误操作而破坏某一轨道上已经编辑好的文件内容。为了避免这种情况的出现,可以使用轨道的锁定功能。

1）单击轨道左侧的小锁图标"🔓",可以将该轨道锁住。轨道锁住了以后,该轨道上的内容处于锁定状态,就不能够对该轨道上的内容进行编辑。

2）如果需要对该轨道的内容进行编辑,需将该轨道解除锁定状态。解除轨道的锁定状态,只需再次单击轨道左侧的小锁图标"🔓"即可。

3　文件的编辑

（1）将媒体文件添加到视频轨道

将剪辑箱中的媒体文件添加到轨道的操作方法是，选择需要插入轨道的媒体文件，按住鼠标不放，将媒体文件移动到轨道上的合适位置（光标右下角出现小十字）即可。第一次将媒体文件添加到轨道上时，会弹出"项目设置"的对话框，如图5-35所示。在"项目设置"对话框中，可以设置视频的大小及格式，点击"预设"中的"小三角形"，可以展开软件已经预设的常用的视频文件的大小及格式，有 Blog 格式、CD 格式、DVD 格式、iPhone、iPod、Youtube 等格式，还可以自定义文件大小与格式，如图5-36所示。建议一般选择"录制大小"以防止视频的画面质量降低。

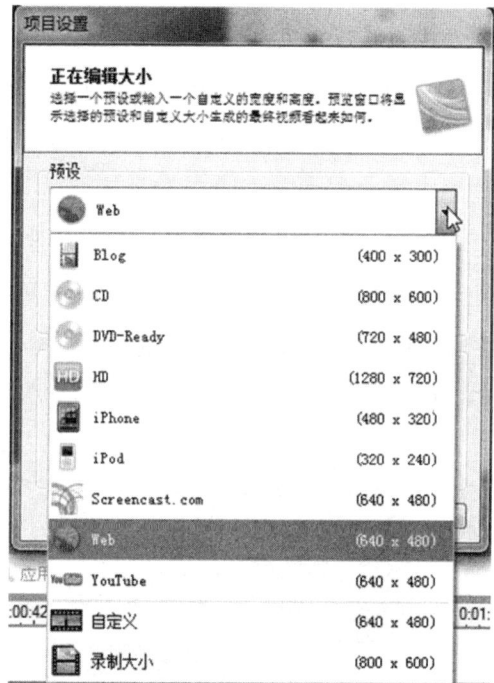

图5-35　　　　　　　　　　　　　　　图5-36

（2）视频、音频链接的解除

默认情况下，视频和音频是一个整体。在编辑媒体文件的过程中，如果需要单独对媒体文件中的音频或视频进行编辑，就需要对音频和视频进行解除链接的操作。

要对音频和视频进行解除链接操作，只需要单击轨道左边的音频和视频链接按钮" "（"视频1"左边的小蓝色圆圈）即可，如图5-37所示。

注意：该音频和视频链接的解除操作是不可逆的。也就是说，解除音频和视频的链接后，

图 5-37

不能将音频和视频恢复链接。

（3）视频、音频的剪辑

将媒体文件移动到轨道上后，如果媒体素材在轨道上显示的长度较短或较长时，就不方便预览和编辑的操作，这时就需要对轨道上的媒体素材进行放大或缩小的操作。单击时间轴面板上的放大按钮 或缩小按钮 ，即可实现对轨道素材长度的放大或缩小。

视频和音频的剪辑有两种方法。

方法一：单击视、音频轨道上的素材，选择需要剪辑掉的视、音频的开始点，单击时间轴面板上的剪辑按钮""，然后选择需要剪辑掉的视、音频的结束点，单击"剪辑"按钮，再在时间轴上选中该段文件，按下键盘上的 Delete 键（或者右击鼠标选中"从时间轴移除"），删除该段视频素材。这样，即可实现对素材的剪除，如图 5-38 所示。

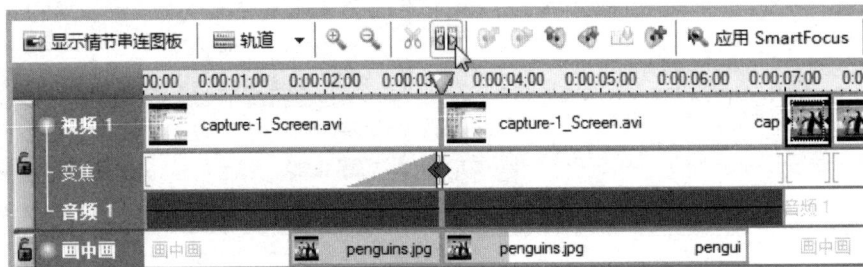

图 5-38

方法二：单击轨道上的素材，在需要剪辑掉的视、音频的开始点单击，按住鼠标左键不放，选择需要剪辑掉的视、音频的时间长度，松开鼠标左键，然后单击时间轴面板上的剪切按钮" "，即可实现对所选素材部分的剪除，如图 5-39 所示。

（4）设置过渡效果

在平时观看电影或视频文件时，视频与视频之间一般都设置了过渡效果，同样，在

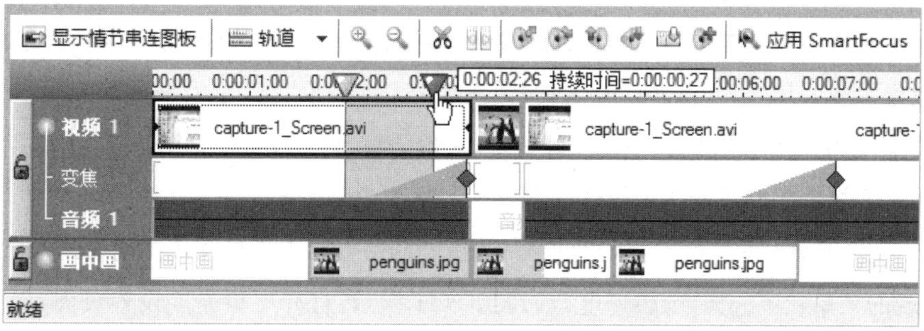

图 5 - 39

Camtasia Studio 6 中,也可以为视频文件设置过渡效果。

单击左边"任务列表"中"编辑"项目栏中的"过渡效果"选项,可打开"过渡效果"设置页面,如图 5 - 40 所示。在过渡效果设置页面,Camtasia Studio 6 自动将时间轴轨道上分段的素材以"情节串联图板"的形式呈现。双击某一过渡效果,在右边可以预览该过渡效果。选择一种自己喜爱的过渡效果,鼠标右键单击,可以把该过渡效果添加到某一剪辑的后面,或者用鼠标拖动到"情节串联图板"的黑色箭头上,单击上方"完成"按钮即可完成过渡效果的设置。

图 5 - 40

注意:在下方已经添加的过渡效果上,切忌点击右键,否则软件会停止工作。这时需要重新打开软件,有可能会造成正在编辑未保存的文件的损坏。

（5）设置快镜头和慢镜头

快镜头和慢镜头是影视中经常见到的视频呈现效果。在 Camtasia Studio 6 上也能够实现同样的效果。

1）解除链接。在设置快镜头和慢镜头时，一般需将音频和视频解除链接，并将音频删除。因为快镜头和慢镜头会改变正常录音状态下的音频的说话速度。

2）设置快慢镜头的速度。在时间轴面板上，选择需要设置快镜头或慢镜头的素材，点击右键，在出现的菜单栏中选择"剪辑速度"，如图 5-41 所示，打开剪辑速度设置页面，如图 5-42 所示。在剪辑速度页面中，如果将剪辑速度设置成大于"100%原始剪辑速度"，其效果是快镜头，如果将剪辑速度设置成小于"100%原始剪辑速度"，其效果则是慢镜头。

图 5-41

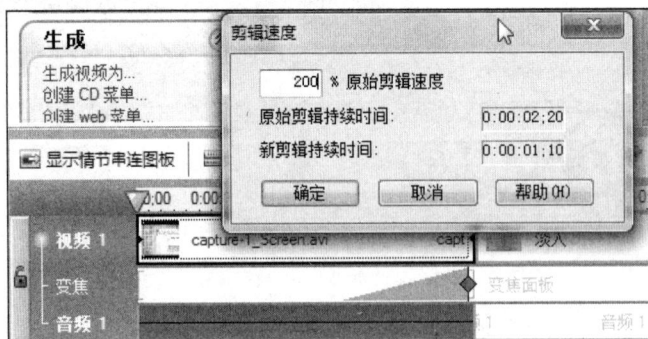

图 5-42

改变素材的播放速度后，会改变该素材的播放时间长度。如果设置快镜头效果，其播放时间会缩短，如果设置慢镜头效果，则其播放时间会变长。这可以从"原始剪辑持续时间"和"新剪辑持续时间"的时间对比中直观地看到。

（6）镜头缩放

镜头的缩放（即局部的放大或缩小）有利于展现视频内容的细节部分，让学习者观看到操作的具体细节。

1）单击"编辑"菜单下的"缩放"即可打开"变焦面板属性（镜头缩放）"页面。在该页面可以设置变焦镜头的缩放比例、变焦镜头的持续时间，如图5-43所示。"缩放比例"越大，放大的程度越大，聚焦的页面范围越小。"持续时间"是指缩放过程的持续时间。时间越长，缩放过程进行的时间越长。用鼠标移动绿色边框，可以改变缩放内容的位置。

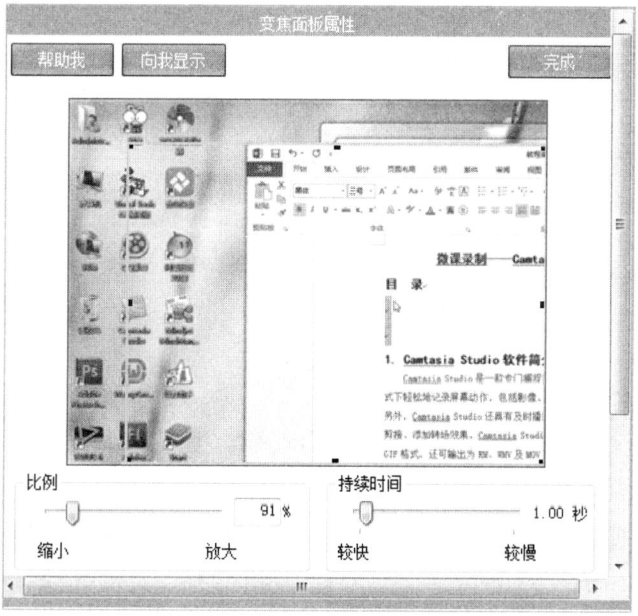

图5-43

2）在设置缩放功能的时候，常常是先放大，接着要还原（即缩小）。在设置了放大功能以后，鼠标在时间轴上点击一下准备还原的位置，再在"变焦面板属性"下面点击"添加"按钮，即添加了一个变焦的位置（即缩放），再拉动"比例"上的滑块，滑动到100%，还原到正常的画面比例。

设置缩放比例和缩放的持续时间时，直接拖动设置面板上的滑块到合适的大小即可，或者点击滑块后滚动鼠标上的滚轮也可以方便地改变缩放比例和持续时间。设置完毕后，单击"完成"按钮即可。

## 4 音频降噪及静音

对于音频的设置包括音频噪音的消除、音量大小调节、静音和淡入淡出等。

（1）音频降噪

对于录制的微课视频，一般都要进行降噪处理。降噪的方法是：

1）对音频进行降噪，单击左边"任务列表"中的"编辑"项目栏内的"音频增强"选项，或点击时间轴面板上的"音频增强"按钮" 🎵 "，便可打开"音频增强"页面，如图 5-44 所示。

图 5-44

2）"音频增强"页面分为两个栏目："动态范围控制"和"消除背景噪音"。"动态范围控制"是用来设置和控制输出音频的音量变化范围的。"消除背景噪音"分为"自动尝试在时间轴上检测噪音"和"手动选择有噪音但是没有旁白的音频区域"。当选择"自动尝试在时间轴上检测噪音"选项时，电脑会自动检测噪音，但是有时检测到的区域会有旁白，这时电脑对噪音的判断不会很准确，因此，建议运用"手动选择有噪音但是没有旁白的音频区域"的方法去消除噪音。

3）运用"手动选择有噪音但是没有旁白的音频区域"时，需要先在时间轴面板上选择一段没有旁白但是有噪音的区域，单击"音频增强"调出"音频增加"操作面板，点击"消除噪音"，当右边的"状态"颜色条由红色变成绿色时，说明已经完成降噪处理，点击"确定"即可。

噪音消除后，若对噪音消除效果不满意，可以利用"还原噪音"功能，恢复消除噪音之前的状态。

（2）音量调节

1）增大和减小音量。要改变音频的音量，可以在时间轴上用鼠标点击音频轨道上的音频文件，这样就选择了整个音频文件（或者在时间轴上选择一个时间段），然后单击时间轴面板上的"增大音量"按钮,每单击一次,音量增大 25%。如果单击时间轴面板上的"减小音量"按钮,每单击一次,音量减小 25%,如图 5 - 45 所示。

图 5 - 45　　　　　　　　　　图 5 - 46

2) 静音。要将音频轨道上的某一部分音频静音,就要在时间轴上选择需要静音的部分,然后单击时间轴面板上的"替换为静音"按钮,将该部分的音频设为静音,如图 5 - 46 所示。

（3）音频的淡入淡出

画面有淡入淡出,音频也有淡入淡出,要实现音频的淡入淡出效果,就要先选中音频轨道上音频开始的位置,单击淡入按钮,实现音频的淡入。同样,要实现音频的淡出,就要选中音频轨道上音频末尾的位置,单击淡出按钮,实现音频的淡出,如图 5 - 47 所示。若对声音要求不高,此功能一般不被使用。

图 5 - 47

5　删除、替换部分声音片段

在微课视频录制时,常常会出现个别语句说错的现象,不过没有关系,可以继续往下录制,最后对录制好的微课视频进行编辑处理即可。

（1）删除多余的内容

录制时发现有错误的语言,不用管它,继续录制,最后在编辑视频时,在时间轴上选中错误的多余片段,点击"剪切区域"按钮即可去掉多余的区域,如图 5 - 48 所示。

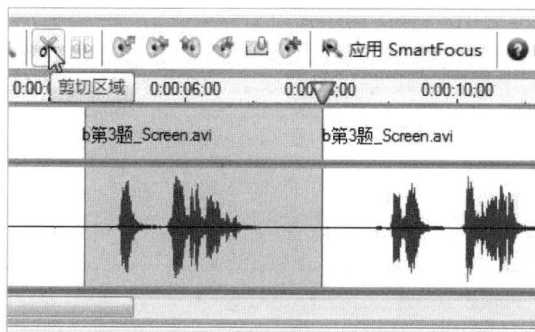

图 5 - 48

（2）更改个别语句

个别语句在录制时说错了，不需要重新全部录制，只需要在编辑时重新录制个别语句即可。

1）将错误片段设置为静音。选中需要更改的视频片段，点击时间轴面板上的"替换静音"按钮，将该段视频设置为静音，如图5-49所示。

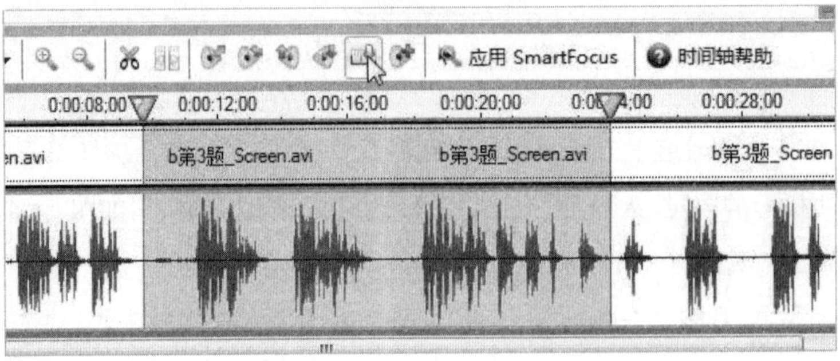

图5-49

2）重新录音。把错误片段设置为静音后，在左上角的任务列表的"添加"项目中点击"语音旁白"，得到"旁白"对话框，点击"开始录制"按钮，即可开始重新录制新的声音片段，如图5-50所示。当出现如图5-51所示的对话框时，点击"是"即可。录制完成后，保存音频文件的同时，该音频也添加到了原来被静音的区域。经过上述步骤即完成了错误声音片段的局部替换。接着还可以对更改后的声音片段进行增大音量或减小音量的调整，使其与原来的声音保持一致。

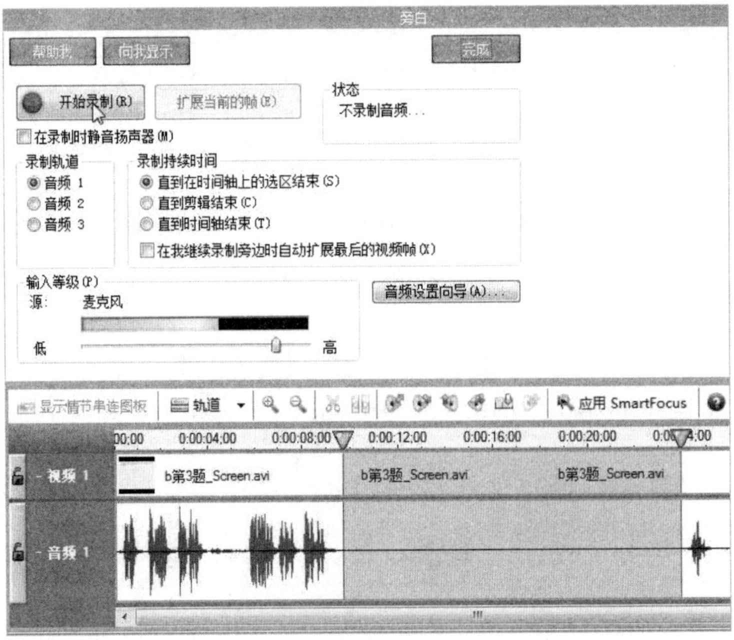

图5-50

图 5-51

**6 设置画中画**

在画中画轨道中可以添加画中画,增加视频的趣味性,还可以添加画面水印,起到保护知识产权的作用。

(1)进入画中画编辑状态

1)显示画中画轨道。在图 5-52 所示的面板中点击"轨道"按钮,选择"画中画轨道",这样在时间轴面板中就显示出了画中画轨道。

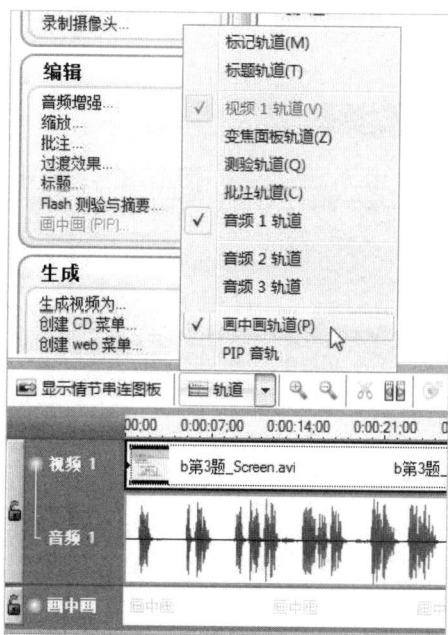

图 5-52

2)导入画中画文件。将媒体文件(视频或图片)导入到剪辑箱区域,然后选中视频或图片,右击鼠标,在"添加到轨道"中选中"画中画视频",如图 5-53 所示,即可把图片或视频文件添加到画中画轨道上。

图 5-53

首次将媒体素材导入到画中画轨道上时，会出现"选择画中画预览"提示界面，方便编辑者为媒体文件选择画中画在画面中出现的位置，如图5-54所示。一般点击"确定"即可。

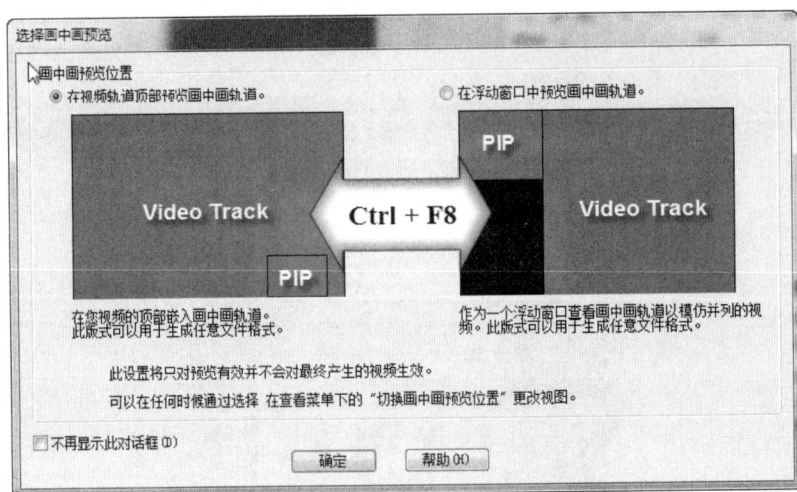

图 5-54

（2）画中画的修改设置

双击添加到画中画视频轨道上的视频或图片，可以打开"修改画中画"设置页面，如图5-55所示。该页面分为"属性栏"和"显示/隐藏PIP视频"。在属性栏中可以调整画中画的不透明度、边框设置、淡入淡出效果、阴影，并设定画中画的宽度、高度。

图 5 - 55

1) 不透明度：画中画在视频画面中的透明程度。

2) 包含边框：为画中画设置边框，并可修改边框的颜色。

3) 淡入淡出画中画视频：为画中画设置淡入淡出效果，可避免画中画出现得比较生硬。

4) 投射阴影：设置画中画的阴影及阴影的投射方向。

5) 在宽、高中可以精确设置画中画的大小及位置。实际操作时可以用鼠标直接在右边预览框中拖动绿线框中的画中画，移动到适当位置，并调整画面的大小。

修改完成后，单击"确定"，保存画中画的修改设置。

（3）画中画的删除。

要删除画中画，可以在图 5 - 55 中点击"取消"，或在左边任务列表中的"编辑"项目中选中"画中画"，即可得到画中画编辑页面，在此可以"移除选定的画中画剪辑"，如图 5 - 56 所示。

7　插入视频文件

（1）直接插入到视频 1 轨道上

在制作微课视频时常常需要在 PowerPoint 中插入视频片段，一般可以先把视频片段先直接插入到 PowerPoint 文档中，在播放 PowerPoint 的过程中录制屏幕。实际上，也可以将欲插入的视频文件在 Camtasia Studio 编辑文件的过程中直接插入到视频 1 轨道上的适当位置。

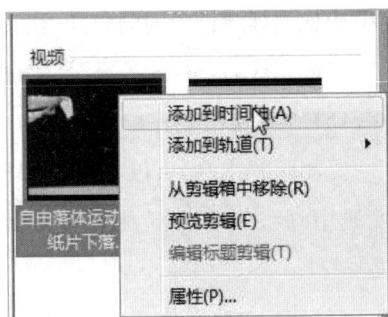

图 5-56

1）插入视频。在需要插入视频位置的时间轴上点击一下，再点击时间轴上方的"剪辑"按钮，将一个媒体文件分成两个，如图 5-57 所示。然后在欲插入的视频文件上右击鼠标，选中"添加到时间轴"，如图 5-58 所示。或者直接用鼠标拖动视频文件到该位置。这样就在原来的视频文件中插入了另一个视频文件了。

图 5-57

图 5-58

2）当插入的视频出现画面较小的情况时，在画面上右击鼠标，选中"项目设置"，如图 5-59 所示。

3）在"项目设置"对话框中，勾选"保持宽高比"，然后设置宽度值，如图 5-60 所示。这样就改变了原始画面的大小，使其与录制的视频文件画面大小保持一致。

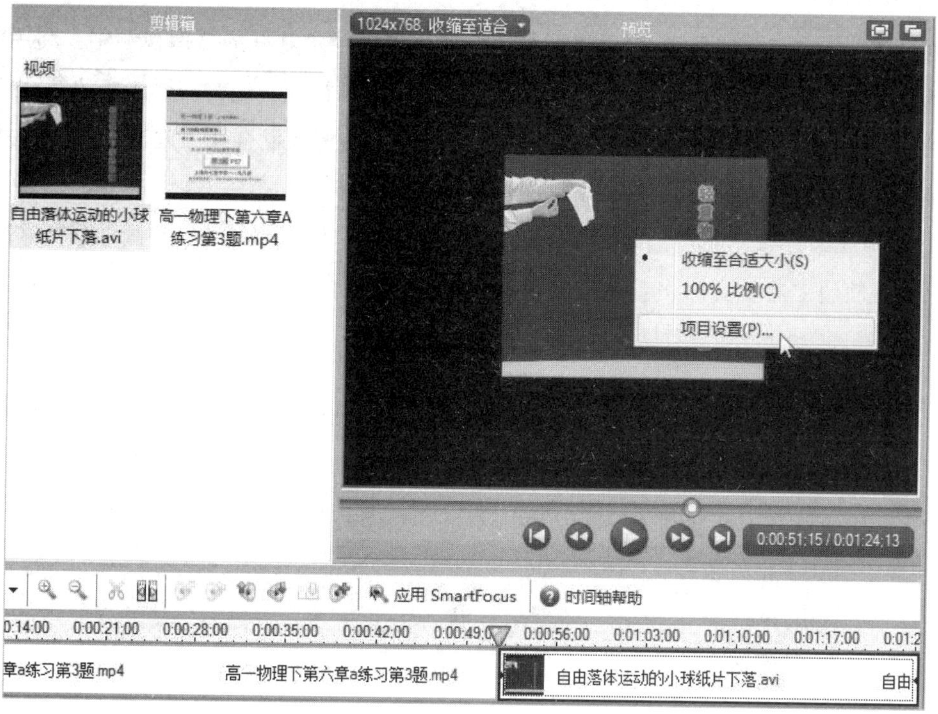
剪辑箱
1024x768, 收缩至适合
预览
视频
自由落体运动的小球纸片下落.avi
高一物理下第六章A练习第3题.mp4
收缩至合适大小(S)
100% 比例(C)
项目设置(P)...
0:00:51:15 / 0:01:24:13
应用 SmartFocus
时间轴帮助
高一物理下第六章a练习第3题.mp4
自由落体运动的小球纸片下落.avi

图 5－59

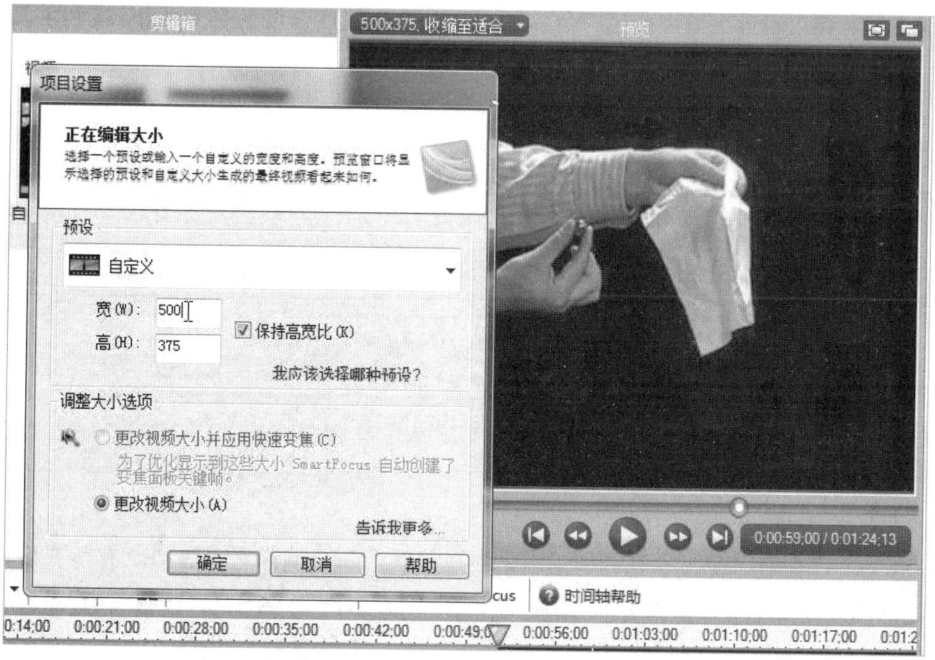
剪辑箱
500x375, 收缩至适合
预览
项目设置
正在编辑大小
选择一个预设或输入一个自定义的宽度和高度。预览窗口将显示选择的预设和自定义大小生成的最终视频看起来如何。
预设
自定义
宽(W): 500
高(H): 375
保持高宽比(K)
我应该选择哪种预设?
调整大小选项
更改视频大小并应用快速变焦(C)
为了优化显示到这些大小 SmartFocus 自动创建了变焦面板关键帧。
更改视频大小(A)
告诉我更多...
确定
取消
帮助
0:00:59:00 / 0:01:24:13
时间轴帮助

图 5－60

（2）将视频插入画中画轨道

利用插入到画中画的视频，可以将视频文件插入到已经录制好的微课视频中。利用前面介绍的画中画的添加方法，可以在画中画轨道上添加画中画视频。这时需要注意的是，由于添加上的画中画视频本身有声音，常与"音频1"轨道上原来的声音混合在一起，因此需要去掉原来媒体文件中的声音，或者重新录制新的配音。

1）去掉原来音频1轨道上的声音。点击左下角画中画轨道上的小锁，将画中画轨道锁定，选中音频1轨道上需要去掉声音的区域，点击时间轴上面的"替换为静音"按钮，如图5-61所示。

图5-61

2）去掉音频1轨道上的声音后，再将画中画轨道解锁，点击增大音量按钮，将画中画轨道上的音频音量调高，如图5-62所示。

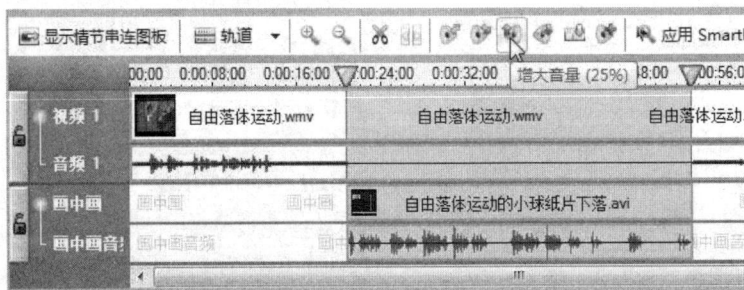

图5-62

3）重新录制声音。也可以在添加了画中画视频后重新录制声音。去掉所有声音后，选中欲录音的区域，点击左边任务列表中"添加"选项的"语音旁白"。点击"开始录制"按钮，即可重新录制声音，保存声音后声音会自动添加到音频1轨道上，如图5-63所示。

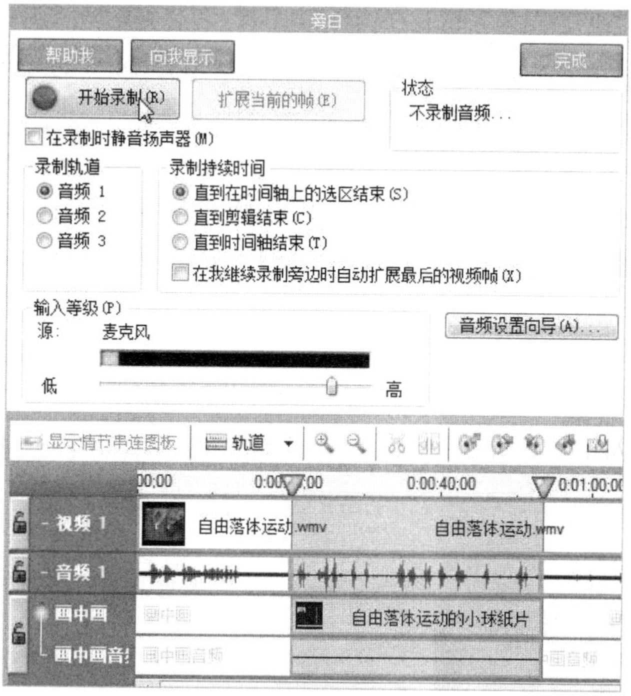

图 5 - 63

## 5.05  用 Camtasia Studio 6 生成视频

媒体文件编辑完成后,就进入了把媒体文件转换为常规视频输出的阶段了。

单击"文件"菜单下的"生成视频为"选项,或单击"任务列表"中"生成"项目栏中的"生成视频为"选项,在弹出的对话框中,根据需要选择导出的视频文件格式。

1  输出视频文件格式

Camtasia Studio 能将编辑好的媒体文件以 MP4、FLV、SWF、WMV、MOV、AVI、RM、GIF 等视频文件格式输出,甚至能够以 MP3 格式仅仅输出声音文件。

(1) MP4:具有非常好的画质,文件大小也适中,适于网络传播。一般可以选择默认生成该格式的视频文件。

2)FLV:是一种流媒体视频文件格式,视频文件较小,但具有较好的清晰度,适合边下载边观看,是优酷、土豆等网络视频网站采用的最流行的视频文件格式。

(3) SWF:视频文件非常清晰,是一种动画格式,可保证视频文件较小且拥有较清晰的画质。

(4) WMV:Windows 操作系统自带的视频文件播放器的文件格式,具有较好的通用性,且画质也较好,但视频文件相对较大。

(5) MOV:是 Apple 公司开发的一种音频、视频文件格式,MOV 视频文件画质较好,也适合在网上传播。MOV 视频文件适用于安装了 MAC 操作系统的苹果机或只安装了 Quick time 播放器的电脑上播放。现在的 Win7 操作系统支持播放 MOV 格式的视频文件。

(6) AVI:是没有经过压缩的视频文件,画质非常好,但是视频文件非常大。优点是视频文件通用性较好,可导入到其他视频编辑软件中进行二次编辑。

(7) M4V:iPad,iPhone、iTunes 的兼容视频格式,适合在 iPad,iPhone、iTunes 上播放。

(8) MP3:只生成音频文件。

2 利用软件预设格式输出视频文件

制作输出的文件若要利用网络进行传播,建议使用默认的 Web640×480、MP4、FLV 和 SWF 视频格式,以方便网络传输,如图 5-64 所示。

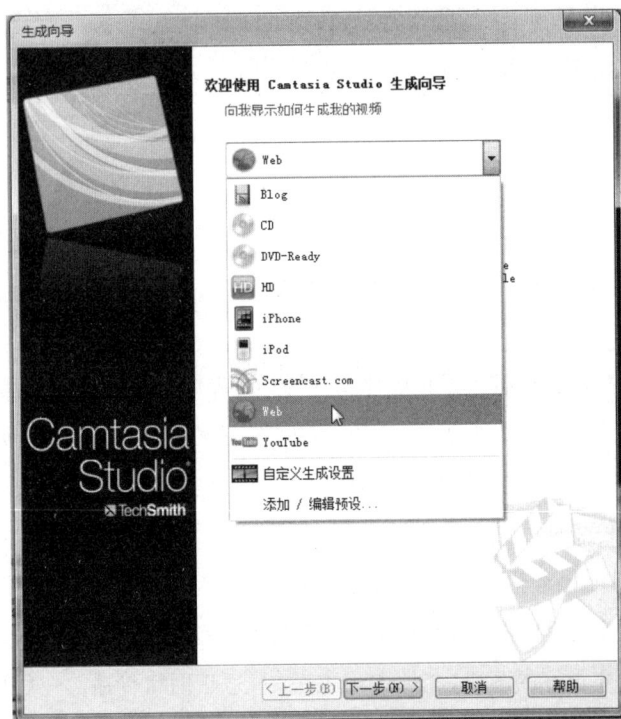

图 5-64

(1) 选择预设格式后,单击下一步,对视频的标题及导出文件存放的位置进行设置和选择,如图 5-65 所示。

(2) 确定视频标题和文件存放的位置后,单击"下一步",进入"完成"界面。信息确认无误后,单击"完成"即开始渲染视频,如图 5-66 和图 5-67 所示。

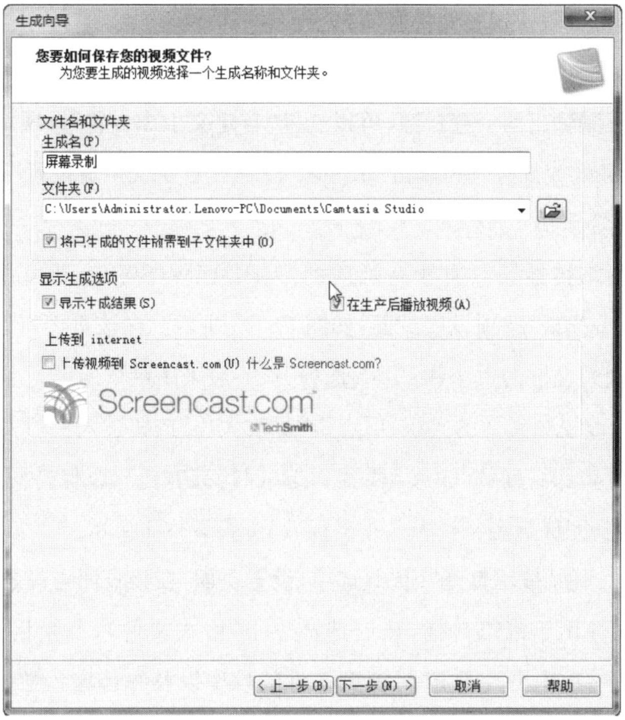

图 5 - 65

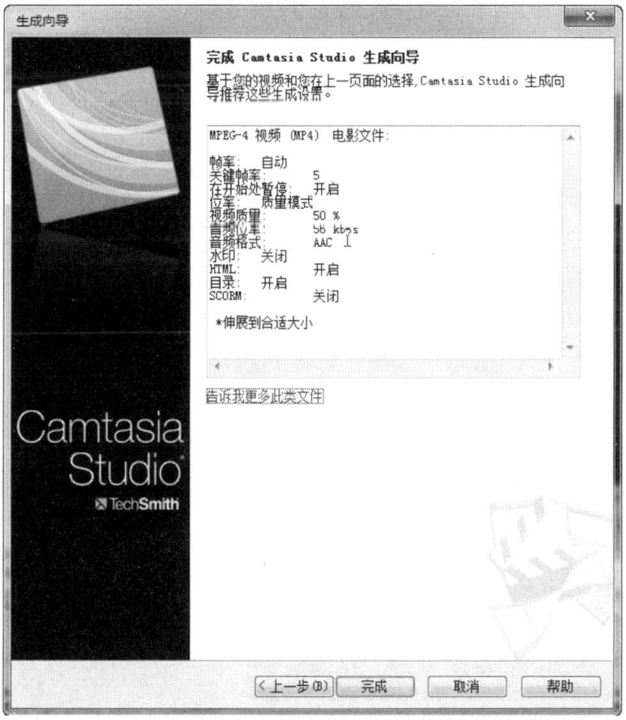

图 5 - 66

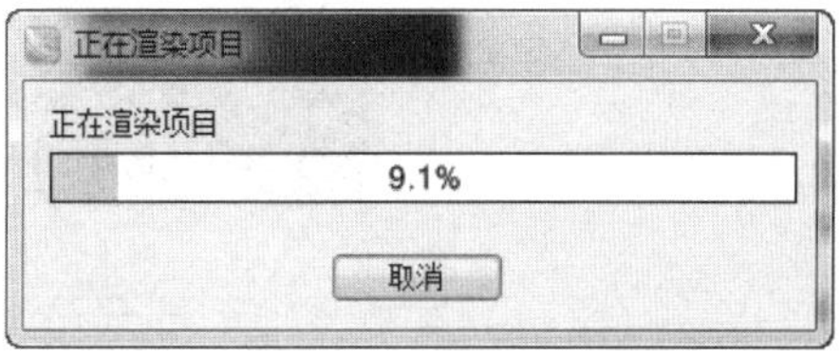

图 5 - 67

待渲染完成后,一个微课视频文件就做好了。

3  自定义格式输出视频文件

若想自己设置视频输出的一些参数,可以选择"自定义生成设置"选项,如图 5 - 68 所示。

(1)选择"自定义生成设置"后,单击"下一步",打开"自定义生成设置"页面,选择要生成的视频文件的格式,如图 5 - 69 所示。

(2)选择适宜网络传播又具有较高画质的"MP4/FLV/SWF—Flash 输出"格式后,单击"下一步",进入"Flash 模板"选项设置页面,如图 5 - 70 所示。在该页面可以设置"视频文件播放器的外观、主题、视频文件的大小和 Flash 选项"。一般采用默认即可。

(3)如果需要更改视频文件的大小,可点击"更改大小"按钮进入视频大小设置页面。在自定义页面中输入宽度数和高度数(注意:需要勾选"保持高宽比",以保持画面宽度和高度的比例),单击"确定"按钮,完成自定义视频大小的设置,如图 5 - 71 所示。

(4)单击"Flash 选项"按钮打开"Flash 选项"设置页面,在该页面可设置输出文件的视频格式(若要将输出的文件用于网络传播,建议选择 FLV 格式文件)、音频格式和控制选项。在FLV 格式下,在视频选项中可设置 FLV 视频文件的帧率以及每特定秒数的关键帧的数量,如图 5 - 72 所示。

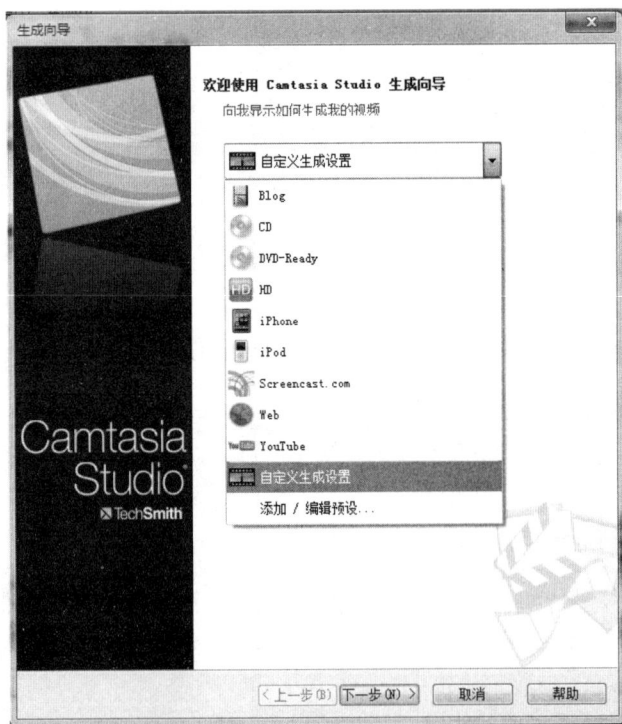

图 5 - 68

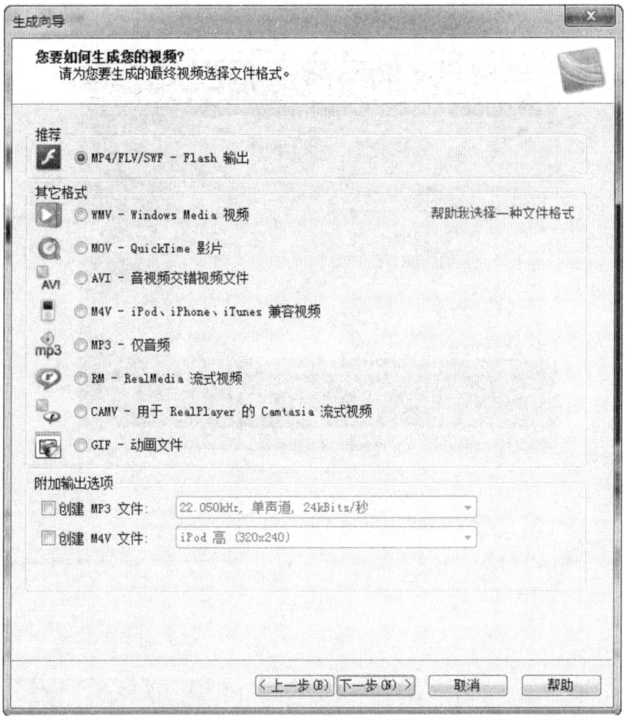
生成向导
您要如何生成您的视频?
请为您要生成的最终视频选择文件格式。
推荐
MP4/FLV/SWF - Flash 输出
其它格式
WMV - Windows Media 视频
帮助我选择一种文件格式
MOV - QuickTime 影片
AVI - 音视频交错视频文件
M4V - iPod、iPhone、iTunes 兼容视频
MP3 - 仅音频
RM - RealMedia 流式视频
CAMV - 用于 RealPlayer 的 Camtasia 流式视频
GIF - 动画文件
附加输出选项
创建 MP3 文件:
22.050kHz, 单声道, 24kBits/秒
创建 M4V 文件:
iPod 高 (320x240)
< 上一步(B)
下一步(N) >
取消
帮助

图 5 - 69

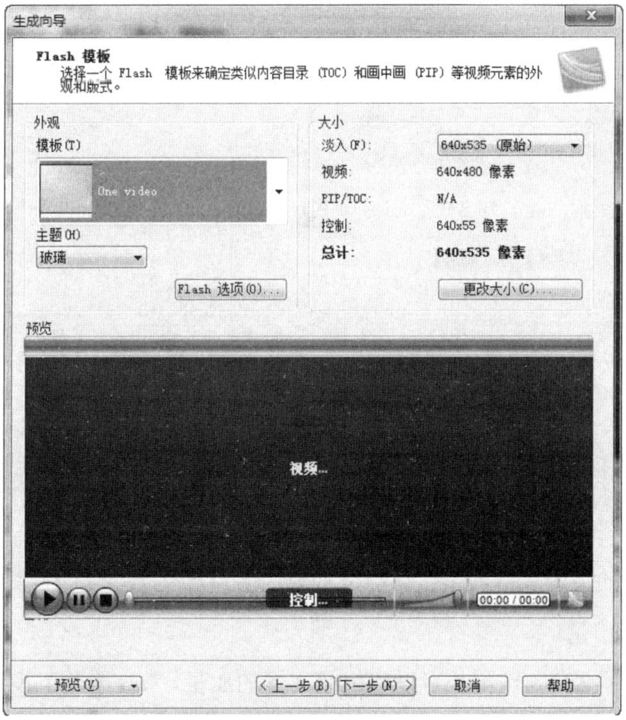
生成向导
Flash 模板
选择一个 Flash 模板来确定类似内容目录 (TOC) 和画中画 (PIP) 等视频元素的外观和版式。
外观
模板(T)
One video
主题(H)
玻璃
Flash 选项(O)...
大小
淡入(F):
640x535 (原始)
视频:
640x480 像素
PIP/TOC:
N/A
控制:
640x55 像素
总计:
640x535 像素
更改大小(C)...
预览
视频...
控制...
00:00 / 00:00
预览(V)
< 上一步(B)
下一步(N) >
取消
帮助

图 5 - 70

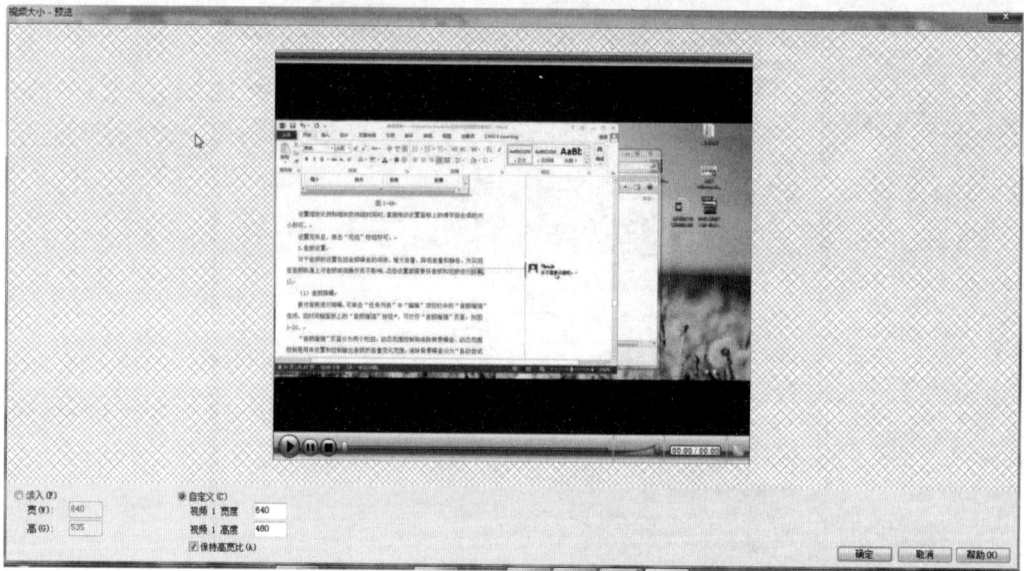

图 5 - 71

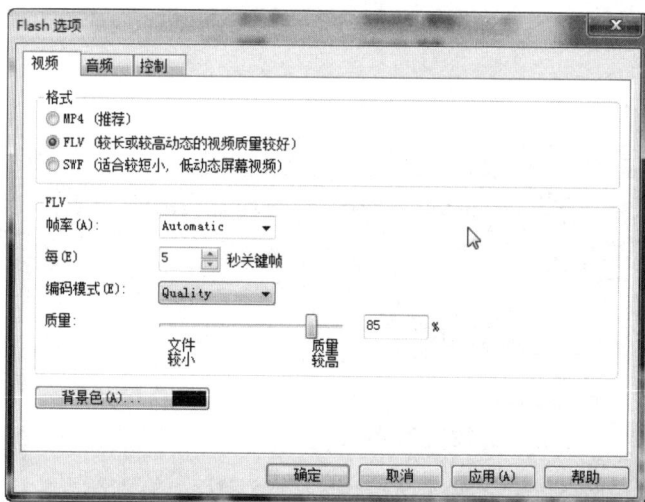

图 5 - 72

1）视频文件的帧率：即每秒钟播放的帧数，帧率越大，画面越流畅，但是文件越大。一般选择"自动"、"5"或"10"即可。

2）每特定秒数的关键帧的数量：每特定秒数的关键帧的数量越小，文件越大。一般选择"5"兼顾文件大小和质量。

3）视频文件的质量：拖动滑块可设置视频文件的质量，一般情况下设置成 75%—85% 左右，可获得较好的视频文件质量和网络传输速度。

4) 在 Flash 选项的"音频"选项页面中,可设置输出音频的编码属性,包括音频格式和音频属性(音频属性是指音频输出的采样频率和声道数),如图 5 - 73 所示。一般可以采用默认设置。

图 5 - 73

5) 在 Flash 选项的"控制"选项页面中,主要是设置播放器上显示的内容,如"显示持续时间"、"显示正在载入的影片"、结束操作时是停止还是跳转到首帧或 URL 等,如图 5 - 74 所示。一般采用默认设置即可。

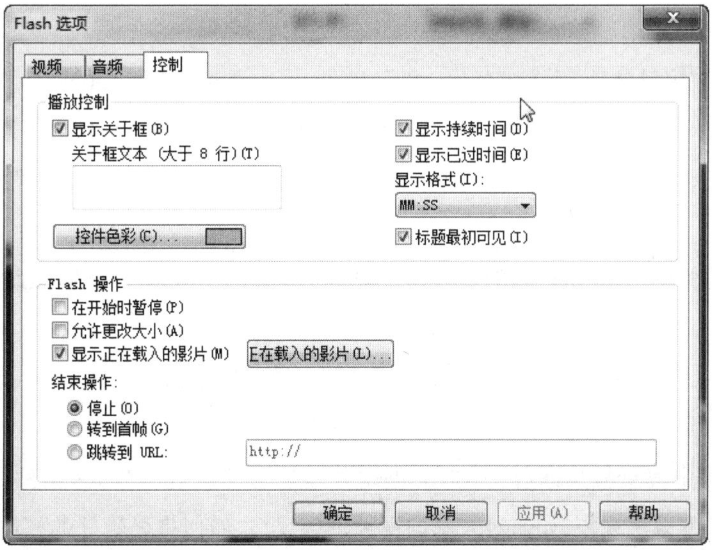

图 5 - 74

(5) 上述选项设置完成后,单击"确定"按钮,回到"Flash模板"页面,单击"下一步",进入到"视频选项"页面。在"视频选项"中,可以设置视频的作者信息和版权信息,将视频打包成一个符合 Scorm 标准的课程包,以及确认该视频是否需要包含水印,如图 5 - 75 所示。

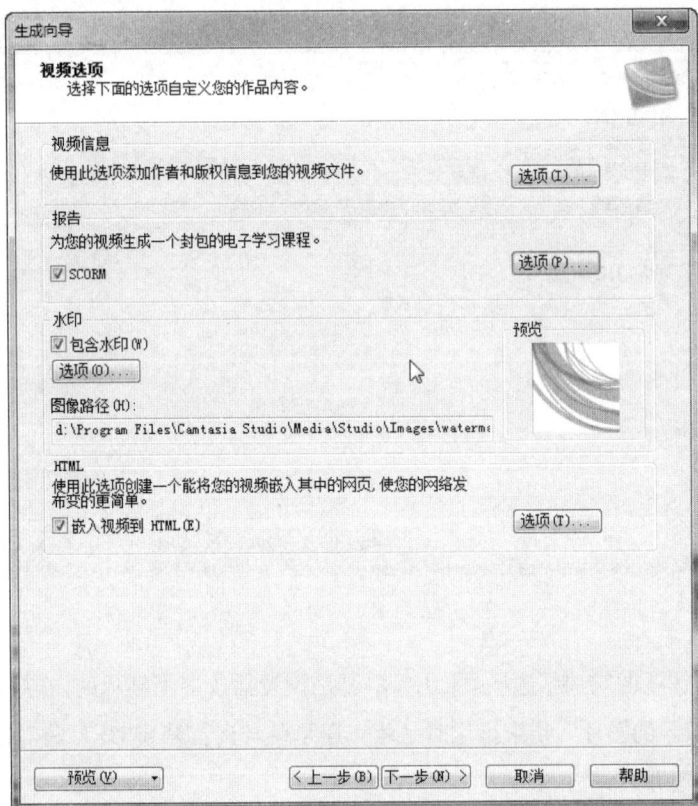

图 5 - 75

(6) 设置完"视频选项"后单击"下一步",进入"标记选项"页面,如图 5 - 76 所示。"标记选项"主要是询问是否将视频"基于时间轴上的标记生成多个文件"。如果录制的是微课视频的话,一般不需要将视频进行拆分,以一个完整的微课视频输出即可。一般采用默认设置即可。

(7) 设置完标记选项后,后续的设置与常规格式设置的步骤是一样的,在此就不再赘述。

## 5.06 用 Camtasia Studio 6 录制微课视频案例

本案例以高中信息科技课程中的《二进制数转换为十六进制数》为案例,展示如何运用 Camtasia Studio 6 录制视频、如何对录制的视频进行编辑、如何将编辑好的视频生成为可以在

图 5－76

通用的视频播放器上播放的视频。

1　项目管理

在正式进行录屏之前,新建项目文件夹,对项目制作过程中产生的文件进行分类管理。一般在项目文件夹下新建"屏幕录制原文件"、"视频生成文件"、"素材"三个文件夹,即可以满足项目管理的需求,如图 5－77 所示。

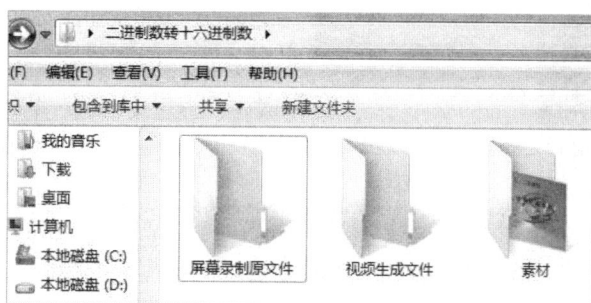

图 5－77

2 录制屏幕

（1）启动 Camtasia Studio 6，选择"录制屏幕"选项。

（2）选择录制区域：本案例是录制播放状态中的 PowerPoint 屏幕，因此选择"全屏幕"选项。

（3）打开 PowerPoint 文件：打开"素材"文件夹中的 PowerPoint《二进制数转换为十六进制数》并放映，如图 5－78 所示。

图 5－78

（4）录制屏幕

1）录屏设置：调节"设置"模块中的"音频"滑块上的滑块的位置，调节录入视频中的音频的音量大小。将摄像机关闭，因为一般情况下不需要将录制人的头像录进去。单击录制键"■ rec"，开始录制屏幕。在正式开始内容录制前，可预留 1—2 秒的空余时间，方便后期进行降噪处理时检测噪音。

2）知识讲解：按照事先设计好的教学设计，对 PowerPoint 中的知识点进行讲解，讲解完毕后，按 F10 结束屏幕录制。此时，软件会自动打开录屏原文件的预览界面，如图 5－79 所示。

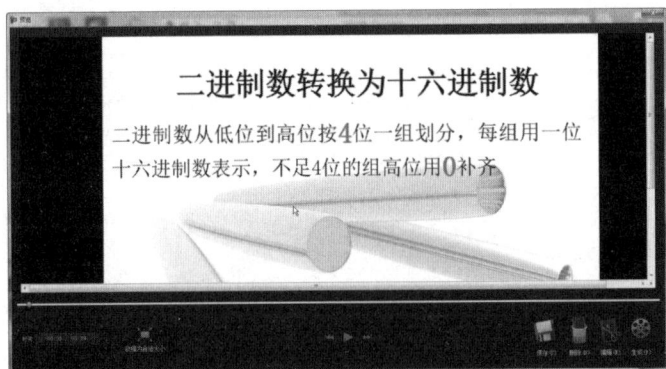

图 5－79

3　导入媒体文件

（1）录屏原文件保存

点击预览界面的"保存"按钮，打开文件保存对话框，将录屏原文件存入项目文件夹的"屏幕录制原文件"文件夹中，方便后续编辑，如图 5 - 80 所示。单击"保存"按钮，保存完毕后，会弹出如图 5 - 81 所示的保存成功提示框。单击"确定"按钮，关闭如图 5 - 82 所示的"屏幕录制"设置框，回到 Camtasia Studio 6 的主界面。也可以直接点击"编辑"按钮，在保存文件的同时，进入 Camtasia Studio 6 主界面。

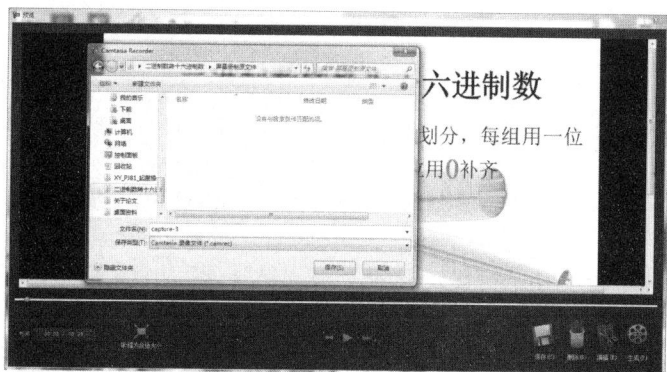

图 5 - 80

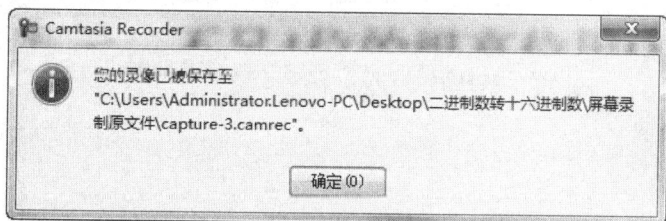

图 5 - 81

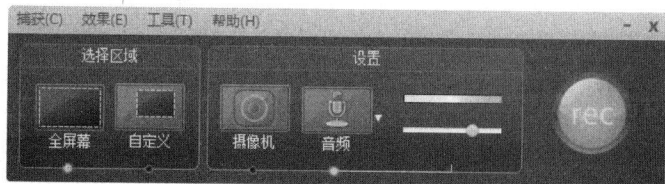

图 5 - 82

（2）导入媒体文件

1）在 Camtasia Studio 6 主界面的"剪辑箱"下的空白处单击右键，选择"导入媒体"，找到录制好的原文件，单击"打开"按钮，导入录制好的视频原文件《二进制数转十六进制数》，如图 5 - 83 和图 5 - 84 所示。

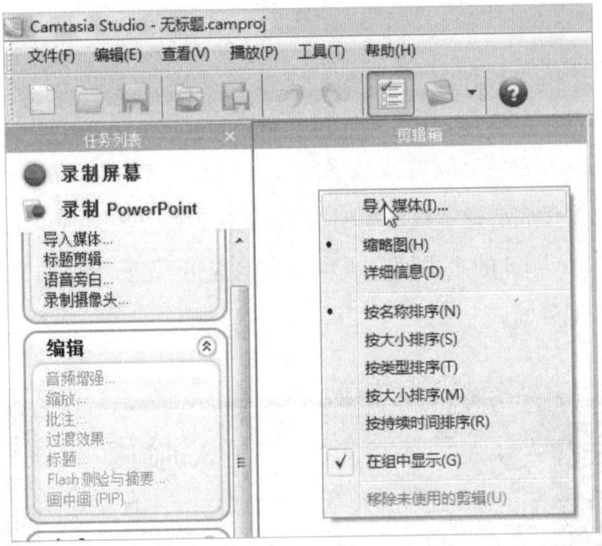

图 5 - 83

图 5 - 84

2）将媒体文件移动到时间轴面板上。导入媒体文件后，选中该文件，按住鼠标左键不放，将视频源文件移动到时间轴面板上（或者用鼠标右键单击文件，选择"添加到时间轴"）。放开鼠标左键后，会弹出如图 5 - 85 所示的"项目设置"对话框，为了便于生成后的视频在网络上传播同时又不为大小与格式的设置而烦恼，可选择预设的"Web"格式。

图 5 - 85

### 4 媒体文件的编辑

媒体文件的编辑主要涉及对媒体文件进行降噪,对录屏过程中重复性的知识讲解片段、时间较长的空白段进行剪除等处理。

(1)降噪

单击左边"任务列表"中"编辑"项目中的"音频增强"选项,或时间轴面板上的音频增强工具" ",打开"音频增强"界面。

方法一:在"消除背景噪音"项目中选择"自动尝试在时间轴上检测噪音",单击"消除噪音",软件会自动检测音频中的噪音并进行消除。之后,噪音消除由"关闭"状态转为"开启",颜色条的状态也由红色变为绿色,如图 5 - 86 所示。消除噪音后,单击"音频增强"界面的"确定"按钮,回到视频编辑的主界面。

方法二:选择"消除背景噪音:手动选择有噪音但是没有旁白的音频区域"(也就是在录制屏幕时预留 1—2 秒的空白内容的时间),然后在时间轴上选择预留的空白时间段的音频,单击"消除噪音"即可。噪音消除后,颜色条的状态由红色变为绿色,如图 5 - 87 所示。单击"确定"按钮,返回 Camtasia Studio 6 主界面。

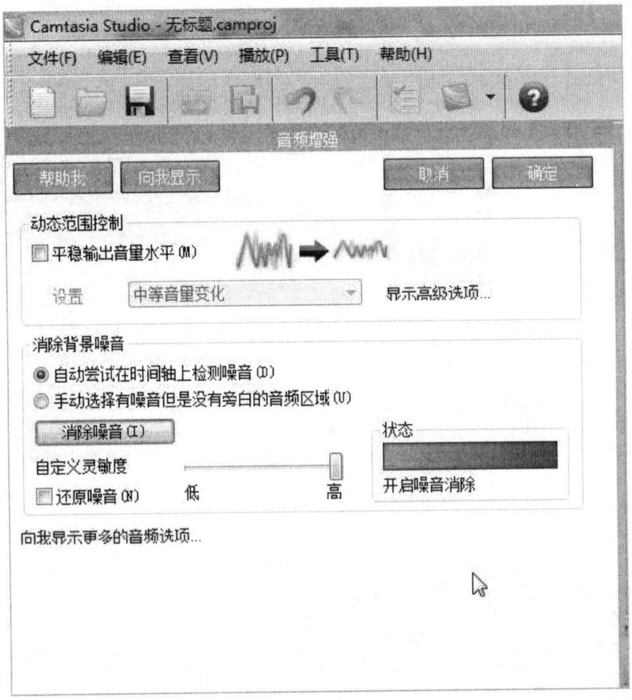

图 5 - 86

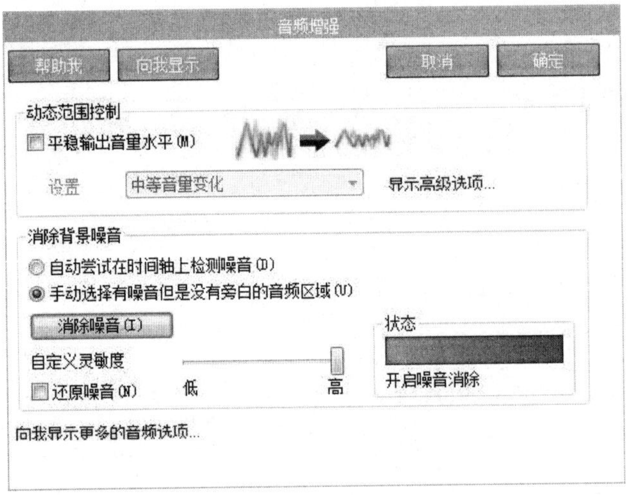

图 5 - 87

（2）剪辑

主要是对视频的空白段落或重复性的片段进行剪除的处理。

方法一：将播放头置于需要剪除的片段的开始位置，单击时间轴面板上的剪辑工具

"[图标]",然后将播放头置于需要剪除的片段的结束位置,单击剪辑工具"[图标]",再选中该区域,按键盘上的 Delete 键删除该片段即可。或者在该片段上右击鼠标,选择"从时间轴中移除",也可以去掉该片段。

方法二:用鼠标在时间轴上选择一段想要删除的区域,然后单击时间轴面板上的剪切区域工具"[图标]",即可实现对该片段的剪除。

5 画面缩放

(1)关键帧的删除

关键帧就是画面进行缩放的时间点。图 5-88 所示的时间轴面板上的视频轨道上,有时会出现许多关键帧,若不需要某个关键帧,可单击鼠标右键,选中"从时间轴中删除"即可。

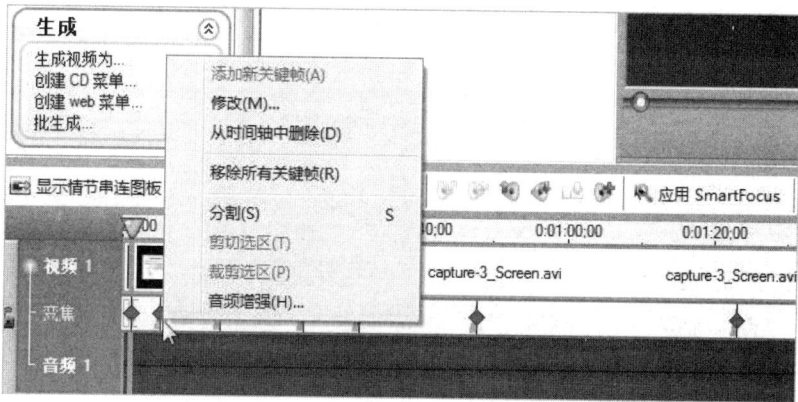

图 5-88

(2)修改缩放画面

若需要对某个缩放画面进行修改,右击鼠标选择"修改"或在"任务列表"中的"编辑"项目中选择"缩放",即可打开"变焦面板属性",如图 5-89 所示。在"变焦面板属性"中,可对每个关键帧画面的"缩放比例"、"持续时间"进行调节。

调整完毕后,单击"完成"按钮,返回 Camtasia Studio 6 主界面。

6 过渡效果

为画面之间的切换增加过渡效果,可以让画面的切换显得顺畅而不生硬。单击左边"任务列表"中"编辑"项目中的"过渡效果",打开"过渡"界面,双击某一种过渡效果进行预览。如果想为画面的切换选择"淡入"效果,选中"淡入",按住鼠标左键不放,将"淡入"效果拖放到两个画面之间的箭头"[图标]"上即可,如图 5-90 所示。

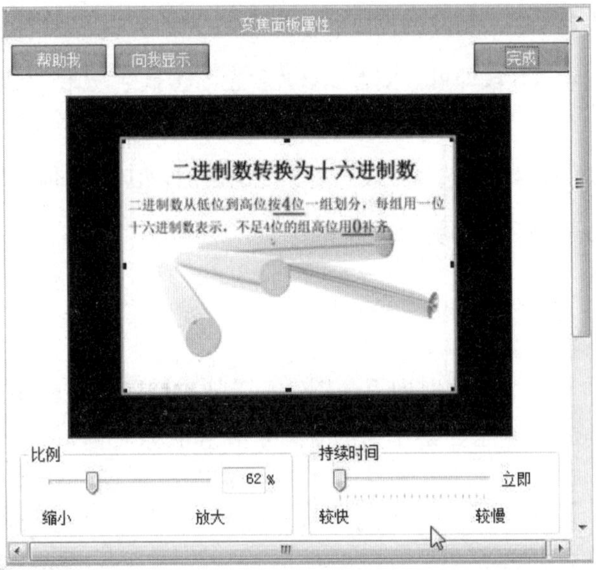
变焦面板属性
帮助我
向我显示
完成
二进制数转换为十六进制数
比例
62 %
缩小
放大
持续时间
立即
较快
较慢

图 5－89

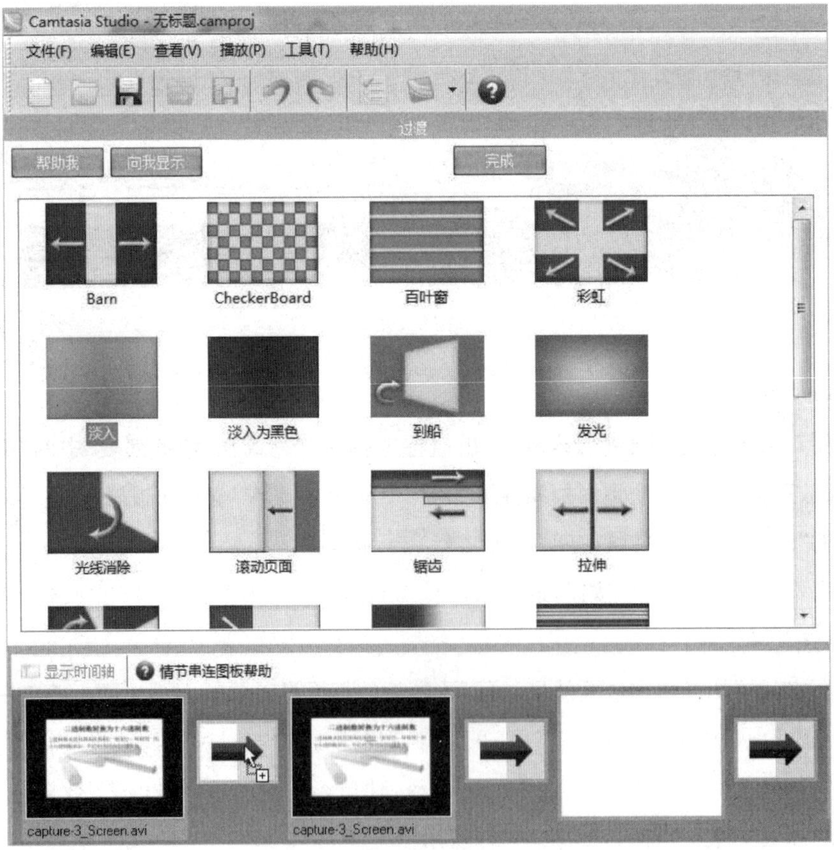
Camtasia Studio - 无标题.camproj
文件(F) 编辑(E) 查看(V) 播放(P) 工具(T) 帮助(H)
过渡
帮助我
向我显示
完成
Barn
CheckerBoard
百叶窗
彩虹
淡入
淡入为黑色
到船
发光
光线消除
滚动页面
锯齿
拉伸
显示时间轴
情节串连图板帮助
capture-3_Screen.avi
capture-3_Screen.avi

图 5－90

7　生成视频输出

视频编辑完成后,就进入了微课录制的最后一步——生成视频。

(1)点击"任务列表"中的"生成"项目的"生成视频为"(或点击菜单栏"文件"中的"生成视频为"),进入生成视频的"生成向导"界面,默认为生成 web 视频格式,也可以自己"自定义生成设置",如图 5-91 所示。在本案例中选择默认的 web 视频格式。

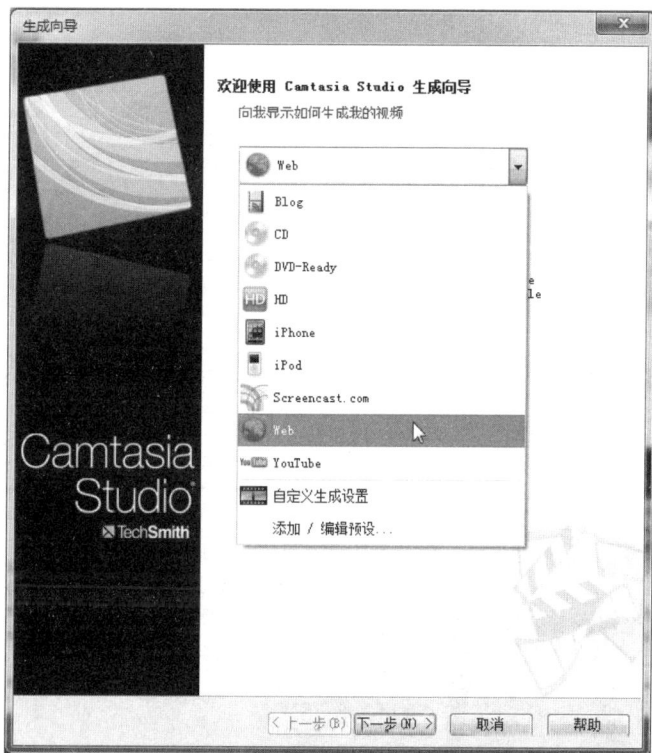

图 5-91

(2)单击"下一步"按钮,进入"生成向导"的"保存文件"界面,在"生成名"文本框中输入视频文件的名称,如"二进制数转十六进制数",在"文件夹"的文本框中设置视频文件保存的位置。勾选"将已生成的文件放置到子文件夹中",如图 5-92 所示。

(3)单击"下一步"按钮,进入"完成 Camtasia Studio 生成向导"界面。在该界面会显示即将生成的视频的关键信息,如帧率、关键帧率、视频质量、音频位率和音频格式等,如图 5-93 所示。

(4)单击"完成"按钮,进入视频渲染阶段,如图 5-67 所示。视频文件渲染完毕后,即可生成微课视频。

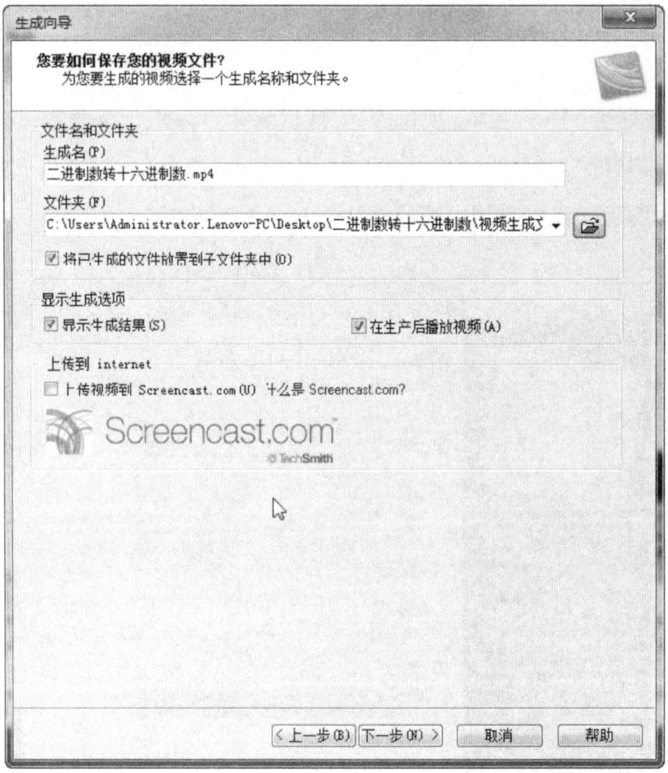
生成向导
您要如何保存您的视频文件?
为您要生成的视频选择一个生成名称和文件夹。
文件名和文件夹
生成名(P)
二进制数转十六进制数.mp4
文件夹(F)
C:\Users\Administrator.Lenovo-PC\Desktop\二进制数转十六进制数\视频生成
将已生成的文件放置到子文件夹中(O)
显示生成选项
显示生成结果(S)
在生产后播放视频(A)
上传到 internet
上传视频到 Screencast.com(U) 什么是 Screencast.com?
Screencast.com
TechSmith
<上一步(B)
下一步(N)>
取消
帮助

图 5-92

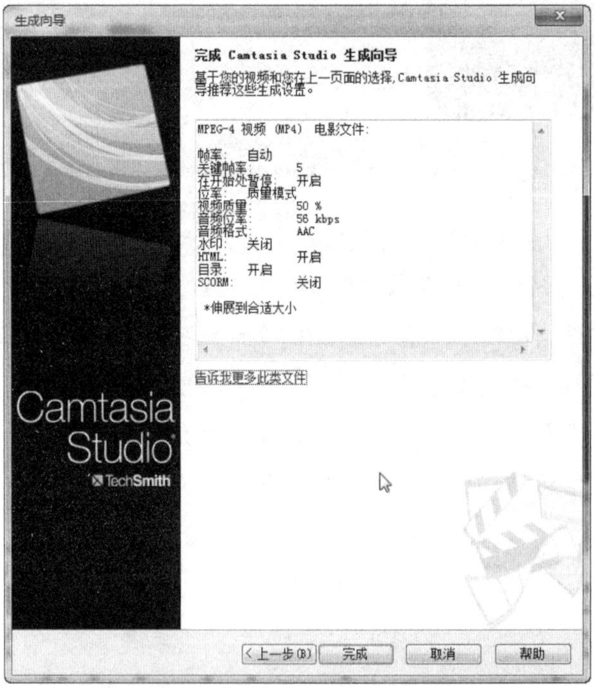
生成向导
完成 Camtasia Studio 生成向导
基于您的视频和您在上一页面的选择，Camtasia Studio 生成向导推荐这些生成设置。
MPEG-4 视频 (MP4) 电影文件:
帧率: 自动
关键帧率: 5
在开始处暂停: 开启
位率: 质量模式
视频质量: 50 %
音频位率: 56 kbps
音频格式: AAC
水印: 关闭
HTML: 开启
目录: 开启
SCORM: 关闭
*伸展到合适大小
告诉我更多此类文件
Camtasia Studio
TechSmith
<上一步(B)
完成
取消
帮助

图 5-93

# 第6章　用 Office Mix 录制 PowerPoint 课程

## 6.01　Office Mix 简介

Office Mix 是微软发布的一款 Office PowerPoint 免费插件，是在 Office 2013 版本的基础上对 PowerPoint 功能的完善，能将 PowerPoint 转换为交互式在线课程或演示文档，可满足用户记录音频、视频以及手稿笔记、绘画的需求，同时还可插入问答测试等互动单元，完成屏幕截图、录屏的功能。还可将编辑好的内容上传至 Office Mix 的在线服务端分享给其他人。Office Mix 支持任何用户在任何设备上通过网页浏览器查看、编辑该文档。教师通过这一工具，可以在线查阅学生的学习进度、哪些同学观看了演示以及测试题的测试结果等，极大地方便了教师教学工作的开展。

在 Office2013 版本中，下载并安装好 Office Mix 插件后，在 PowerPoint2013 的菜单栏中会自动添加一个 Mix 的选项卡。Mix 选项卡对应的功能区分为七个组，共十六个功能按钮，自左向右分别是：录制幻灯片、测验视频应用、屏幕录制、屏幕截图、插入视频、插入音频、预览、上载到 Office Mix、我的 Mix、导出到视频、导出到 SCORM、发布到 O365 视频、使用 Mix、发送反馈、获得支持、更新 Office Mix。Office Mix 功能界面如图 6-1 所示。

图 6-1

注意：此中文版的 Office Mix 安装完以后，不要点击"更新 Office Mix"，若进行更新，选项卡中的功能按钮有些将会变成中文，有些将会变成英文。

## 6.02 幻灯片录制

"幻灯片录制"功能是将 PowerPoint 文件演示过程中的页面内容、音频、视频和在幻灯片上的书写过程录制下来。该功能只支持保存为"PPTX"格式的文件,若 PowerPoint 文件保存的格式为"PPT",则在录制时会弹出"错误"提示框,此时,需要录制者将文件另存为"PPTX"文件,然后再进行录制工作,如图 6-2 所示。

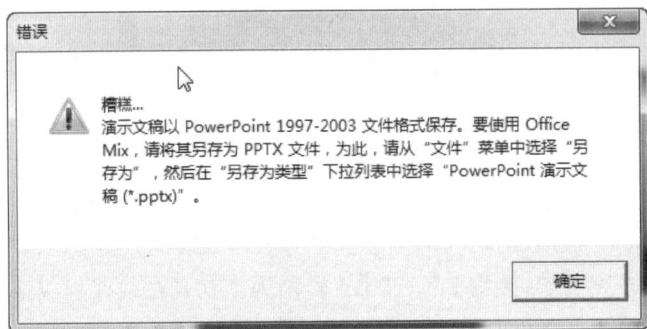

图 6-2

此外,运用"幻灯片录制功能"录制视频时,建议将较大的 PowerPoint 文件进行拆分,因为 PowerPoint 文件较大时,OfficeMix 较容易弹出报错提示框。

打开"PPTX"的文件后,单击"幻灯片录制"按钮,进入幻灯片录制的工作界面,如图 6-3 所示。该界面分为三大区域:顶端的功能按钮区、中间的幻灯片页面录制区和右边的工具区。

图 6-3

1 功能按钮区

功能按钮区如图 6-4 所示,共有九个功能按钮,从左往右依次为:

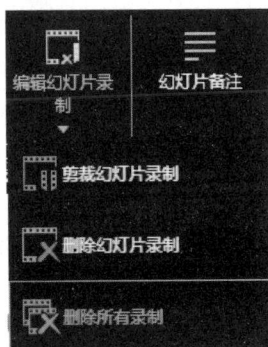

图 6-4

(1) 录制:点击录制按钮,可录制幻灯片的页面内容以及讲解时的音频、视频和书写、绘画动作。

(2) 停止:结束录制,即停止幻灯片的录制。

(3) 上一张幻灯片:切换到前一张幻灯片。若当前幻灯片为第一张,则该按钮为灰色非激活状态。

(4) 上一个动画:切换到上一个动画。若当前动画为第一个动画,则该按钮为灰色非激活状态。

(5) 下一个动画:切换到下一个动画。若当前动画为最后一个动画,则该按钮为灰色非激活状态。

(6) 下一张幻灯片:切换到下一张幻灯片。若当前幻灯片为最后一张,则该按钮为灰色非激活状态。

(7) 预览幻灯片录制:预览幻灯片录制视频,可预览当前幻灯片上已录制好的讲解视频。

(8) 编辑幻灯片录制。可对当前录制的视频执行剪裁和删除操作,如图 6-5 所示。

图 6-5

1) 单击"剪裁幻灯片录制",进入视频剪裁界面(视频剪裁内容参见"6.03 屏幕录制")。

2) 若单击"删除幻灯片录制",则会删除当前页面上录制的视频。

3）若选择"删除所有录制"，则会删除该 PowerPoint 所有页面上录制的视频。

（9）幻灯片备注：若该幻灯片包含备注信息，单击"幻灯片备注"，则会显示该幻灯片里的备注信息。

2　工具区

工具区界面如图 6-6 所示。包括音频和视频设置、墨迹书写笔设置。

（1）设置录像和声音

点击图 6-6 中右上方的音频和视频设置按钮""，弹出如图 6-7 所示的界面。在该界面可以设置是否要"针对语音优化音频（降噪和自动调节音量）"，若对音频的处理不熟悉，建议勾选该项设置，采用默认设置即可。

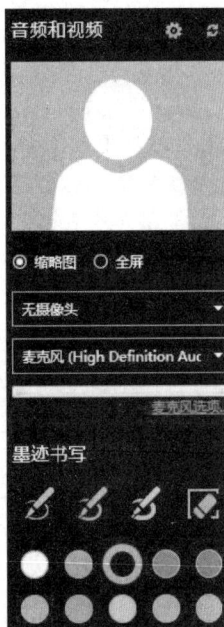

图 6-6

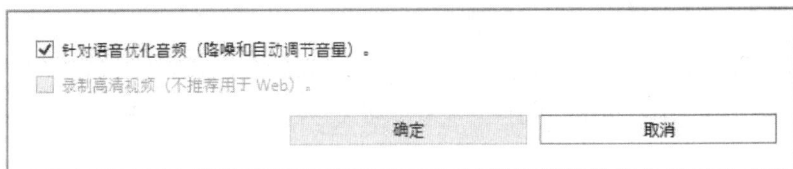

图 6-7

图 6-8

（2）设置录制视频的分辨率

设置录制视频的分辨率可以通过缩略图和全屏的选择""来实现，"缩略图"是指"录制低分辨率的视频以用于小尺寸缩略视图"，而"全屏"是指"录制高分辨率视频以便全屏观看"，如图 6-8 所示。

（3）设置摄像头和麦克风

点击"摄像头"下拉框，可设置录制的视频中是否包含录制者的头像。若选择"Integrated Camera"，可打开笔记本电脑上的前置摄像头，把录制者的头像录制到视频中。

点击"麦克风"下拉框,可设置录制的视频中是否包含语音信息。若选择"麦克风(High Definition Audio)",可将录制者的讲解语音录制在视频中,如图6-9所示。

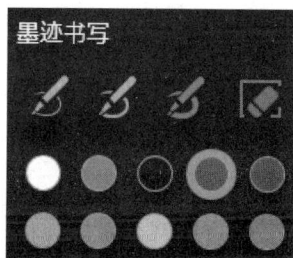

图6-9

(4)设置墨迹书写笔

墨迹书写笔工具区提供细笔、中笔、粗笔三种不同粗细的画笔,并可随时为画笔更改颜色。

点击某一型号的画笔,再点击一种颜色,即可使用所设置的画笔。选中的画笔和颜色块外围均呈蓝色,以区别于未选的画笔和颜色。例如图6-10中所选的是粗笔的紫色画笔。Office Mix在默认情况下为中等粗细的黑色画笔。

图6-10

(5)使用橡皮擦

除了画笔工具外,Office Mix还提供了橡皮擦工具。点击图6-10中的橡皮擦"![橡皮擦]",即可擦除当前幻灯片上画笔所绘的内容。

需要说明的是,橡皮擦工具与功能按钮区的删除幻灯片视频按钮不同,橡皮擦擦除动作会与擦除前后的画笔动作一同被录制下来,体现过程性,而不是删除之前所录制的画笔动作。

3  录制幻灯片

单击"录制"按钮进入录制界面,可为当前幻灯片页面录制视频,单击右上角的斜双向箭头按钮"![箭头]",可进行全屏模式与非全屏模式的切换,图6-11所示为全屏录制模式,在该种模式下,书写笔变成一栏,方便视频录制者随时调用。

在录制的过程中,若要暂停录制,可单击暂停按钮"![暂停]",此时,暂停按钮变成录制按钮

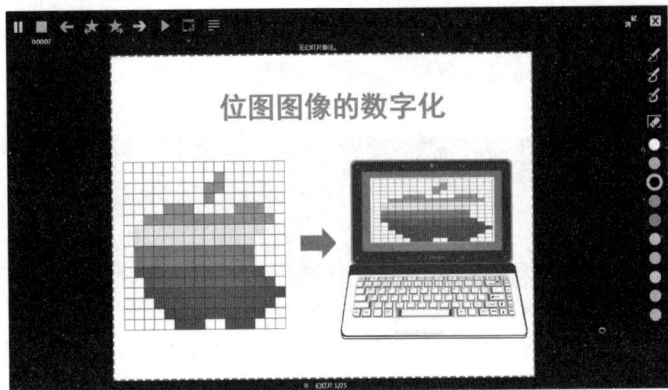

图 6 - 11

"○",若要继续录制,单击录制按钮"○"即可,在录制的过程中若需要书写,选择相应的书写画笔进行书写即可。

录制完毕后,单击停止按钮"■",停止录制,录制好的视频会插入到当前 PowerPoint 的页面中。

(注意:中文版的 Mix 在使用幻灯片录制的"停止"功能时,软件会出现如图 6 - 12 所示的错误,故建议在运用 Mix 录制视频时,使用屏幕录制功能来录制视频,待以后软件升级后可能会改变这种状态)。

图 6 - 12

单击关闭按钮"☒",返回到图 6 - 3 的工作界面,单击"编辑幻灯片录制",进入图 6 - 5 所示的视频编辑界面,在该界面可对视频进行编辑处理(视频编辑处理内容请参见"6.03.6 屏幕录制视频的剪辑处理")。

## 6.03 屏幕录制

"录制幻灯片"仅仅是录制幻灯片上的内容与操作,若需要录制 Word、Excel 中的操作内容、其他软件里的操作或屏幕上的操作时,则屏幕录制功能比录制幻灯片功能更实用。

单击 Office Mix 插件的"屏幕录制",出现如图 6-13 所示的录屏界面。其中上方的工具条如图 6-14 所示。

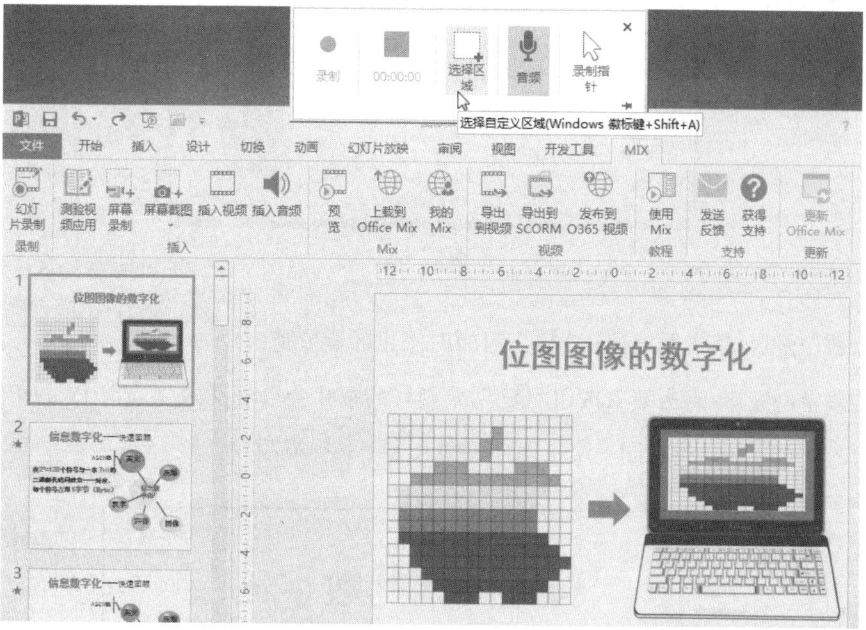

图 6-13

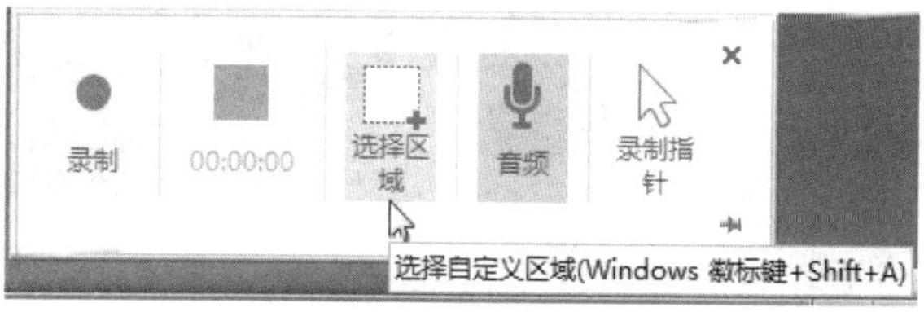

图 6-14

1　选择区域

单击"选择区域"按钮,可自定义录制屏幕的区域与大小,也可运用"Windows 键+Shift+A"快捷键快速选择录制屏幕的区域与大小。

2　音频

单击"音频"按钮,使之处于激活状态,则在屏幕录制的过程中可录入录制者的语音。若关闭"音频"功能,则在录制的过程中将不会录入语音。

3　录制指针

单击"录制指针"按钮,使之处于激活状态,则在屏幕录制的过程中可录入鼠标的操作过程。若关闭"录制指针"功能,则在录制的过程中将不会录入鼠标的操作过程。

4 屏幕录制

单击工具条中的录制按钮"◉",等待3秒钟,然后开始录制屏幕,此时工具条呈如图6-15所示的录屏状态。

图6-15

若要暂停录屏,单击暂停按钮"❙❙",可暂时停止屏幕录制。

若屏幕录制完毕,点击结束按钮"■",录制好的视频会自动插入到当前 PowerPoint 的页面上,如图6-16所示,且在同一个页面上可插入多个录屏视频。

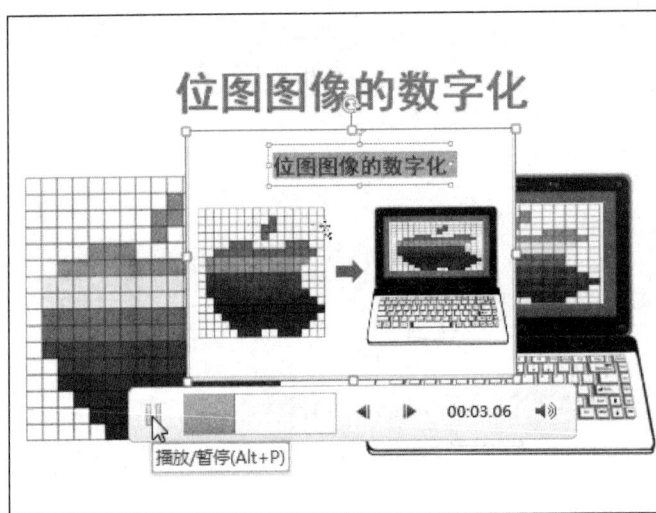

图6-16

5 屏幕录制视频预览

屏幕录制完毕后,可通过如图6-16所示的播放控制按钮进行视频预览,查看屏幕录制效果。

6 屏幕录制视频的剪辑处理

视频录制完毕并插入到当前页面后,单击视频,打开视频"播放"界面,如图6-17所示,在该界面可对视频进行"剪裁"、"淡入淡出"、"音量"、"播放效果"等设置。

图 6-17

（1）剪裁视频

单击"剪裁视频"，可打开如图 6-18 所示的"剪裁视频"界面，在"开始时间"和"结束时间"文本框中设置视频的开始时间和结束时间，或将开始点"▌"和结束点"▌"移动至合适的位置，然后单击"确定"按钮。若要对视频进行精细调整，可单击上一帧"◀▐"、下一帧"▐▶"按钮对视频进行微调，然后单击"确定"按钮，完成视频的剪裁设置。

图 6-18

（2）视频的淡入淡出

若要设置视频的"淡入淡出"效果，在"淡入 ◀▐ "文本框中设置好视频淡入的时间长度，在"淡出 ▐▶ "框中设置好视频的淡出时间即可。"淡入淡出"效果能让视频在播放时实现平滑的过渡，而不至于显得非常生硬。

（3）视频的音量设置

若在视频录制完毕后对音频的音量效果不满意，还可以在"音量"菜单中对音量的大小进行设置。点击"音量"下的小三角形，展开"音量"设置选项，选择对应的选项即可，如图 6-19 所示。

图 6-19

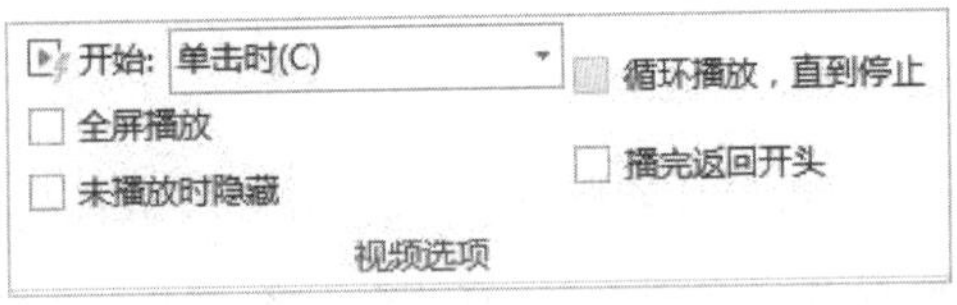

图 6-20

（4）视频的播放设置

在"视频选项"组中可设置视频的播放效果，如图 6-20 所示。"开始"选项，分为"单击时"播放和"自动"播放两种，"单击时"是指在 PowerPoint 的播放状态下，单击鼠标可播放视频。"自动"是指当 PowerPoint 处于播放状态时，会自动开始播放视频。

1）"循环播放，直到停止"：当 PowerPoint 处于播放状态时，当前页面的视频会不断循环播放，直到单击鼠标停止播放视频为止。

2）"全屏播放"：当 PowerPoint 处于播放状态时，当前页面的视频会以全屏的方式进行播放。

3）"未播放时隐藏"：当 PowerPoint 处于播放状态时，该视频会被隐藏掉。

4）"播完返回开头"：当 PowerPoint 处于播放状态时，视频播放完后将返回到开头的第一幅图像上。

7　屏幕录制工具条的显示设置

录屏时默认不显示工具条，此时工具条右边为"➤"状态，如图 6-15 所示。屏幕录制开始后，工具条自动隐藏，当鼠标移到原工具条的位置时，工具条又会自动显示。

若需要显示工具条，只要单击"➤"使其变成"➤"，则开始录屏后该工具条会一直显示在当前屏幕上。

## 6.04　导出到视频

"导出到视频"如图 6-21 所示，是指将录制的文件导出为常规的视频文件。有两种方法供选用。

图 6-21

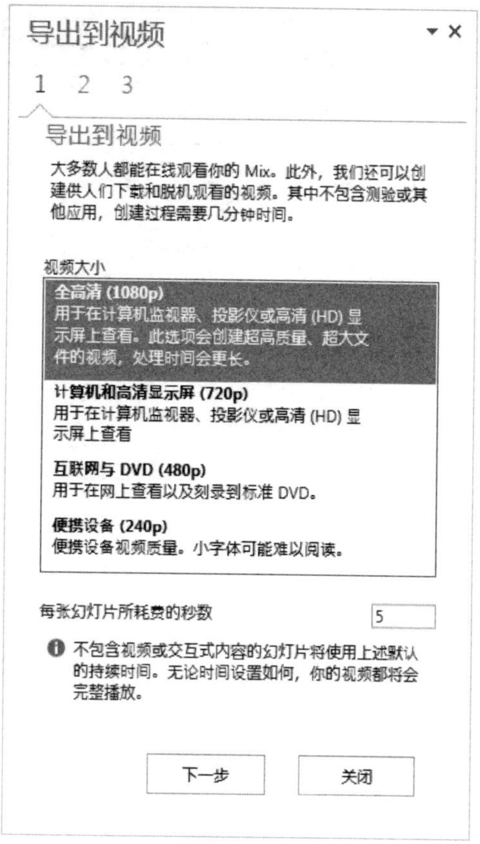

图 6-22

### 1 视频导出方法一

（1）点击 Office Mix 插件的"导出到视频"，幻灯片右侧即出现"导出到视频"引导界面，如图6-22所示。

（2）视频输出大小共有 4 种格式可供选择，分别是"全高清（1080p）"、"计算机和高清显示屏（720p）"、"互联网与 DVD（480p）"、"便携设备（240p）"。"便携设备（240p）"的图像清晰度较低，建议酌情使用。"每张幻灯片所耗费的秒数"是指幻灯片处于播放状态时的持续放映时间。

（3）选择完视频文件格式后，点击"下一步"，在弹出的"另存为"对话框中选择保存路径，点击"保存"，系统会自动将录屏文件导出为 MP4 格式的视频文件，如图 6-23 所示。

注意：中文版本的 Office Mix 在使用"导出到视频"功能时经常会发生软件卡死的现象，故不建议使用该种方法导出视频文件，将来软件升级后可能会改变这种状态。

### 2 视频导出方法二

将录屏视频文件从 PowerPoint 文件中导出，还可使用下面的方法：

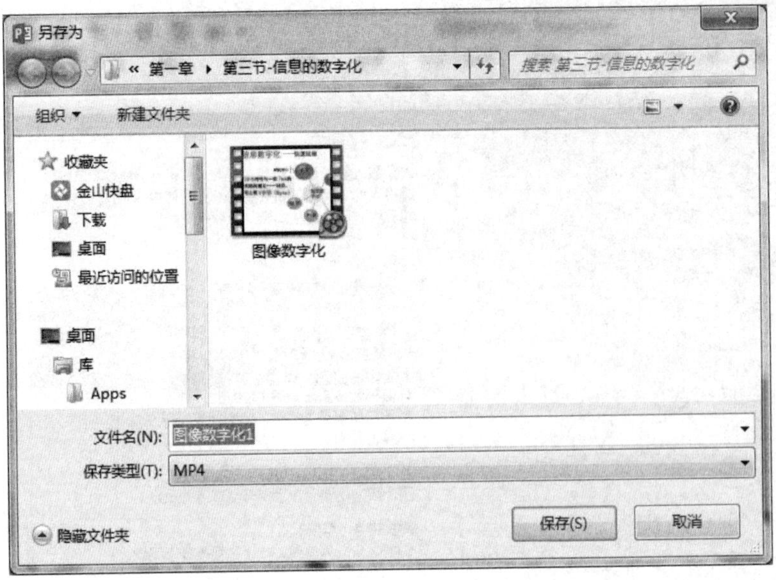

图 6 - 23

　　（1）录屏结束后，在幻灯片页面中选择需要导出视频的文件，点击鼠标右键，选择"将媒体另存为"命令，如图 6 - 24 所示。

图 6 - 24

　　（2）选择文件保存的路径后，单击"保存"，即可将录屏视频保存为视频文件单独使用，如图 6 - 25 所示。

图 6 - 25

## 6.05 屏幕截图

    Office Mix 插件提供了屏幕截图功能,可实现快速截图并插入到当前 PowerPoint 页面上,这比借助 Windows 操作系统自带或专门的截图软件截取图像再插入或复制到 PowerPoint 中要方便。

    单击 Office Mix 插件的屏幕截图按钮,下端会出现能直接点击截图的"可用视窗"界面和"屏幕剪辑"功能,如图 6 - 26 所示。

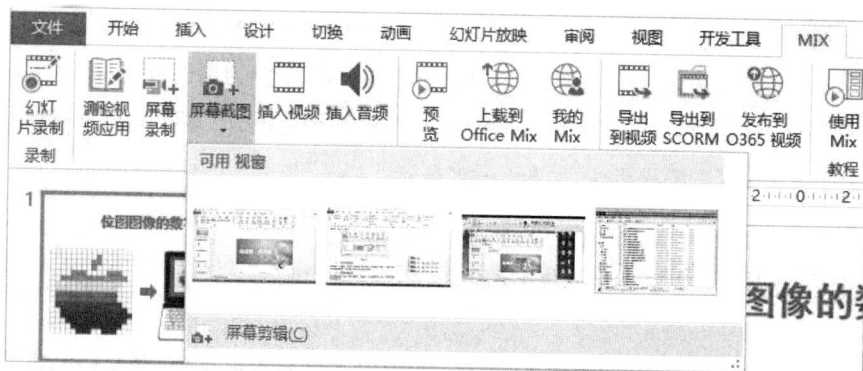

图 6 - 26

1  用可用视窗界面截图

若要截取一个视窗图,可使用"可用视窗"界面。单击"可用视窗"下的某一个视窗,即可完成视窗屏幕截图,并自动插入到当前 PowerPoint 页面中。

2 用屏幕剪辑功能截图

若不需要截取整个视窗,而是只需要某一个视窗的一部分或屏幕上的某一部分,可使用"屏幕剪辑"截图功能。

单击"屏幕剪辑",选取需要截图的视窗内容或屏幕内容,即可完成截图,并自动插入到当前的 PowerPoint 页面中,如图 6 - 27 所示。

图 6 - 27

## ◎ 6.06 插入视频、音频

Office Mix 中的插入视频、插入音频的功能跟 Office PowerPoint 中"插入"菜单下的"视频"、"音频"的功能是相同的,操作方法也类似。下面以插入视频为例进行说明。

若需要插入视频,单击"插入视频",找到文件存放的路径,选择需要插入的视频,点击"插入"按钮即可完成视频的插入操作,如图 6 - 28 所示。

## ◎ 6.07 运用屏幕录制功能录制微课

利用屏幕录制功能可以直接对电脑屏幕上的内容和操作进行录制,录制后的视频文档会直接插入到 PowerPoint 文档的当前页面,并可以直接打开播放。

1 录制方法

(1) 打开需要录制微课的 PowerPoint 课件。选择 MIX 工具栏中的"屏幕录制"功能,如图

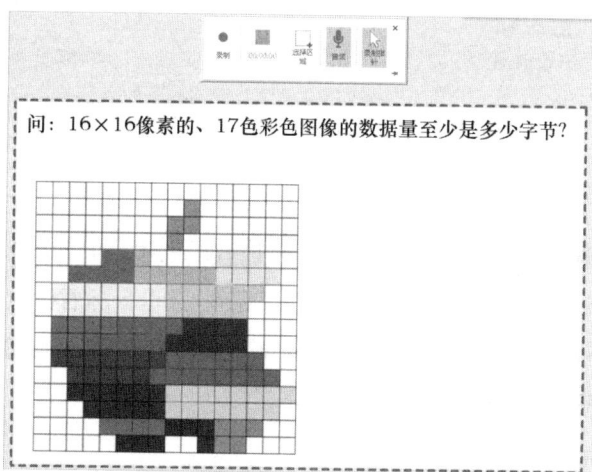

图 6 - 28

6-29 所示。在弹出的工具栏中点击"选择区域"按钮,选择需要录屏的区域大小,并将"音频"和"录制指针"项激活,以便录入语音信息和鼠标操作过程,如图 6 - 30 所示。

图 6 - 29

图 6 - 30

（2）单击图 6-30 中的录制按钮"●"，按照录制前制定的教学设计开始录制微课。

（3）微课录制完毕后，点击停止按钮"■"，退出录制界面，返回到 PowerPoint 界面中。

2　后期处理

录制的视频文件是直接插入到 PowerPoint 当前页面的。在该页面上可以对视频文件进行剪裁等处理，也可以将视频导出为 MP4 格式的视频文件保存和使用。

（1）文件的剪裁。选择录制好的微课，点击"播放"菜单中的"剪裁视频"命令，打开"视频剪裁"界面，移动起点剪裁工具"▌"调节视频起点剪裁位置，移动终点剪裁工具"▌"调节终点剪裁位置，位置调节完以后，单击"确定"命令，完成视频的剪裁，即可将微课视频中多余的部分剪裁掉，保留微课视频讲解中需要的部分，如图 6-31 所示。

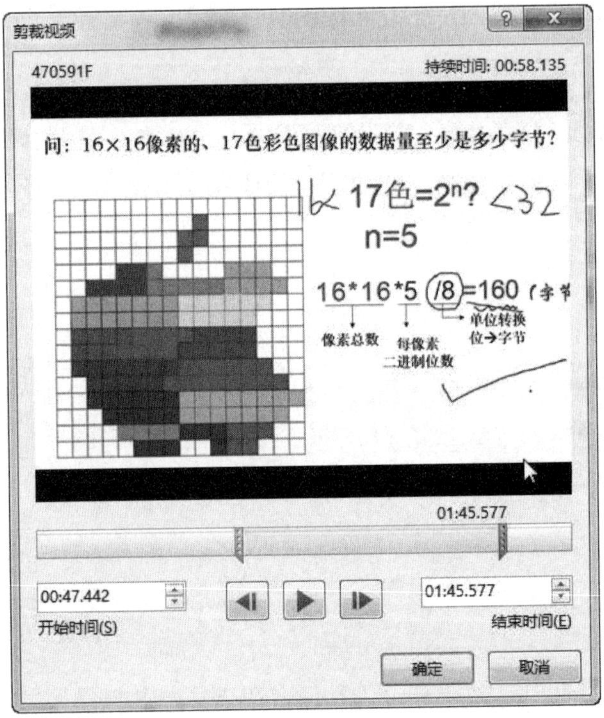

图 6-31

（2）将视频文件导出为 MP4 文件。若需要将该微课视频从 PowerPoint 文件中分离出来单独进行保存，可在 PowerPoint 页面中选中该微课视频，点击鼠标右键，选择"将媒体另存为"命令，即可将该微课视频保存为能够通过常规视频播放器打开、能在教育教学中使用的 MP4格式的视频文件，如图 6-32 所示。

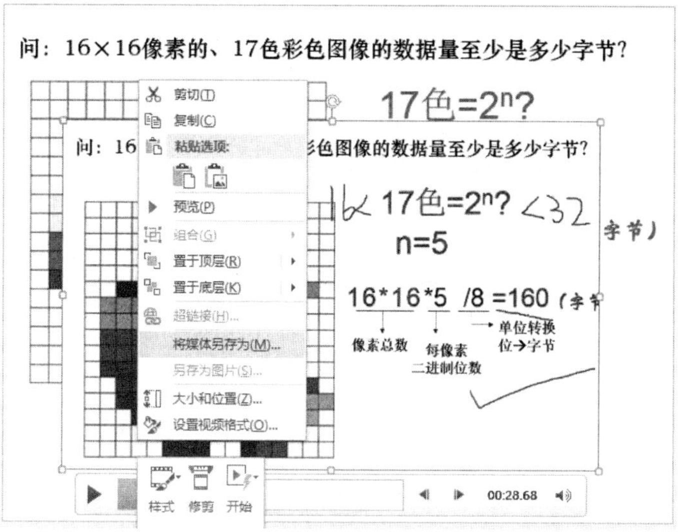

图 6 - 32

## 6.08 运用"录制幻灯片演示"功能录制微课视频

利用 PowerPoint2013 自带的"录制幻灯片演示"工具,也可以方便地录制微课视频。

1 录制方法

(1) 打开 PowerPoint 课件以后,点击"幻灯片放映"选项卡按钮,然后点击"录制幻灯片演示",可根据实际情况选择是"从头开始录制"还是"从当前幻灯片开始录制",如图 6 - 33 所示。

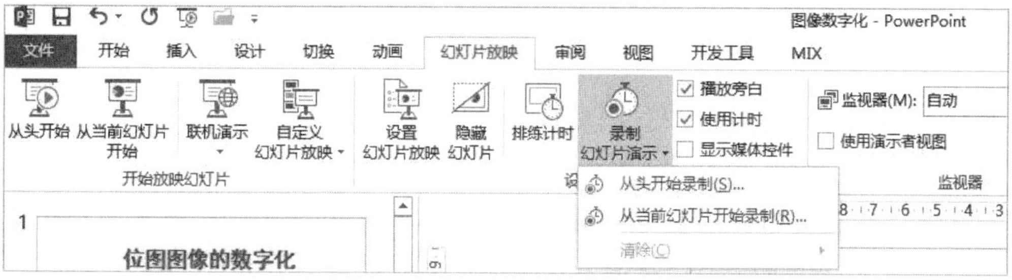

图 6 - 33

(2) 选择录制方式后,打开"录制幻灯片演示"设置窗口,选择需要录制的幻灯片内容、动画或书写笔记。选择后,点击"开始录制"按钮,如图 6 - 34 所示。

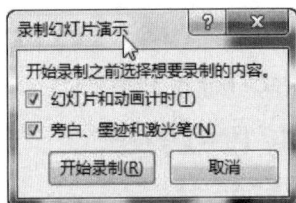

图 6 - 34

图 6 - 35

（3）点击"开始录制"按钮后，幻灯片进入播放模式，左上角出现录制控制界面，如图 6 - 35 所示。此时可点击箭头"➡"（下一项）按钮控制幻灯片的播放，也可以直接在幻灯片上单击控制幻灯片的播放。

如果幻灯片中有音频或者视频，这时按照预设的上课（演讲）步骤点击播放即可。录制过程中若临时有事离开，可以点击"暂停录制"按钮"❚❚"暂停幻灯片的播放，回来后，可点击"继续录制"按钮继续录制微课程，如图 6 - 36 所示。此外，在录制幻灯片时，可以用外置麦克风或电脑内置麦克风输入语音讲解。

图 6 - 36

（4）幻灯片讲解和录制完毕后，所录制的内容会自动插入到每张幻灯片页面上，若以"幻灯片浏览"视图进行查看，可看到每一张幻灯片的右下角都会出现音量图标，如图 6 - 37 所示。此时，可通过点击"幻灯片放映"选项卡中的"从头开始"按钮，查看录制效果。

图 6 - 37

2　微课视频文件的保存

（1）点击"文件"菜单，选择"另存为"命令，设置文件的保存路径。

（2）在保存类型中，选择 WMV 或者 MP4 视频文件格式进行保存，如图 6-38 所示。设置完保存格式后，点击"保存"按钮。

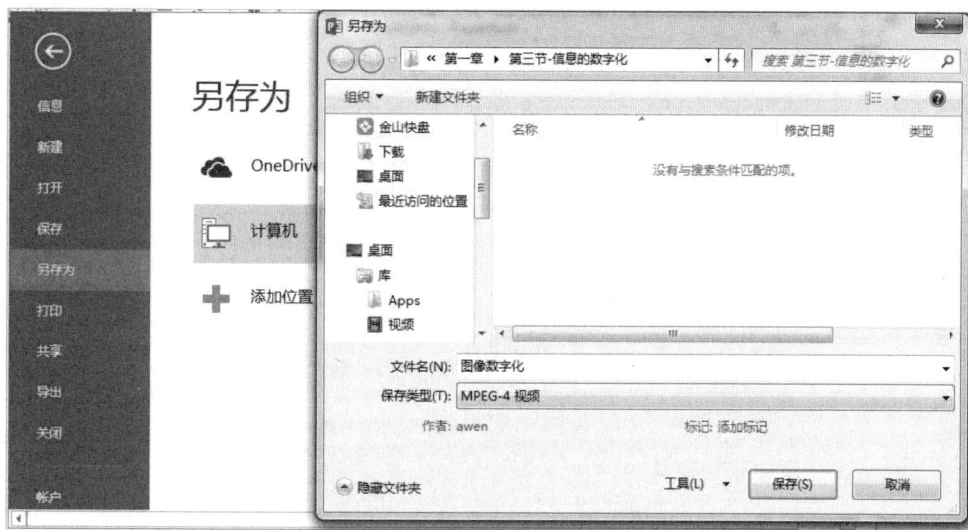

图 6-38

（3）此时，可以看到 PowerPoint 文件底部的视频保存进度条，只需等待文件保存完成即可，如图 6-39 所示。保存完成的视频是一个完整的视频，也就是说，分割到每个幻灯片页面上的视频文件最终会合并成一个完整的视频文件。

图 6-39

以上这种在幻灯片中录制微课视频的方法，录制完成后虽然在 PowerPoint 中不能对生成的视频进行编辑，但是在生成视频前（即另存为视频文件前），如果对某一张幻灯片录制的效果不满意，可以在图 6-33 中，选择"从当前幻灯片开始录制"命令，重新单独录制该张幻灯片上的内容，录制好后，重新生成完整的视频文件即可。

# 第7章　用问卷星制作网络试卷

没有网络平台也可以制作网络测试题。在百度上搜索"问卷星",注册后即可免费使用,既可以制作测试卷,让学生在线做试题,也可以制作多功能的网络问卷调查表。

## 🌀 7.01　网络测试卷的制作

1　注册、登录问卷星

(1)在百度上搜索"问卷星",不需要安装软件,直接进入问卷星网站,进入网站后,注册即可,如图7-1所示。

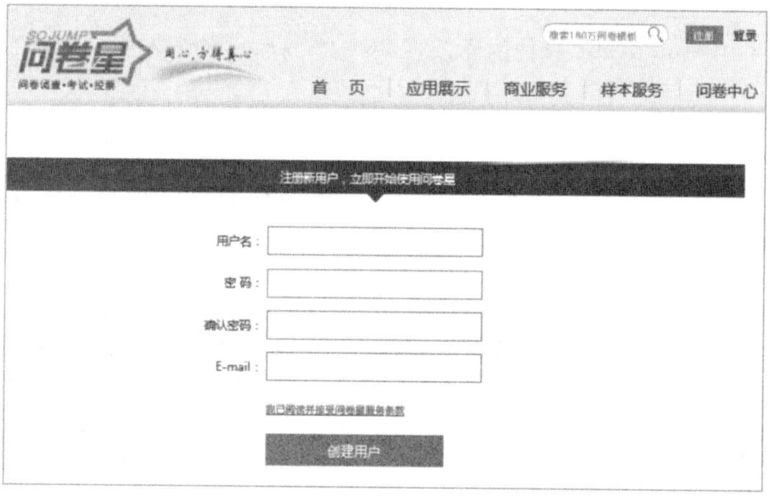

图 7-1

(2)登录问卷星。点击图7-1的右上角的登录,输入用户名和密码即可登录,如图7-2所示。

图 7 - 2

## 2 制作试卷

### (1) 创建新的空白试卷

1) 登录后点击左边的"创建新问卷",如图 7 - 3 所示。

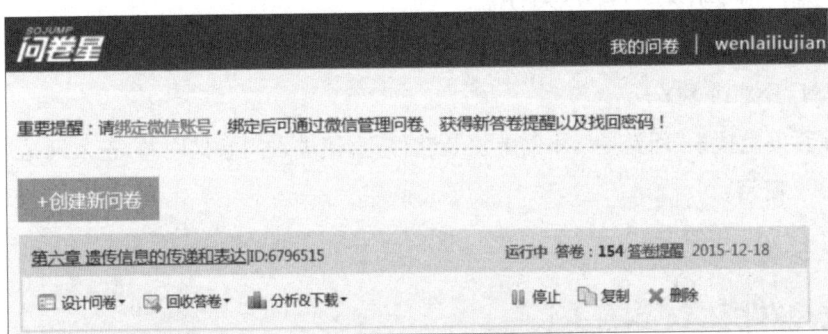

图 7 - 3

2) 在四种新问卷创建方式中,选择默认的"A 创建空白问卷",并在右边点击"我要创建考试问卷",如图 7 - 4 所示。

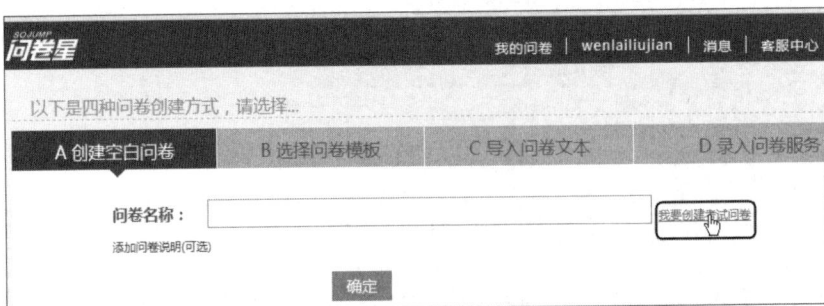

图 7 - 4

（2）输入试卷标题及说明文字

输入问卷的名称，点击"添加问卷说明（可选）"，可以在此添加对试卷的一些说明文字，如图7-5所示。点击"确定"。

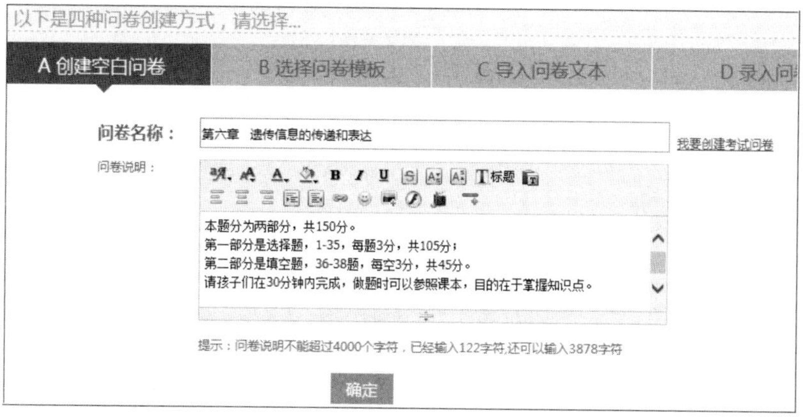

图7-5

（3）设置考生基本信息栏

1）在问卷的编辑界面中点击"考试"，可以选择"单选"题、"判断"题、"多选"题等进行问卷的制作。当点击"姓名"时，出现姓名编辑界面，如图7-6所示。一般不需要重新编辑，选择默认设置即可，然后点击下方的"完成编辑"。

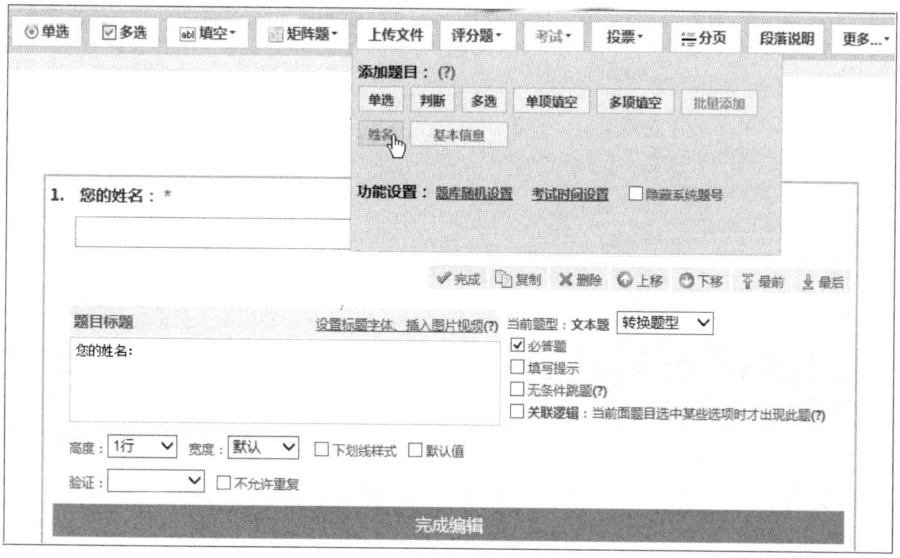

图7-6

2）制作班级选择题。直接点击编辑界面左上角的"单选"，添加一个单选题，在单选题编辑框中直接输入班级，做题时让学生选择班级即可，如图 7-7 所示。

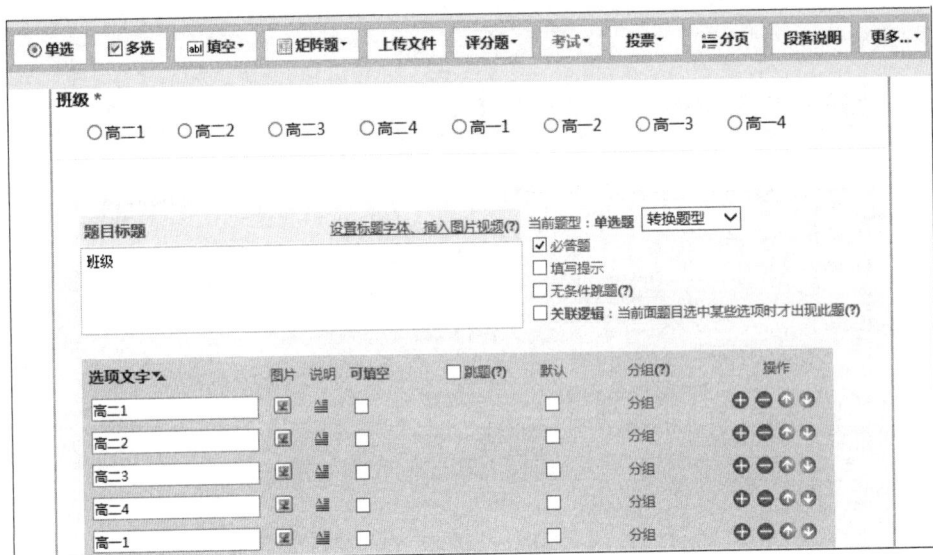

图 7-7

3）在右下角可以选择每行显示的列数，如图 7-8 所示。选择"每行 8 列"，然后点击"完成编辑"即可。

图 7-8

4）学号也制作成选择题，供学生选择。同样是添加一个单选题，制作方法与上述方法相似，制作完成的卷头基本信息如图 7-9 所示。

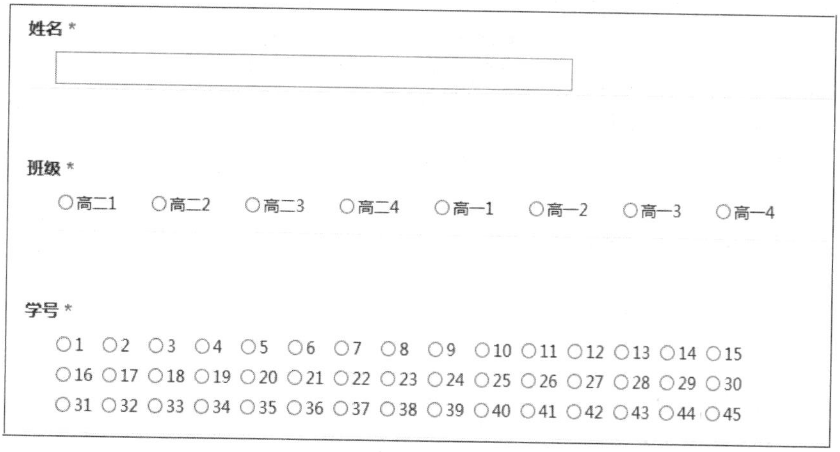

图 7 - 9

5）学生的姓名、班级、学号等基本信息，也可以直接点击"基本信息"，在此输入姓名、班级、学号等信息，如图 7 - 10 所示。这样学生的基本信息就以填空题的形式出现了。

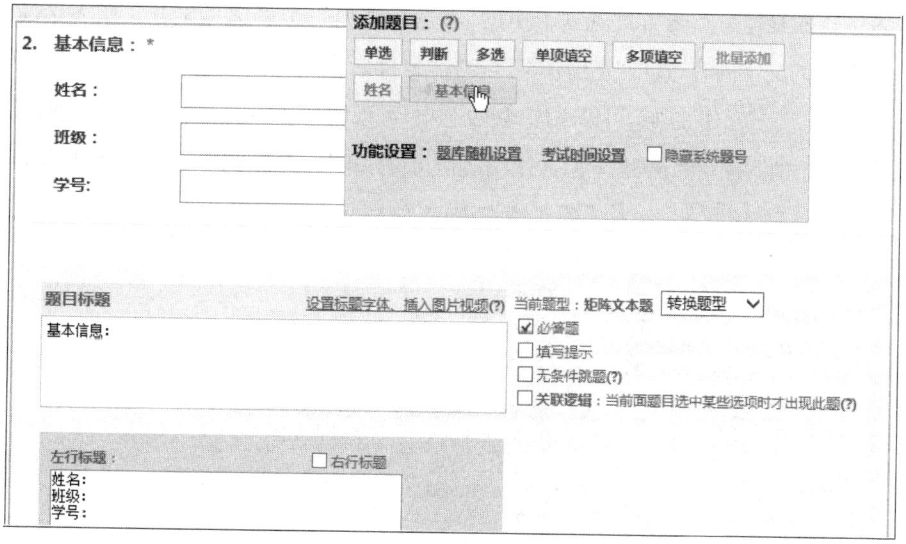

图 7 - 10

（4）制作试题内容

1）单选题的制作。点击"考试"中的"单选"，添加一个单选考试题。在单选题编辑框中，输入单选题的文字内容，选中"正确答案"，设置"题目分数"，选择"每行 2 列"，如图 7 - 11 所示。注意：由于系统默认所有试题自动编号，学生的基本信息也不宜编号，所以要选中"隐藏系统编号"，这样所有题目的编号全部隐藏，但是每个试题就要手工添加编号了。

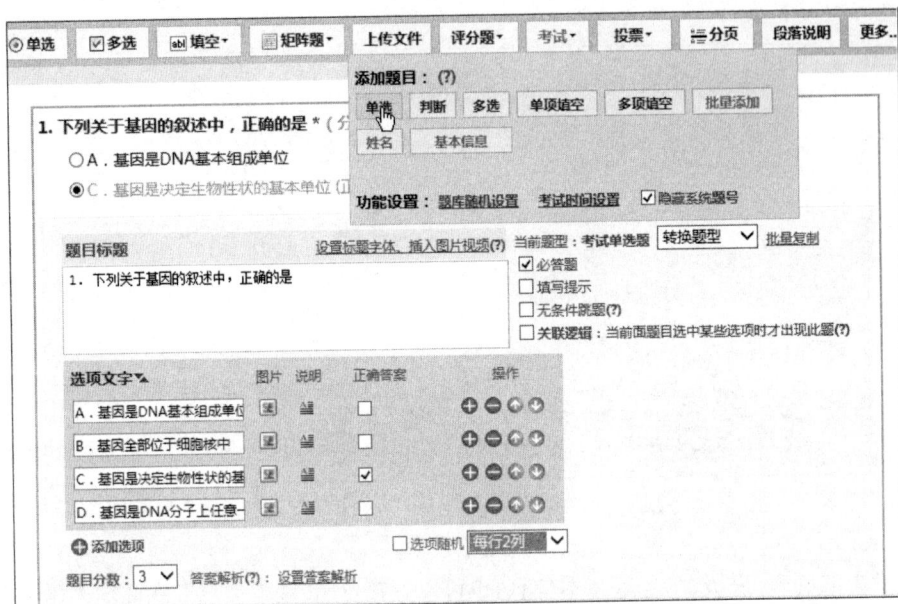

图 7 - 11

2）多选题的制作。点击考试选项卡中的"多选"，添加一个多选考试题。在多选题编辑框中，输入多选题的文字内容，选中"正确答案"，设置"题目分数"，在下方可以选择是横排还是竖排，如图 7 - 12 所示。在"操作"区域，可以添加、删除选项，可以调节各项的上下顺序，在"图片"项目下面，可以给选项添加图片，在"说明"下面，可以添加选项的说明。完成编辑后，点击"完成编辑"即可。

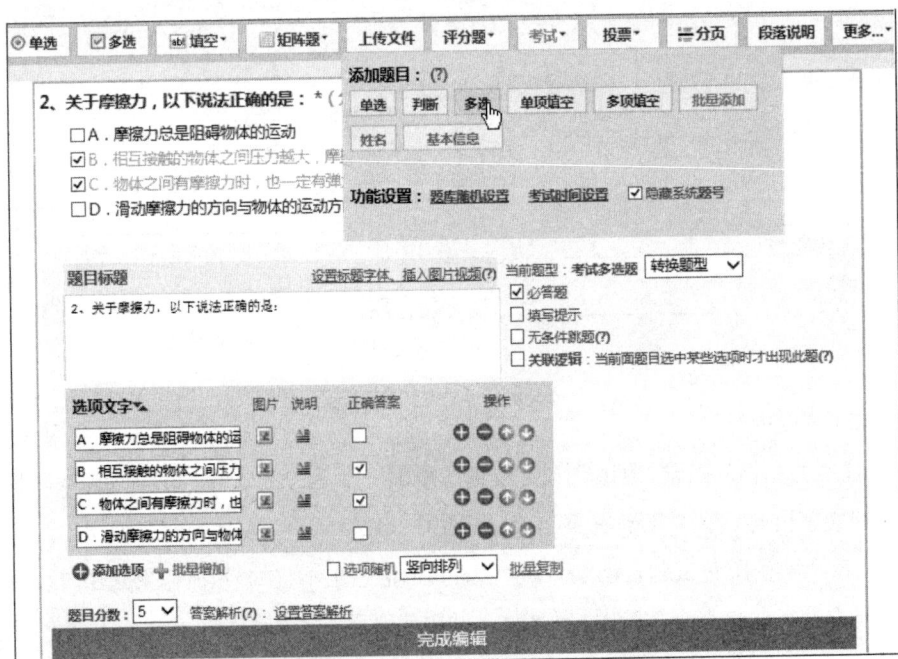

图 7 - 12

（5）填空题的制作

1）点击考试选项卡中的"单项填空"，添加一个单项填空题。在填空题编辑框中，输入填空题的文字内容，在下方设置"题目分数"和"答案"，如图 7-13 所示。然后点击"完成编辑"即可。

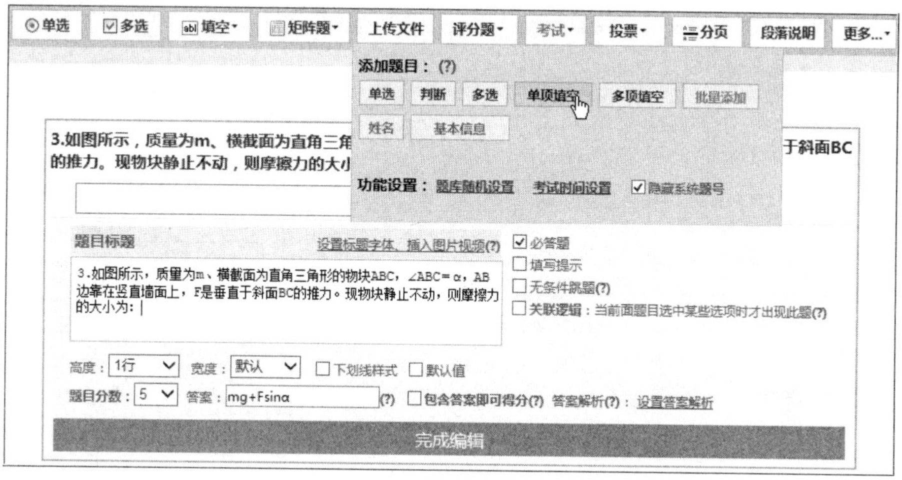

图 7-13

2）设置题目格式。点击"设置标题字体，插入图片视频"，选中题目文字，可以设置题目文字的格式，如图 7-14 所示。

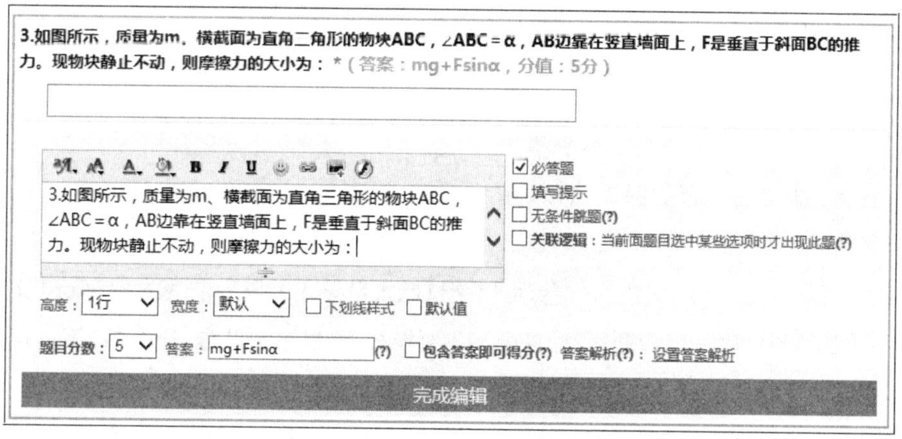

图 7-14

3）在试题中插入图片

A 点击中间的"插入图片"按钮，在图片对话框中，点击"上传图片"右边的"选择图片（最大 1 M）"按钮，如图 7-15 所示。选择电脑中的图片并插入后的对话框，如图 7-16 所示。

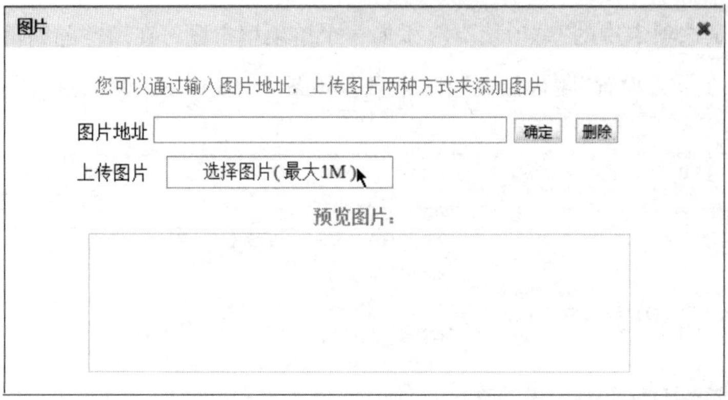

图 7 - 15

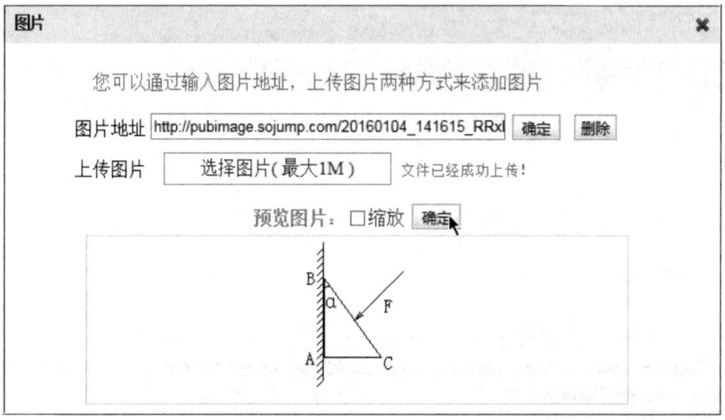

图 7 - 16

B　插入图片后的试题如图 7 - 17 所示。

（6）批量导入试题

已经设置好了的 Word 文档的试卷，可以把试题批量导入。导入前要先把 Word 文档的试题进行简单的编辑。第一行为题目，题目中间不要换行，可以不加题号，回车后，下一行开始为选项行，选项不要空行，每个选项要单独一行，选项前面不要加数字（以免跟题目混淆）。所有选项结束后，要有一个空行，表示该题结束，要换下一个新题目。如果下面没有选项，直接空一行，默认为文本输入题。

1）选中设置好格式的 Word 文档，如图 7 - 18 所示。题与题之间空一行。复制这些文字，虽然图片也被选中，但是图片不能直接复制进去，因此，要先把题中的图片保存为图片文件，方法是选中该图片，右击鼠标，"另存为图片"即可，一般这种图片很小，只有 1 K 左右。

2）把题目复制到问卷星中。在图 7 - 13 的"考试"选项卡中点击"批量添加"，在出现的批

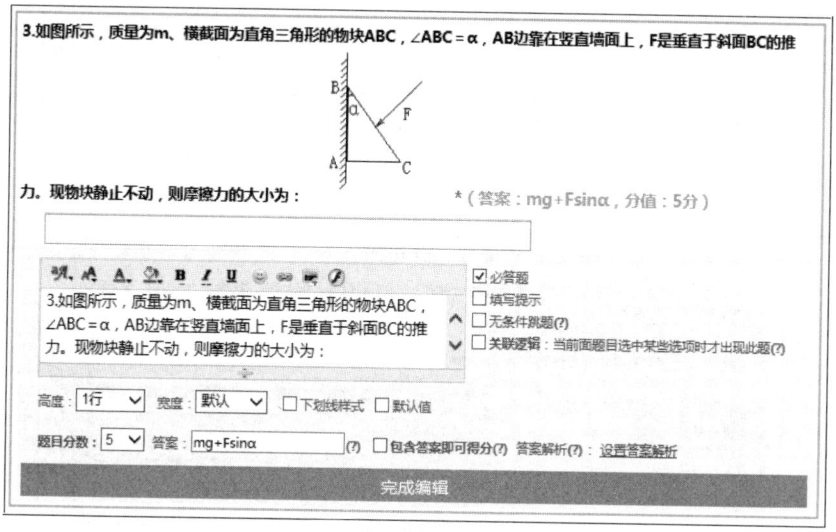

图 7-17

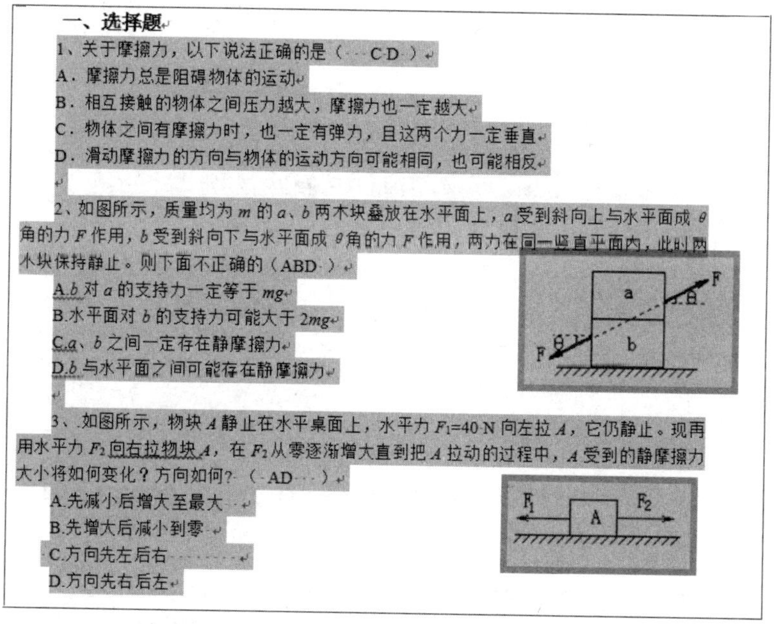

一、选择题

1、关于摩擦力,以下说法正确的是( CD )

A.摩擦力总是阻碍物体的运动

B.相互接触的物体之间压力越大,摩擦力也一定越大

C.物体之间有摩擦力时,也一定有弹力,且这两个力一定垂直

D.滑动摩擦力的方向与物体的运动方向可能相同,也可能相反

2、如图所示,质量均为 $m$ 的 $a$、$b$ 两木块叠放在水平面上,$a$ 受到斜向上与水平面成 $\theta$ 角的力 $F$ 作用,$b$ 受到斜向下与水平面成 $\theta$ 角的力 $F$ 作用,两力在同一竖直平面内,此时两木块保持静止。则下面不正确的( ABD )

A.$b$ 对 $a$ 的支持力一定等于 $mg$

B.水平面对 $b$ 的支持力可能大于 $2mg$

C.$a$、$b$ 之间一定存在静摩擦力

D.$b$ 与水平面之间可能存在静摩擦力

3、如图所示,物块 $A$ 静止在水平桌面上,水平力 $F_1=40\text{ N}$ 向左拉 $A$,它仍静止。现再用水平力 $F_2$ 向右拉物块 $A$,在 $F_2$ 从零逐渐增大直到把 $A$ 拉动的过程中,$A$ 受到的静摩擦力大小将如何变化?方向如何?( AD )

A.先减小后增大至最大

B.先增大后减小到零

C.方向先左后右

D.方向先右后左

图 7-18

量添加对话框中,直接把题目粘贴到下方的编辑框中,如图 7-19 所示。复制过来的题目没有图片,点击"确定预览"后,利用前面介绍的方法,再次对每一个试题单独重新进行编辑,如设置"题目分数"、插入图片等。

(7) 制作完后的生物测试题如图 7-20 所示。

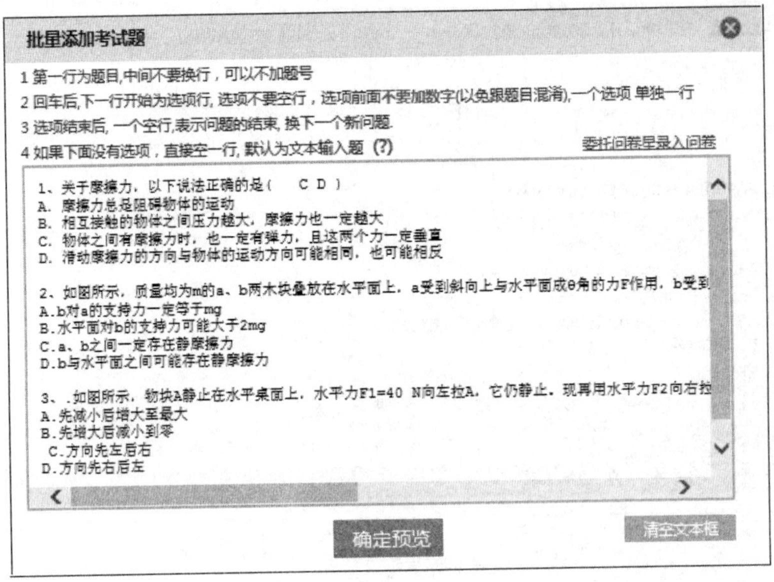

批量添加考试题
1 第一行为题目,中间不要换行，可以不加题号
2 回车后,下一行开始为选项行, 选项不要空行，选项前面不要加数字(以免跟题目混淆),一个选项 单独一行
3 选项结束后, 一个空行,表示问题的结束, 换下一个新问题.
4 如果下面没有选项，直接空一行, 默认为文本输入题 (?)
委托问卷星录入问卷
1、关于摩擦力，以下说法正确的是（ C D ）
A. 摩擦力总是阻碍物体的运动
B. 相互接触的物体之间压力越大，摩擦力也一定越大
C. 物体之间有摩擦力时，也一定有弹力，且这两个力一定垂直
D. 滑动摩擦力的方向与物体的运动方向可能相同，也可能相反
2、如图所示，质量均为m的a、b两木块叠放在水平面上，a受到斜向上与水平面成θ角的力F作用，b受到
A.b对a的支持力一定等于mg
B.水平面对b的支持力可能大于2mg
C.a、b之间一定存在静摩擦力
D.b与水平面之间可能存在静摩擦力
3、.如图所示，物块A静止在水平桌面上，水平力F1=40 N向左拉A，它仍静止，现再用水平力F2向右拉
A.先减小后增大至最大
B.先增大后减小到零
C.方向先左后右
D.方向先右后左
确定预览
清空文本框


图 7－19

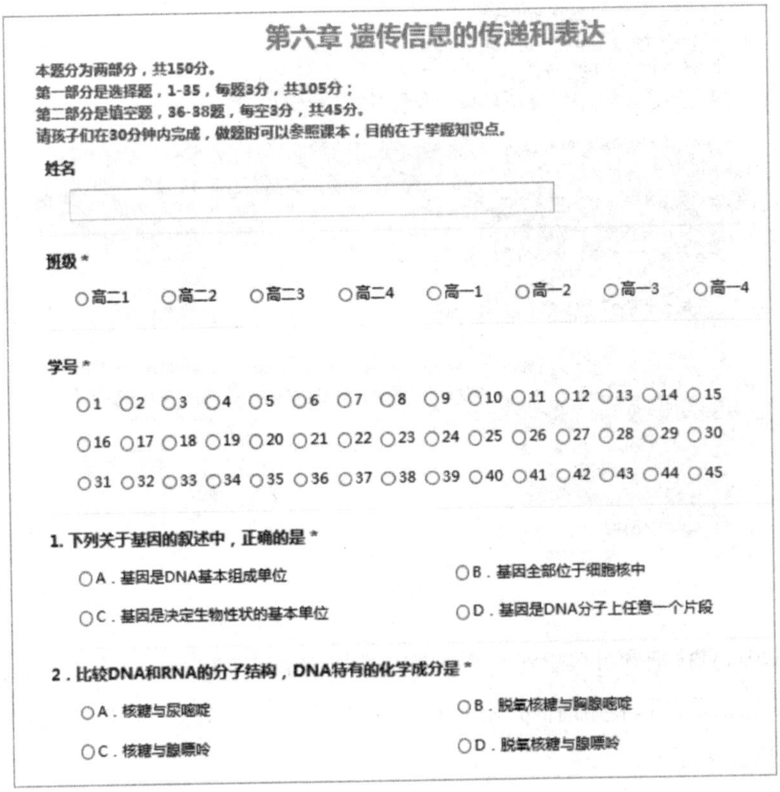

第六章 遗传信息的传递和表达
本题分为两部分，共150分。
第一部分是选择题，1-35，每题3分，共105分；
第二部分是填空题，36-38题，每空3分，共45分。
请孩子们在30分钟内完成，做题时可以参照课本，目的在于掌握知识点。
姓名
班级 *
高二1 高二2 高二3 高二4 高一1 高一2 高一3 高一4
学号 *
1 2 3 4 5 6 7 8 9 10 11 12 13 14 15
16 17 18 19 20 21 22 23 24 25 26 27 28 29 30
31 32 33 34 35 36 37 38 39 40 41 42 43 44 45
1. 下列关于基因的叙述中，正确的是 *
A．基因是DNA基本组成单位
B．基因全部位于细胞核中
C．基因是决定生物性状的基本单位
D．基因是DNA分子上任意一个片段
2．比较DNA和RNA的分子结构，DNA特有的化学成分是 *
A．核糖与尿嘧啶
B．脱氧核糖与胸腺嘧啶
C．核糖与腺嘌呤
D．脱氧核糖与腺嘌呤


图 7－20

（8）插入段落说明

系统默认所有题目都连续排列，但是试卷常常要分出单项选择题、多项选择题、填空题等，可以利用"段落说明"把各类题目分开。在试卷的编辑状态，在需要插入试题类别说明的题目后面添加段落说明。点击"段落说明"，输入相关文字，如图 7-21 所示。然后点击"完成编辑"即可。

图 7-21

（9）设置学生做题的时间

在图 7-13 的"考试"选项卡下面，点击"考试时间设置"，可以在此设置考试的开始时间和结束时间，如图 7-22 所示。这样学生可以在设定的时间内做题。

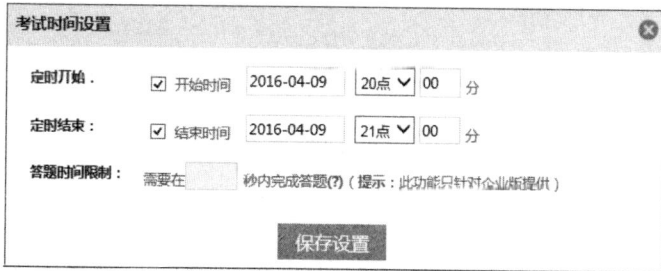

图 7-22

## 7.02 试卷的修改与发布

### 1 试卷的修改

（1）制作完后的试卷常常还需要修改，登录后，进入"我的问卷"，在需要修改的试卷下方的"设计问卷"中点击"修改问卷"，如图 7-23 所示，进入问卷的修改状态。

（2）修改问卷的默认选择是"A. 部分修改问卷"，如果已经有了有效答卷，这样只能对试卷

图 7 - 23

进行局部修改,如果选择"B. 整体修改问卷",则原来的答卷将被删除。点击"下一步",即进入试卷的修改编辑状态,如图 7 - 24 所示。

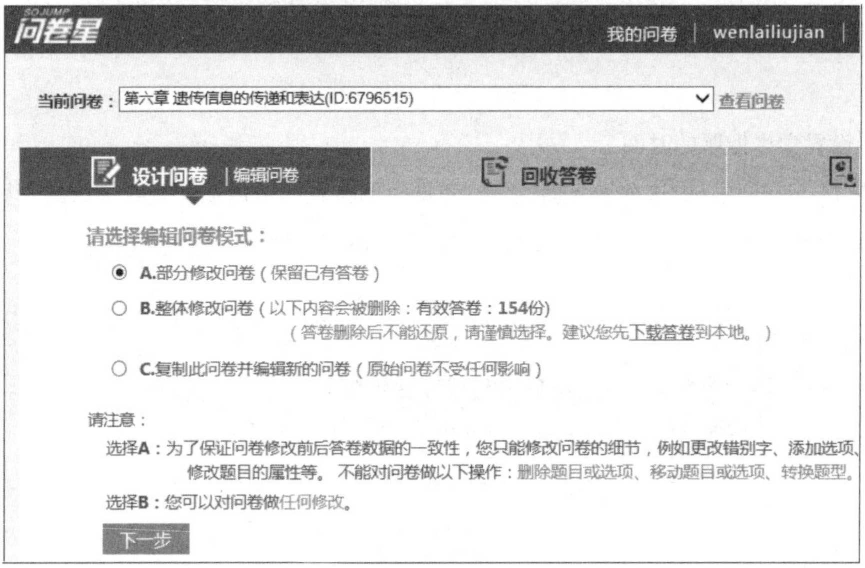

图 7 - 24

(3) 在图 7 - 23 中点击"问卷设置",可以在此修改试卷标题并设置做题的开始和结束时间以及提交答卷后的处理方式等信息,如图 7 - 25 所示。

2 试卷的发布与回收

(1) 在"回收答卷"中点击"问卷链接",可以复制该问卷的网络地址,把该网址发布出去后,打开该网址可以在电脑上做题。可以把左下角的二维码下载后发布出去,用手机扫描即可通过手机做题,如图 7 - 26 所示。用手机扫描该二维码后,可以通过微信把该试卷发给微信好友。

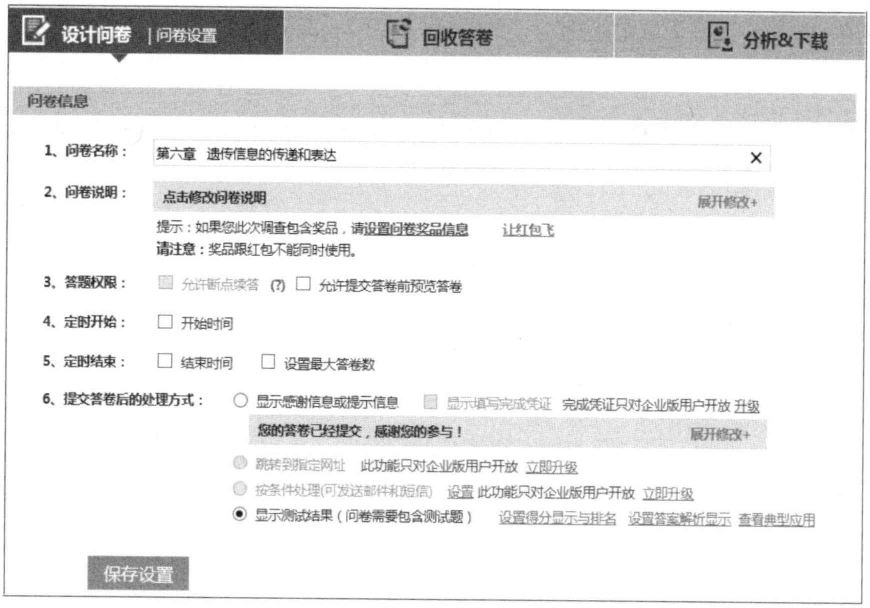
设计问卷
问卷设置
回收答卷
分析&下载
问卷信息
1、问卷名称：
第六章 遗传信息的传递和表达
2、问卷说明：
点击修改问卷说明
展开修改+
提示：如果您此次调查包含奖品，请设置问卷奖品信息
让红包飞
请注意：奖品跟红包不能同时使用。
3、答题权限：
允许断点续答
允许提交答卷前预览答卷
4、定时开始：
开始时间
5、定时结束：
结束时间
设置最大答卷数
6、提交答卷后的处理方式：
显示感谢信息或提示信息
显示填写完成凭证
完成凭证只对企业版用户开放 升级
您的答卷已经提交，感谢您的参与！
展开修改+
跳转到指定网址
此功能只对企业版用户开放 立即升级
按条件处理(可发送邮件和短信)
设置 此功能只对企业版用户开放 立即升级
显示测试结果（问卷需要包含测试题）
设置得分显示与排名
设置答案解析显示
查看典型应用
保存设置

图 7－25

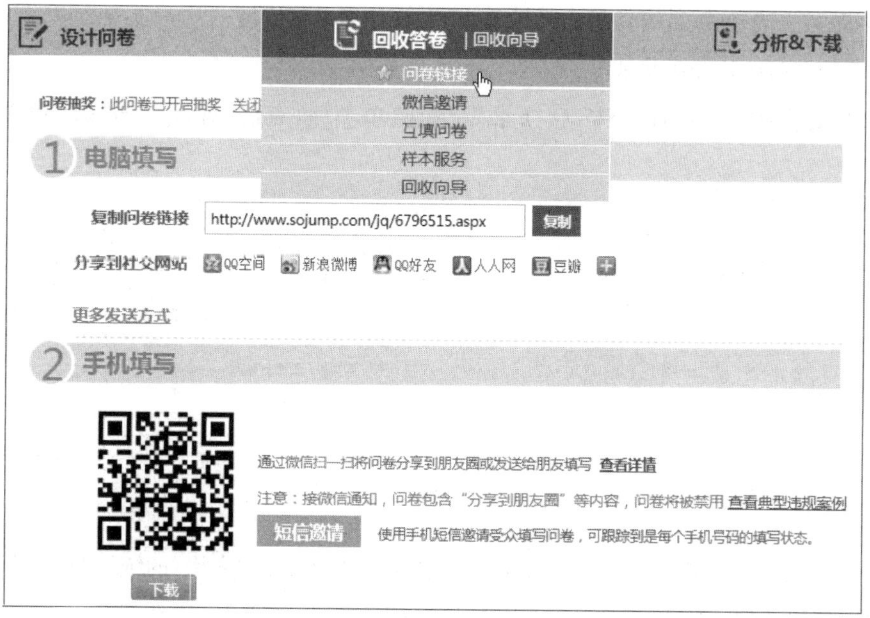
设计问卷
回收答卷
回收向导
分析&下载
问卷链接
微信邀请
互填问卷
样本服务
回收向导
问卷抽奖：此问卷已开启抽奖 关闭
1 电脑填写
复制问卷链接
http://www.sojump.com/jq/6796515.aspx
复制
分享到社交网站
QQ空间
新浪微博
QQ好友
人人网
豆瓣
更多发送方式
2 手机填写
通过微信扫一扫将问卷分享到朋友圈或发送给朋友填写 查看详情
注意：接微信通知，问卷包含“分享到朋友圈”等内容，问卷将被禁用 查看典型违规案例
短信邀请
使用手机短信邀请受众填写问卷，可跟踪到是每个手机号码的填写状态。
下载

图 7－26

（2）学生利用手机微信扫描二维码答题，或者利用试卷的网址在电脑上答题，提交后都会出现成绩单，以及关于每个试题正确与否的报告，如图 7 - 27 所示。

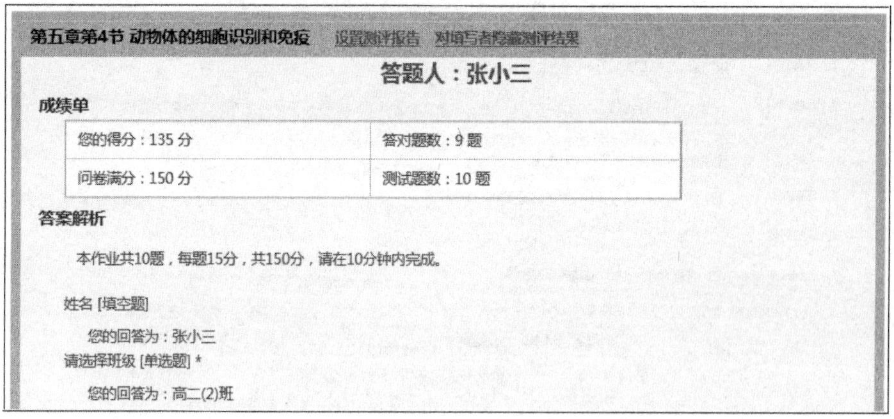

图 7 - 27

## 7.03　教师查看考试成绩

学生提交了试卷后，系统自动进行批改，自动统计出考试成绩。

1　选择题的统计分析结果

（1）在试卷标题下方的"分析 & 下载"下拉菜单下面，点击"统计 & 分析"，如图 7 - 28 所示。

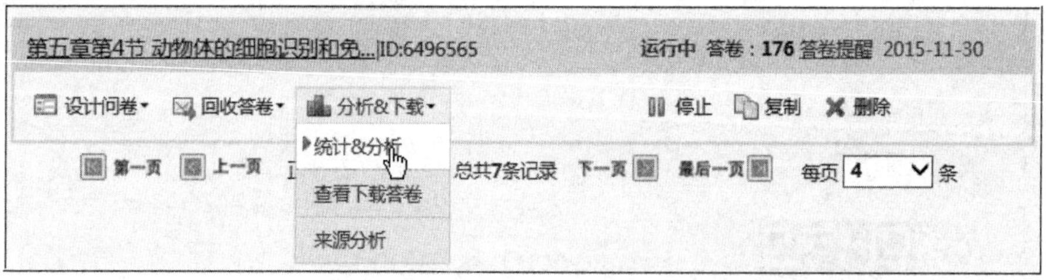

图 7 - 28

（2）在出现的每个选择题的统计分析报告中，默认是上方的"表格"的统计数据，点击"饼状图"或"柱状图"，在下方可以看到每个选项的答题统计情况，如图 7 - 29 所示。

（3）在选择题分析报告的上方，点击"下载调查报告"，如图 7 - 30 所示，即可将分析报告导出为 Word 文档。

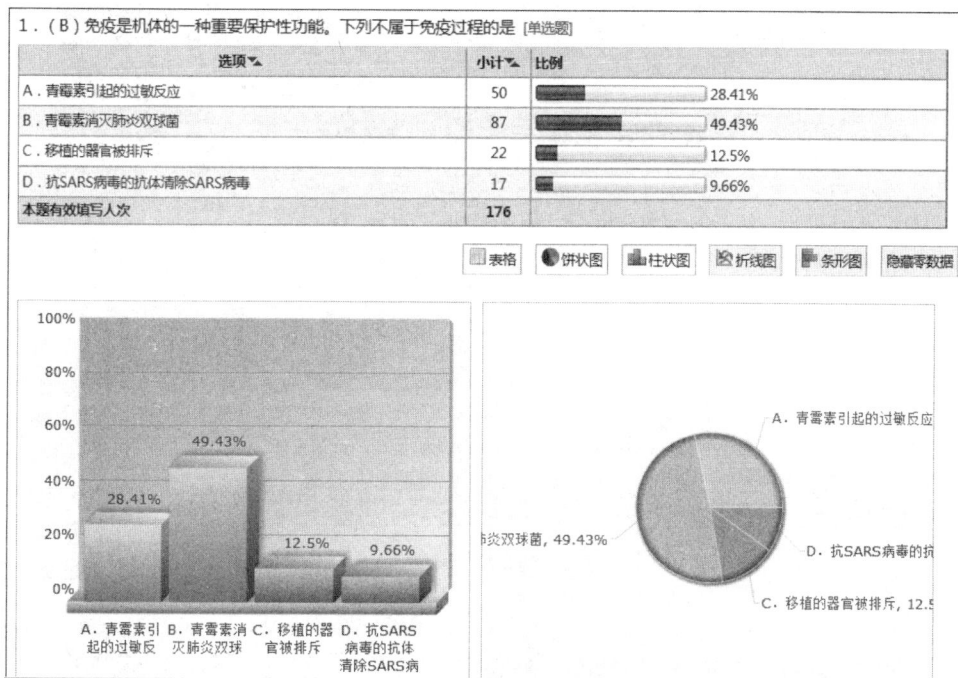

图 7 - 29

图 7 - 30

## 2 导出所有数据

（1）在图 7 - 28 或在选择题的统计分析界面点击"查看下载答案"，即可看到每个答卷的所有数据，如图 7 - 31 所示。

（2）点击"下载答卷"下拉菜单，选择"按选项文本下载到 Excel"，如图 7 - 32 所示。这样所有数据都下载为 Excel 文档了。

（3）下载的文件为压缩文件，解压后即可得到 Excel 文件，如图 7 - 33 所示。在此文档中可以看到所有试卷的答题情况。按班级排序后，可以把所有学生的分数复制出来。问卷星对客观题试卷的分析统计操作起来极为方便。

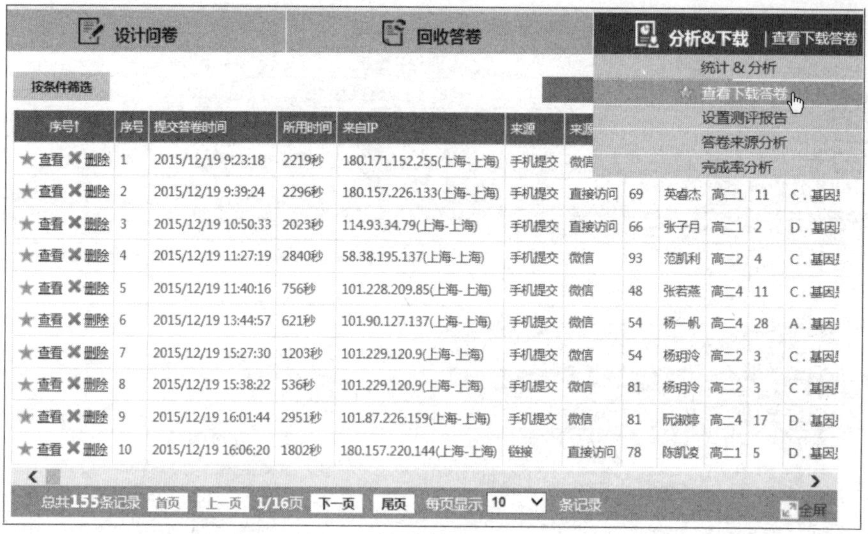

图 7 - 31

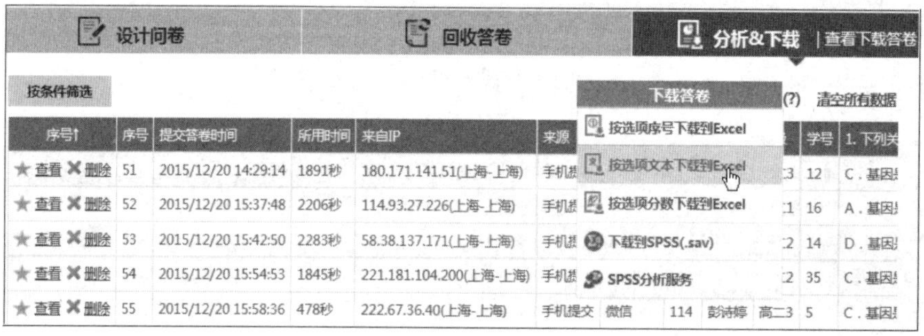

图 7 - 32

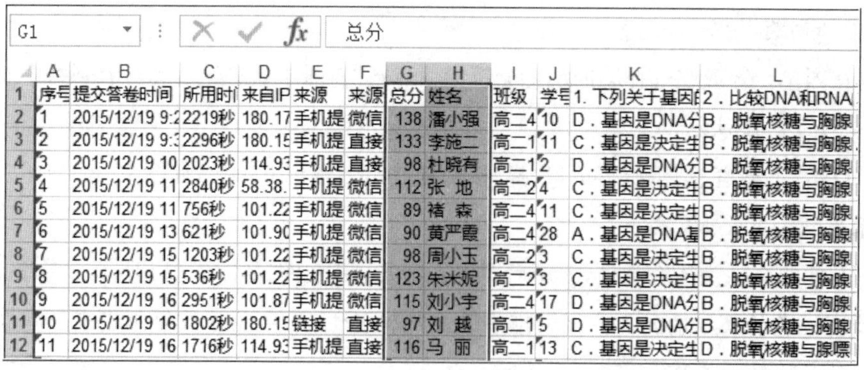

| G1 | | ⋮ | × ✓ fx | | 总分 | | | | | | |
|---|---|---|---|---|---|---|---|---|---|---|---|
| | A | B | C | D | E | F | G | H | I | J | K | L |
| 1 | 序号 | 提交答卷时间 | 所用时 | 来自IP | 来源 | 来源 | 总分 | 姓名 | 班级 | 学号 | 1. 下列关于基因 | 2. 比较DNA和RNA |
| 2 | 1 | 2015/12/19 9:2 | 2219秒 | 180.17 | 手机提 | 微信 | 138 | 潘小强 | 高二4 | 10 | D . 基因是DNA分 | B . 脱氧核糖与胸腺 |
| 3 | 2 | 2015/12/19 9:3 | 2296秒 | 180.15 | 手机提 | 直接 | 133 | 李施二 | 高二1 | 11 | C . 基因是决定生 | B . 脱氧核糖与胸腺 |
| 4 | 3 | 2015/12/19 10 | 2023秒 | 114.93 | 手机提 | 直接 | 98 | 杜晓有 | 高二1 | 2 | C . 基因是决定生 | B . 脱氧核糖与胸腺 |
| 5 | 4 | 2015/12/19 11 | 2840秒 | 58.38. | 手机提 | 微信 | 112 | 张 地 | 高二2 | 4 | C . 基因是决定生 | B . 脱氧核糖与胸腺 |
| 6 | 5 | 2015/12/19 11 | 756秒 | 101.22 | 手机提 | 微信 | 89 | 褚 森 | 高二4 | 11 | C . 基因是决定生 | B . 脱氧核糖与胸腺 |
| 7 | 6 | 2015/12/19 13 | 621秒 | 101.90 | 手机提 | 微信 | 90 | 黄严霞 | 高二4 | 28 | A . 基因是DNA基 | B . 脱氧核糖与胸腺 |
| 8 | 7 | 2015/12/19 15 | 1203秒 | 101.22 | 手机提 | 微信 | 98 | 周小玉 | 高二2 | 3 | C . 基因是决定生 | B . 脱氧核糖与胸腺 |
| 9 | 8 | 2015/12/19 15 | 536秒 | 101.22 | 手机提 | 微信 | 123 | 朱米妮 | 高二2 | 3 | C . 基因是决定生 | B . 脱氧核糖与胸腺 |
| 10 | 9 | 2015/12/19 16 | 2951秒 | 101.87 | 手机提 | 微信 | 115 | 刘小宇 | 高二4 | 17 | B . 基因是DNA分 | B . 脱氧核糖与胸腺 |
| 11 | 10 | 2015/12/19 16 | 1802秒 | 180.15 | 链接 | 直接 | 97 | 刘 越 | 高二1 | 5 | D . 基因是DNA分 | B . 脱氧核糖与胸腺 |
| 12 | 11 | 2015/12/19 16 | 1716秒 | 114.93 | 手机提 | 直接 | 116 | 马 丽 | 高二1 | 13 | C . 基因是决定生 | D . 脱氧核糖与腺嘌 |

图 7 - 33

## 7.04 网络问卷调查表的制作

利用问卷星可以方便地制作各种学生和家长的问卷调查表,学生和家长可利用手机和电脑方便地填写,学校和教师对数据的统计更是方便快捷。

1 创建问卷调查表

(1)创建新问卷,填写问卷标题以及问卷说明,如图 7-34 所示。

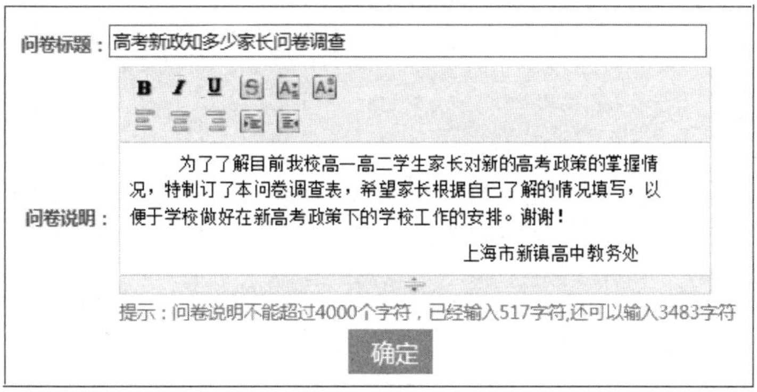

图 7-34

(2)在问卷的编辑状态,如图 7-35 所示,点击"单选"或者"多选",可以在下面添加单选题或多选题,点击"填空"按钮,可以在下面添加填空题,选择题和填空题的编辑方法与前面的考试卷子的编辑方法类似,只是没有分数选项,统计结果也没有分数项目。选择题编辑后的效果如图 7-36 所示。

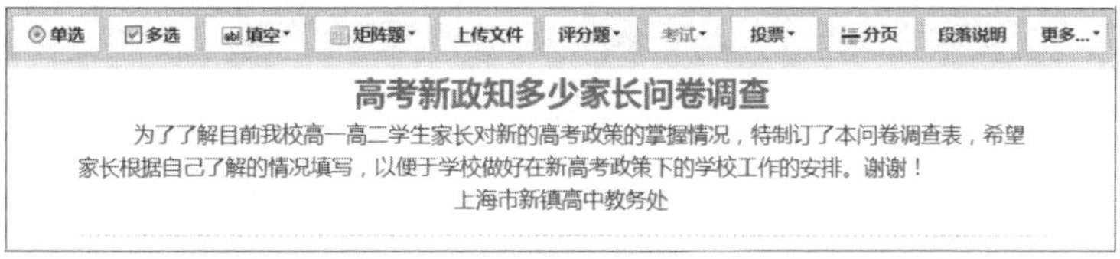

图 7-35

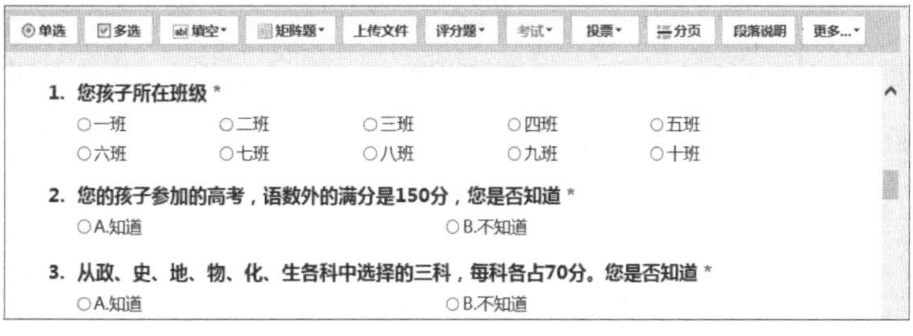

图 7-36

（3）投票题的设置。以投票多选题为例,点击投票菜单下的"投票多选",在"题目标题"中输入标题内容,在"选项文字"中输入各选项文字,在某一选项后面点击图片按钮添加该选项的图片,选中图片后面的钩,可以在图片下方显示选项文字,在下方还可以设置同时选中选项的数量,如图7-37所示。设置完后的卷面如图7-38所示。插入的图片一般都较小,要预先把要插入的图片设置成统一的格式。

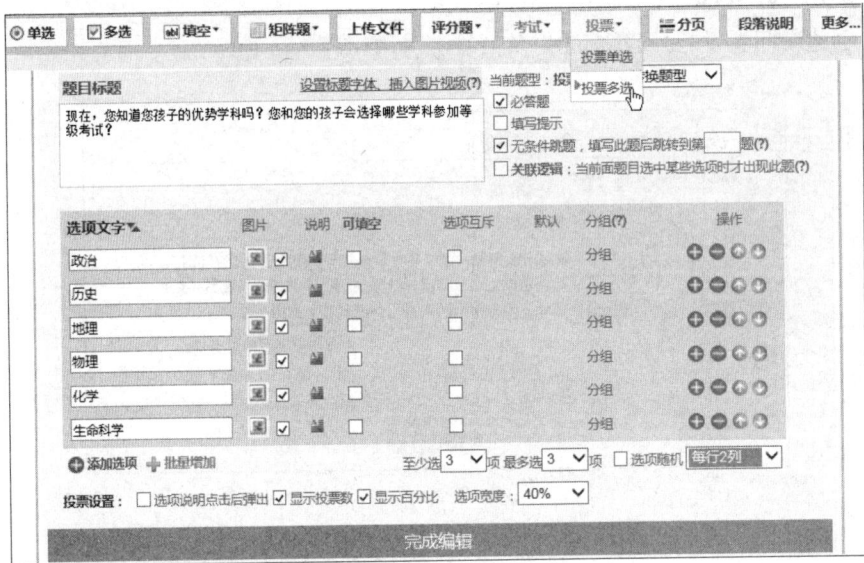

图 7-37

图 7-38

（4）多个预设好的项目可供选用。免费使用的问卷星功能强大,有多个预设项目可以选用,如性别、年龄段、日期、职业、省市区等,如图7-39所示。这些项目可以选用,同时还可以编辑修改。

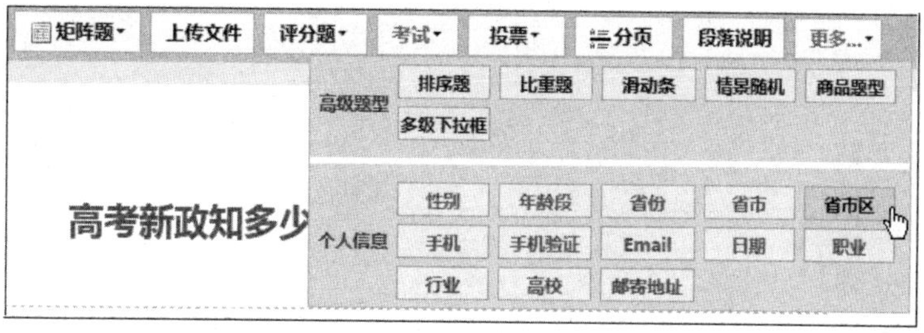

图 7 - 39

### 2 用微信管理问卷

利用手机中的微信,可以方便地管理、查看和与朋友分享问卷。在微信中关注"问卷星",在下方点击"我的问卷",然后进入"我的问卷",点击后即可看到自己的所有问卷,选中某一个问卷,在此可以"修改"问卷,点击"分享"可以把此问卷发布给微信朋友,点击"结果"可以查看问卷的统计结果,如图 7 - 40 所示。

图 7 - 40

# 第8章　用易企秀制作 H5 移动场景

我们经常在微信上看到很多用声音、图片制作的含有链接和动画的绚丽漂亮的画面，这被称作是 H5（H5 是第 5 代 HTML 的简称，所谓 HTML 是"超文本标记语言"的英文缩写。我们上网所看到的网页，多数都是由 HTML 写成的。H5 的设计目的是在移动设备上支持多媒体，并真正改变用户与文档的交互方式。由于微信后台对 H5 的无缝链接，H5 具有无需下载、即点即用的属性，所以它的发展突飞猛进）移动场景。易企秀是一款优秀的 H5 移动场景页面制作工具。

什么是易企秀？官方称它是 H5 移动场景营销专家，我们可以称它为互联网的 PowerPoint。它和 PowerPoint 一样，可以添加图片、文字，能够设计动画样式、添加效果，还可以添加你喜欢的音乐。你无需掌握复杂的编程技术，就能简单、轻松地制作基于 H5 的精美手机幻灯片页面。它本来是一款针对移动互联网营销的手机网页制作工具，我们也可以把它用在教育教学中，让学生通过扫描二维码，在聆听优美音乐的同时像看 PowerPoint 一样观看场景动画，我们也可以用它给学生推送学习材料。它将原本只能在 PC 端上制作和展示的各类复杂的方案转移到更为便捷的手机上，可以让人随时随地根据自己的需要在 PC 端、手机端进行制作和展示。它既可以在电脑上登录网站后制作，也可以下载客户端后在手机上制作，由于手机界面较小、操作不便，所以我们常常在电脑上制作，发布后在手机上直接观看。此外，在电脑上对场景进行修改后再发布，朋友们在微信上不需要重新扫描，再次打开后会自动更新。

（微信扫一扫）

## 8.01　注册登录

**1　注册**

登录易企秀官网(最好用谷歌浏览器)http://eqxiu.com,在右上角点击"注册"后,既可以用手机号作为登录名进行注册,也可以通过邮箱注册,还可以点击"使用微信注册"(或"使用QQ注册"),直接用微信扫描二维码进行登录,如图8-1所示。

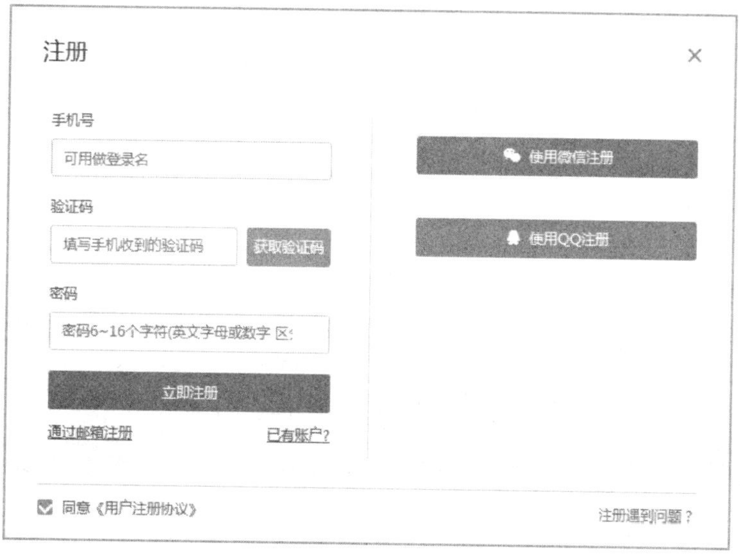

图8-1

**2　登录**

(1)注册后,可以用自己注册的账号进行登录。在此仍然可以用微信或者QQ号登录,如图8-2所示。

(2)登录后,由于没有创建任何场景,所以下方的区域"暂无场景",如图8-3所示。

## 8.02　创建场景

**1　进入"场景样例"界面**

在图8-3中,点击下方的"创建场景",或者把鼠标放在右上角的有加号的红圆圈上,出现"点击开始创建",点击后,出现"场景样例"界面。上方有"行业"、"个人"、"节假"等分类的模板。在此可以利用样例(即模板)方便地创建场景,然后在原来的模板基础上修改即可,也可以点击右上角的红色按钮或左边的空白区域来"创建一个空白场景",如图8-4所示。

图 8 - 2

图 8 - 3

图 8 - 4

## 2 选择分类

在"新建场景"界面,在分类中选择一个类别,这样便于今后对场景进行管理,如,选择"个人",然后点击"创建",如图8-5所示。

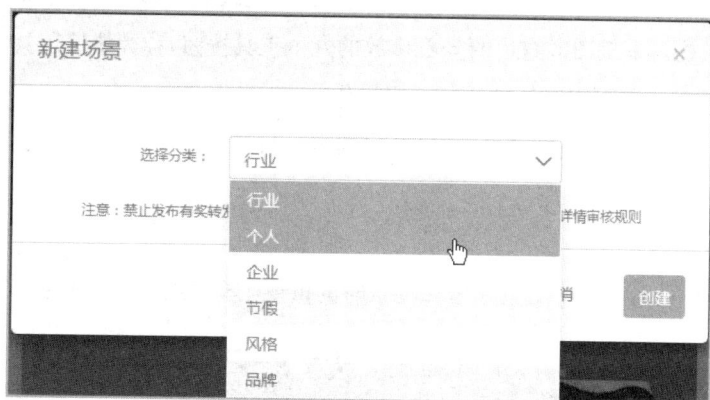

图8-5

## 8.03 编辑场景

### 1 认识编辑界面

场景的编辑界面可以分为四个区域,如图8-6所示。

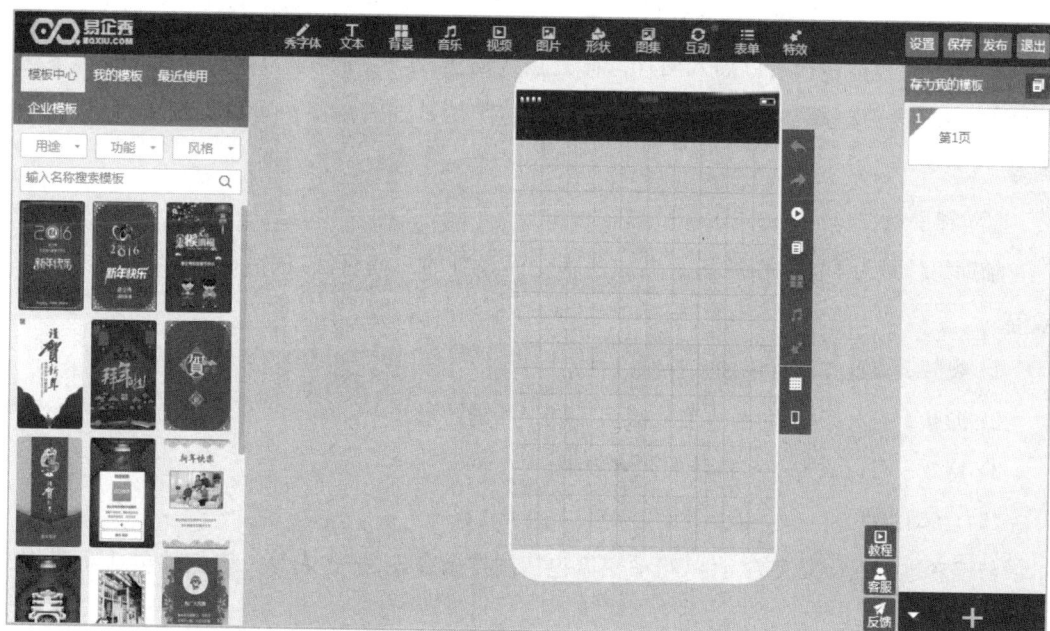

图8-6

（1）模板区。左边是模板区,提供各种可供选择的单页模板。

（2）组件功能区。上方的区域为组件功能区,提供各种编辑场景的组件工具。

（3）编辑及预览区。

1）中间的区域为编辑及预览区,可利用组件工具在此区域编辑和预览场景。

2）快捷工具栏。手机图形右边的竖着排放的九个工具按钮,称为快捷工具栏,在编辑的过程中,点击这些快捷工具可以方便地进行编辑操作。

（4）页面管理区。最右边的是页面管理区(即页面目录),在此可以添加页面、删除页面、进入页面等,以此对页面进行管理。

2  组件工具简介

组件功能区中的各种组件工具是编辑场景时的重要工具,如图 8-7 所示。

图 8-7

这些组件工具根据作用和功能可以分为三类:

（1）基本组件

制作场景时最基本的配置,包括文本、背景、音乐、图片等。

1）文本。点此按钮可以插入文字信息。

2）背景。点此按钮可以插入背景图片。

3）音乐。点此按钮可以插入背景音乐。

4）图片。点此按钮可以插入图片。此处插入的图片与背景图片不同,背景图片不能进行调整大小、设置动画等编辑,而通过上面的“图片”工具插入的图片可以调整大小、设置动画等。

（2）辅助组件

辅助组件是为了让制作的场景更加艺术化而设置的一些组件,包括视频、形状、图集、特效等。

1）视频。点此按钮可以插入视频文件。

2）形状。打开形状库,可以看到很多不同形状的图形。

3）特效。可以添加一些特殊的艺术效果。

（3）互动组件

与读者进行互动交流的组件,互动交流包括制作调查表、报名表等。该组件包括互动、表单等。

1）互动。可以添加链接、电话以及地图等。

2）表单。可以添加填空题、单选题和多选题并进行评分。

3　场景的编辑

（1）插入背景图片

1）在素材库中找图片

点击上方工具组件中的"背景"，可以进入图片素材库界面，在图片素材库中有众多的图片，点击左下角的"添加分组"，可以在左边添加一个图片组，便于对图片进行管理。点击左下角的"上传"，可以把电脑中的图片上传到"我的图片"组中（一次可以上传六张），如图8-8所示。图片库的图片不可以删除，其他如"我的图片"、"最近使用"等组中的图片，可以通过右上方的"管理"选项（在图片库选项卡中不显示）来删除不需要的图片。在素材库中选择一个图片后，点击下方的"确定"即可。

图 8-8

2）裁剪图片

直接插入的图片要进行裁剪时，可以用鼠标移动虚线框调整裁剪的区域，如图8-9所示，也可以把将要使用的图片提前裁剪好，一般图片（或照片）的大小在3 M以下，规格为1008 * 640。可以通过图形编辑软件进行批量裁剪。

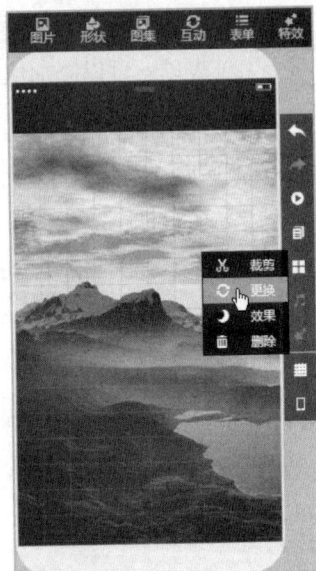

图 8-9                                                图 8-10

3）编辑背景图

添加了背景图片后，点击手机图形右边的快捷工具中的"背景"按钮，可以继续"裁剪"、"删除"图片或"更换"图片，如图 8-10 所示。也可以通过再次添加背景图片以更换背景图。

（2）添加音乐

点击图 8-6 上方的"音乐"工具按钮，即可得到"音乐素材库"。试听后选择（右上方出现"已选择：……"字样才表示选中）喜欢的音乐，将选中的音乐添加到场景中。如图 8-11 所示。也可以点击左下角的"上传"，添加自己电脑中的声音文件。添加到场景中的声音文件会自动全程播放。

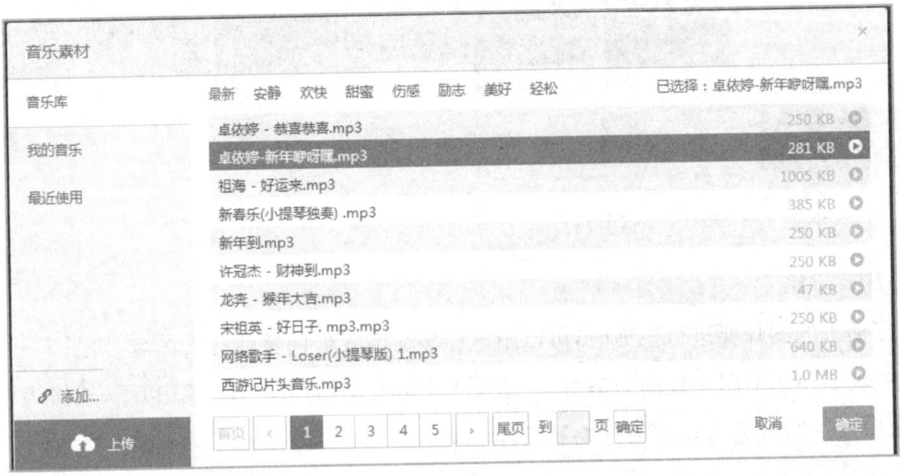

图 8-11

（3）插入图片

点击图 8-6 上方的"图片"，在图 8-8 所示的图片库中，选择需要插入的图片，图片插入后如图 8-12 所示。如果要调整图片的大小，则鼠标应放置在某一个角上，拉动鼠标改变其大小。

图 8-12

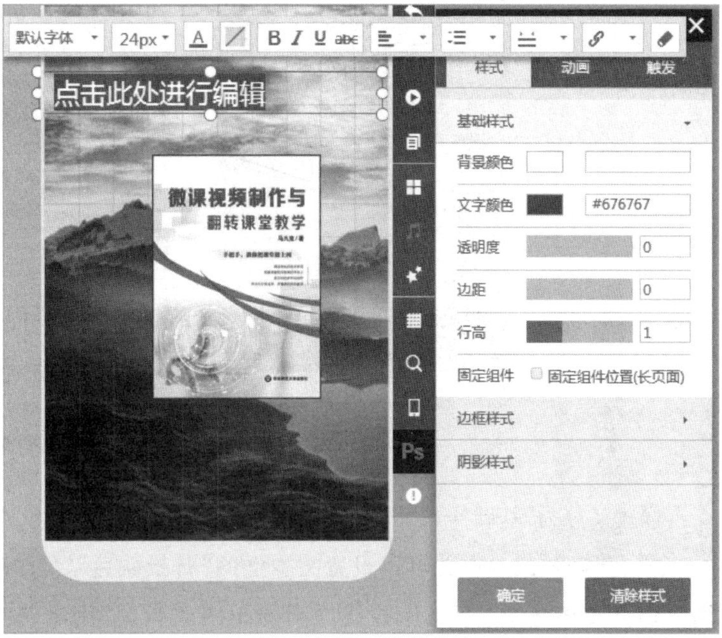

图 8-13

（4）添加文字

1）文字格式设置

点击图 8-6 上方的"文本"工具，在编辑界面上会出现文本编辑框和文本编辑工具，如图 8-13 所示。上方的工具条可以设置文字的大小、颜色、底纹以及对齐等。

2）调出编辑工具

如果文本编辑工具条没有出现，可以双击文字，或者在文本框中右击鼠标，点击"编辑"，如图 8-14 所示，这样就可以调出文本编辑工具及其他工具。最下方带有箭头的工具，是用来对多个对象（文本框、图片都称为对象）进行层次（即上层或下层）设置的。

（5）组件的设置

在组件设置对话框中，有三个选项卡，分别是样式、动画、触发，如图 8-15 所示。这三项的设置与 PowerPoint 中的设置类似。

1）样式的设置

图 8 - 14

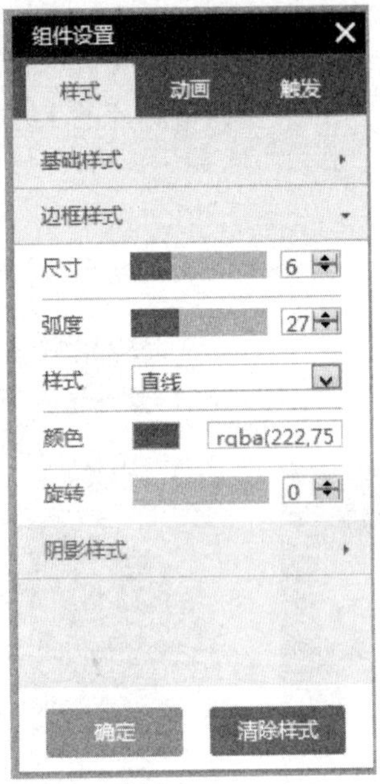

图 8 - 15

样式又分为"基础样式"、"边框样式"和"阴影样式",这一设置适用于文本框和图片。

A 基础样式。在此可以设置文本框的"背景颜色"、"文字颜色"和"透明度"。"边距"用于调整文字与文本框的上边线之间的距离,"行高"用于调整文字的行间距,如图 8 - 13 所示。

B 边框样式。边框样式中的"尺寸"用于设置边框的粗细,"弧度"用于设置边框四角的圆弧度,"样式"是指边框的样式,"旋转"是指设置对象的旋转角度,如图 8 - 15 所示。用鼠标在数据条上拖动可以方便地改变其数值。

C 阴影样式。在此可以设置边框阴影的大小、模糊程度以及颜色和阴影的方向。

2) 动画的设置

在此可以设置文本框和图片的动画效果。动画分为三项:"进入"、"强调"和"退出"。与 PowerPoint 的动画效果很相似。

A 添加动画。选中对象后,在"动画"选项卡中点击"添加动画",在"方向"中选择一种动画的效果,如图 8 - 16 所示。

B 设置动画效果。选择一种动画效果后,在"方向"中选择动画的方向,在"时间"中设置动画完成的时间,还可以设置动画"延迟"时间和重复的"次数",如图 8 - 17 所示。时间的长短可以通过鼠标在时间轴上的拖动来改变。

C 设置多个动画。一个对象可以设置多个动画,如图片先"进入",然后"强调",再"退

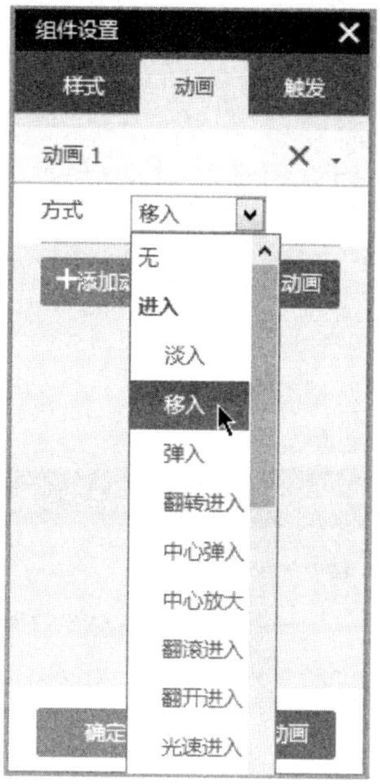

图 8-16 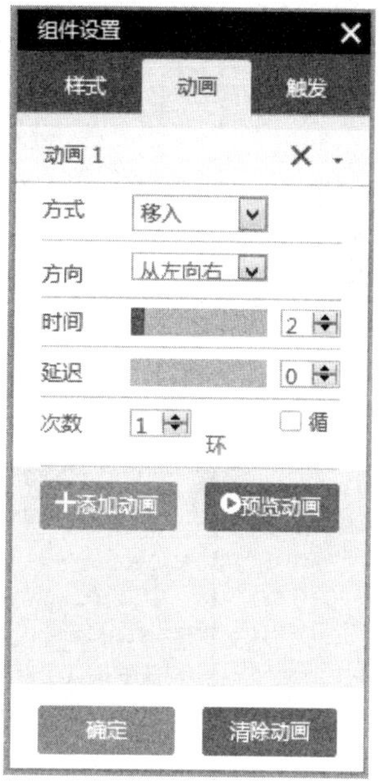             图 8-17

出"。当设置完一个动画后,再次点击"添加动画",继续添加第二个动画和第三个动画。

3)触发效果。在此可以设置对象动画的触发器效果。即让一个对象触发另一个对象。

（6）页面管理

1）添加页面

在右边的页面管理区域,点击下方的加号,可以添加一个新的页面,也可以点击右上角的"复制当前页"按钮,把当前页复制后进行修改、编辑。如果想保存本页面并将其作为模板供以后使用,可以点击左上角的"存为企业模板",选择"我的模板",即可保存为模板。如图 8-18 所示。保存的模板可以在编辑界面左边的"我的模板"中找到。

2）添加长页面

添加长页面后,在该页面上可以添加更多的内容,如给学生发送文本格式的学习资料等。添加方法是在图 8-18 中点击左下方的倒三角形按钮,选择"新建纵向长页面",然后在"选择页面长度"界面选择页面的长度即可,如图 8-19 所示。

4  设置场景

（1）常用设置

在图 8-18 的左上角点击"设置"（再次点击"设置"可回到编辑状态）,进入场景设置界面,在"常用设置"选项卡中,可以更换封面图片、添加场景的"标题"、设置"场景类型",也可以在此"添加音乐",如图 8-20 所示。

图 8-19

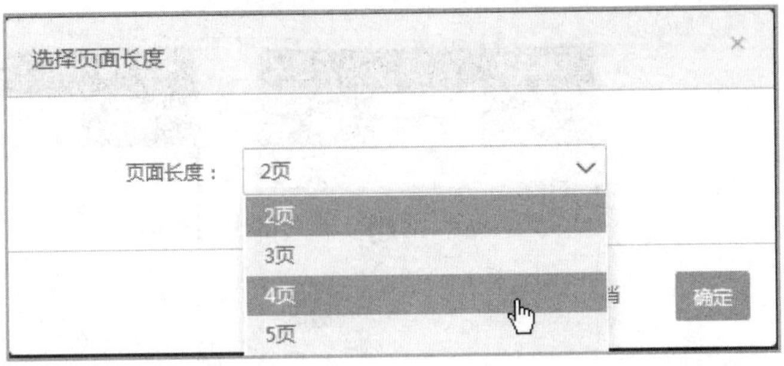

图 8-18

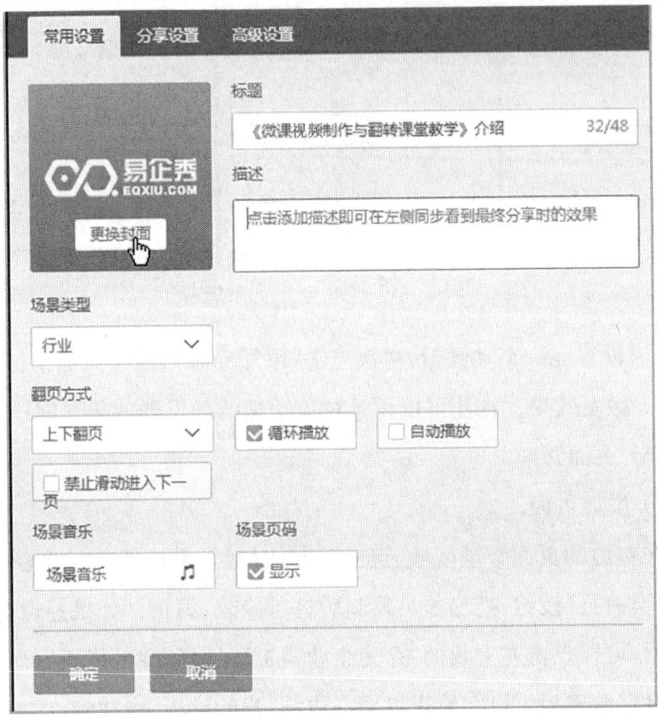

图 8-20

（2）更换封面

标题和封面内容都会在最后一页中显示，所以要选择一个自己喜欢的且与内容相符的封面。点击"更换封面"，选中上传的图片，图片要裁剪成正方形，如图 8-21 所示。也可以提前把图片裁剪成正方形。

（3）分享设置

在此可以设置在微信中分享时是否显示"我是第×位分享的人"，框中的文字可以更改，如图 8-22 所示。

（4）高级设置

图 8 - 21

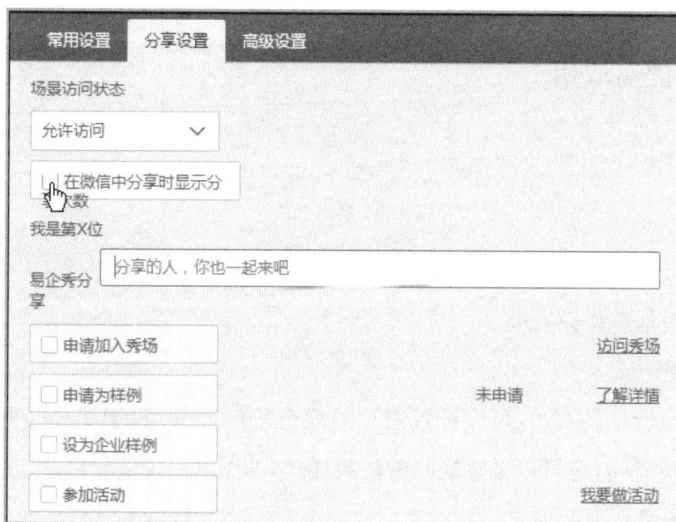

图 8 - 22

在"高级设置"中,默认选中"技术支持尾页",生成的场景自动出现最后一页,默认该页面的背景是空白的,但可以更换背景,如图 8 - 23 所示。该页只显示标题文字和图标。如果选择"技术支持底标",则不会显示自动添加的最后尾页。

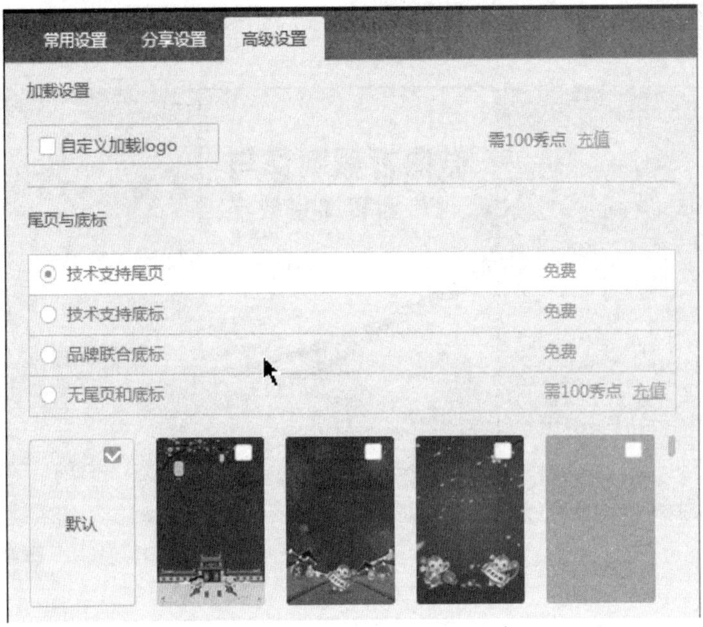

图 8 - 23

## 8.04  提高应用

1　插入图集

（1）选择图片

在如图 8-7 所示的组件工具条上，点击"图集"，选择若干图片（最多六个图片）后，得到如图 8-24 所示的图集组件设置框。

（2）设置图集

在图集组件设置框的右边，可以设置图片的裁剪比例，光标置于切换时间条上，通过拖动鼠标可以改变切换时间，还可以设置动画的切换样式，如图 8-24 所示。

（3）调整和预览

设置好图集后，可以调整图片的大小，虽然只看到一个图形，但当点击右边的"刷新预览"按钮时，可以看到图集中的图片按照设置好的动画形式播放，如图 8-25 所示。

2　插入视频

（1）插入视频

这里插入的视频，不是自己电脑中的视频，而是优酷、土豆、腾讯网站上的视频。如果想插入自己电脑中的视频文件，必须先把视频文件上传到这些网站。上传视频文件的方法，参见第

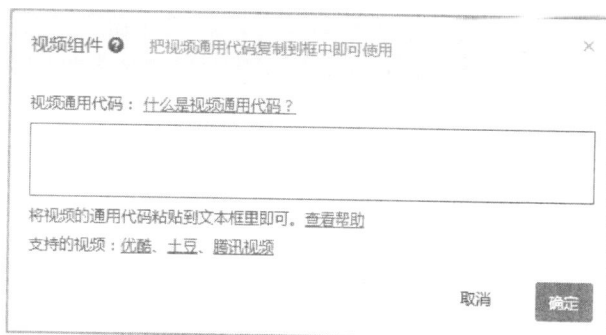

图 8 - 24

图 8 - 25

图 8 - 26

2 章内容。

在互动组件中点击"视频",如图 8 - 26 所示。可以进入插入视频的操作页面。这里要求在中间框中填写视频通用代码。

（2）通用代码

1）查找通用代码

目前支持的视频为优酷、土豆和腾讯的视频。以优酷网为例，在优酷网中打开需要的网上视频或自己上传的视频，可以看到画面的下方有"分享给好友"下拉菜单，如图 8 - 27 所示。

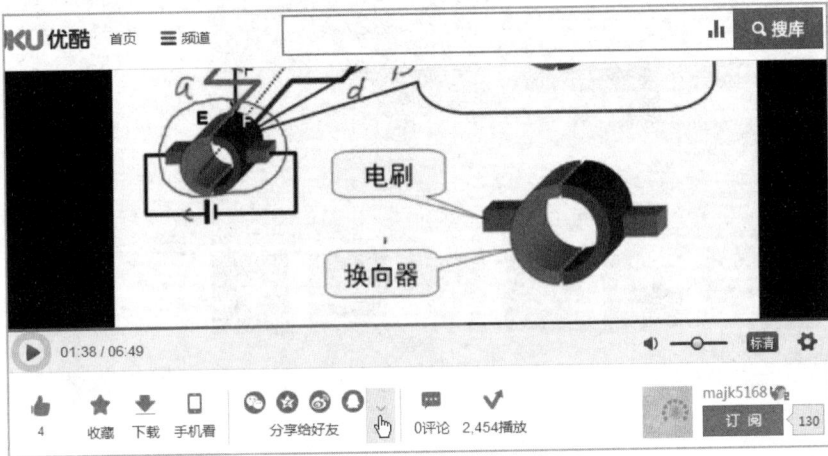

图 8 - 27

2）复制通用代码

点击"分享给好友"的下拉菜单后，复制"通用代码"（复制时也可以先全选，然后按下 Ctrl＋C），如图 8 - 28 所示。然后粘贴到图 8 - 26 的方框中。

图 8 - 28

### 3　插入互动组件

点击组件工具中的"互动"，可以插入各种互动项目。

（1）插入"链接"

1）在互动组件中点击"链接"，如图8-29所示，可以进入插入链接的设置界面。

图8-29

2）设置链接。在"点我购买"、"点开链接"等选项中，选择一种文本框的显示格式，在"按钮名称"中可以修改名称。另外，把网址复制到"网站地址"中，如图8-30所示。还可以点击下面的"场景页面"，设置不同页面的调换。

图8-30

3）页面操作。将"链接"图标插入页面后，双击图标文本框可以重新进入编辑状态，或者右击鼠标，选择"编辑"、"动画"等选项，如图8-31所示。

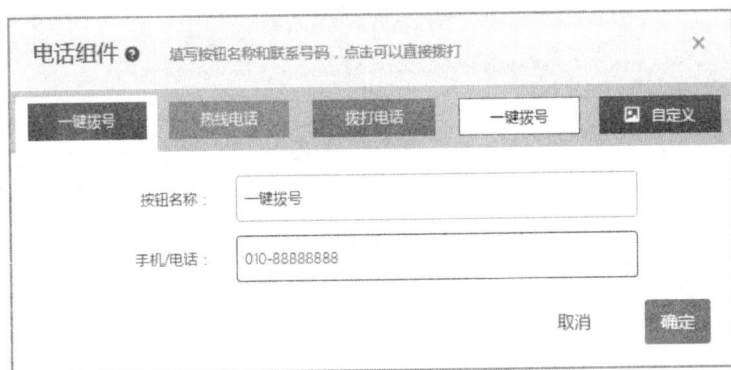

图 8-31

（2）插入"电话"

在图8-29中点击"电话"，得到"电话组件"设置界面，在此选择一个按钮名称的样式，修改"按钮名称"，输入电话号码，如图8-32所示。

图 8-32

（3）插入地图

1）在图8-29中点击地图，然后在地图中搜索需要查找的地址，如图8-33所示。点击"确定"。

2）调整地图大小。地图插入后用鼠标拉动，调整地图的大小，如图8-34所示。

4　表单的应用

利用表单中的工具，可以添加报名表、选择题等，并且可以对提交的数据进行统计。

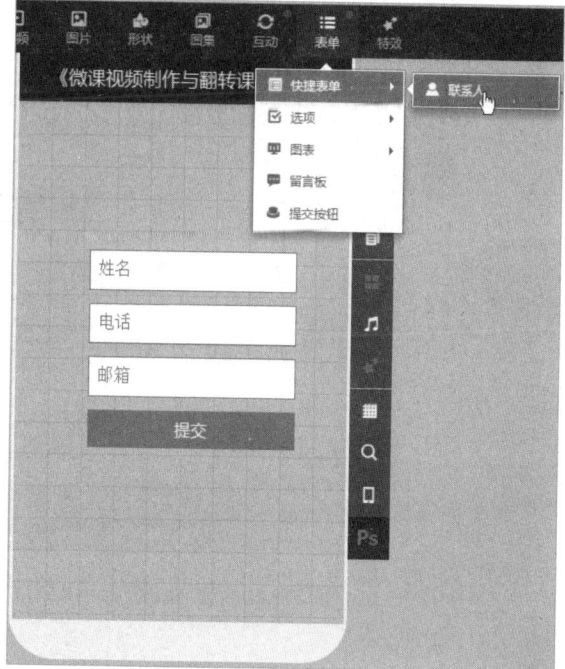

图 8 - 33

图 8 - 34

图 8 - 35

（1）报名表

1）插入报名表。在图8-7的组件工具条中，点击"表单"，在"快捷表单"中点击"联系人"，即可插入包含"电话"、"手机"、"邮箱"、"提交"等四个项目的报名表组件，如图8-35所示。

2）修改输入框组件。在图8-35中输入的快捷表单，虽然包含四个项目，但是是两种类型，前三个都是"输入框组件"，"提交"是提交按钮。在图8-35中的三个输入框组件中，鼠标右键单击，选择"编辑"，进入"输入框组件"编辑界面，如图8-36所示。在此可以选择输入框的样式，修改"输入框名称"。

图8-36

3）修改提交按钮。在图8-35中的"提交"按钮上单击鼠标右键，选择"编辑"，进入按钮编辑界面，如图8-37所示。在此可以设置提交按钮的样式，修改"按钮名称"以及提示的文字等。

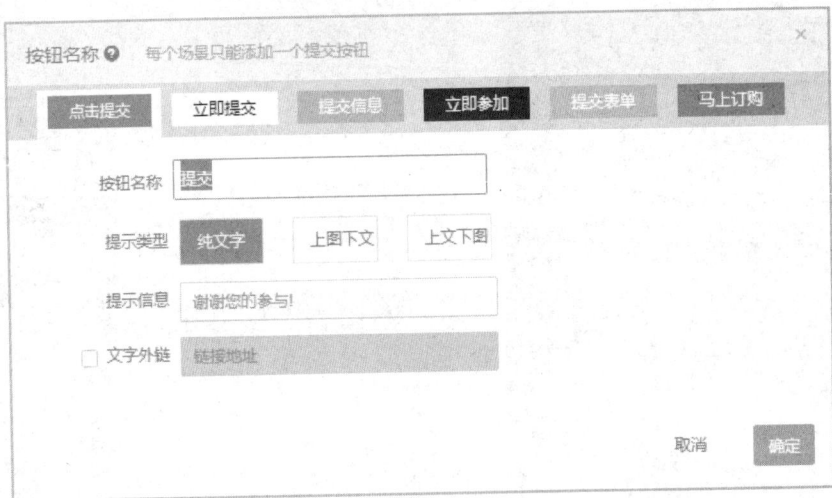

图8-37

4）利用模板创建报名表。在场景编辑主界面的左边，有大量的单页模板，可以选择某一个表单模板，如图8-38所示。进行修改后便可方便快捷地创建报名表页面。

图 8 - 38

图 8 - 39

（2）选择题

1）利用表单插入选择题。利用表单中的选项，可以插入单选题或者多选题，如图 8 - 39 所示。这里的"选项"中的"输入框"工具也就是图 8 - 35 的报名表中的"姓名"、"手机"、"邮箱"等项目的工具按钮，图 8 - 35 只是把三个输入框组合在一起形成了一个模块。

2）设置单选题组件。在单选题组件设置框中，可以选择选择题的边框样式，输入标题内容和选项内容，还可以添加更多选项，如图 8 - 40 所示。

3）利用模板创建选择题。在左边的单个模板中选择"表单"模板，找到单选题或多选题模板，如图 8 - 41 所示。在添加的选择题上右击鼠标，选择"编辑"，可以修改选择题的内容。

5　数据统计

当"表单"中的项目涉及到报名、选择题等数据时，需要统计和下载数据。发布的场景也需要统计阅读的人数及其他数据。鼠标置于主界面的某个场景上，然后点击"详情"，如图 8 - 42 所示，可以进入统计的界面。

（1）数据汇总

点击"数据汇总"，进入后可以看到相关的数据，在右边点击"导出 excel"，可以把这些数据导出为 Excel 文本，如图 8 - 43 所示。

（2）效果统计

点击"效果统计"，在"访问统计"中，可以统计发布出去的场景每天被访问的次数以及数据的收集情况，如图 8 - 44 所示。还可以点击其它项目，看到更多的统计结果。

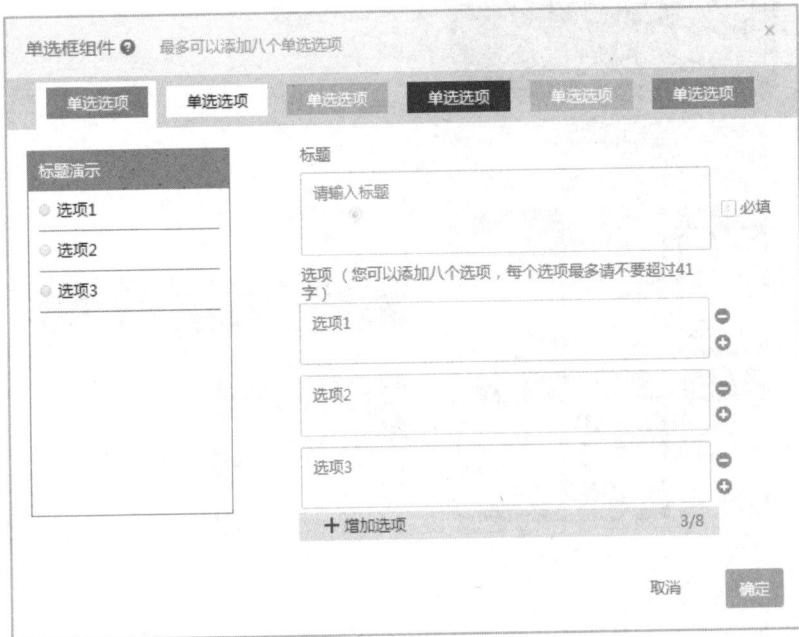

图 8 - 40

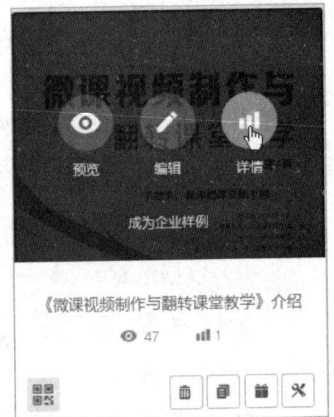

图 8 - 41

图 8 - 42

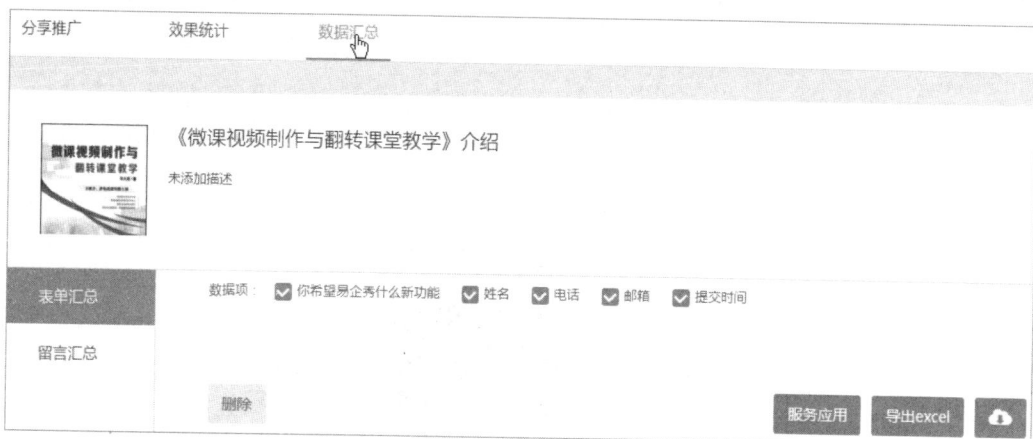

图 8 - 43

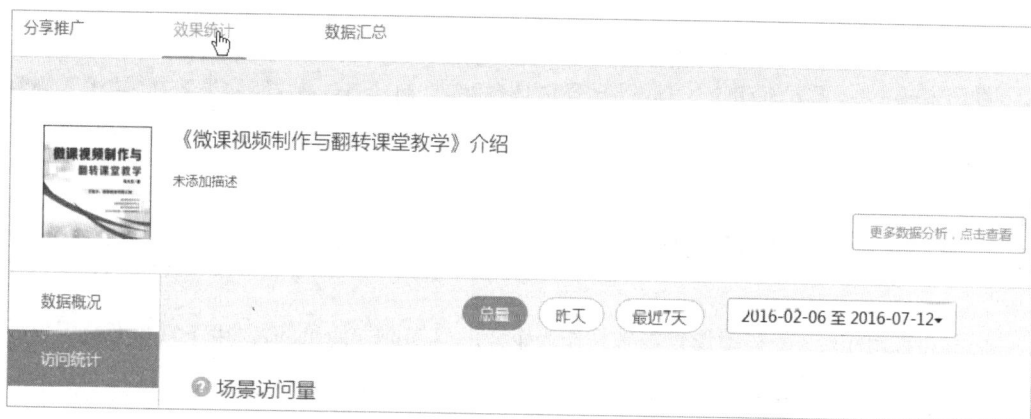

图 8 - 44

## ⟳ 8.05 发布场景

在图 8-18 中,点击上方的"保存",再点击"发布",或直接在图 8-43 中点击"分享推广"进入如图 8-45 所示的界面。

1 发布场景

扫描图中的二维码,可以直接在手机微信上观看场景,或下载二维码,将二维码发布出去,让朋友扫描后即可打开场景。或者复制下方的链接,发布出去,可以在电脑上打开场景。

2 预览场景

点击"预览场景",可以在电脑上预览场景,点击"编辑场景",重新回到编辑状态,点击"设

图 8-45

置场景",重新回到场景的设置状态。

3 发送可编辑的场景

在图 8-42 中,下方有四个工具按钮,分别是删除、复制、转送、设置,如果选择"转送",则将该场景转送给了朋友,因此转送前要先复制该场景,然后把复制的场景转送出去。

## 8.06 教学中的使用案例

用易企秀制作的 H5 移动场景本来是作为企业的营销广告使用的,但由于它与微信后台的无缝链接以及它即点即用的属性,可以把教学内容快捷方便地呈现在微信上。

1 将 PowerPoint 插入场景中

(1) 将 PowerPoint 保存为图片

先把 PowerPoint 课件保存为图片,保存方法是把 PowerPoint 文档另存为其他格式,如图 8-46 所示。选择 jpg 的图片格式并全部保存,这样就会出现一个保存该图片的文件夹,每个图片的大小一般为 100 K 左右。

(2) 插入图片

1) 制作封面。添加背景,输入文字并设置格式,插入图片并调整大小,再分别设置动画。如图 8-47 所示。

2) 插入幻灯片图片。若幻灯片大小是 4∶3 格式,一页场景中可以插入两张幻灯片图片。为了保证两张图片大小一致,可以将第一张幻灯片复制,然后拉动鼠标选中两个图片,自动出现"对齐"的按钮工具栏,如图 8-48 所示。利用对齐工具可以方便地对齐选中的图片。

图 8-46

图 8-47

图 8-48

3）更换图片。选中下面的图片，单击鼠标右键，选择"编辑"，在素材库中选择图片并点击"确定"后，即更换了图片，如图 8-49 所示。

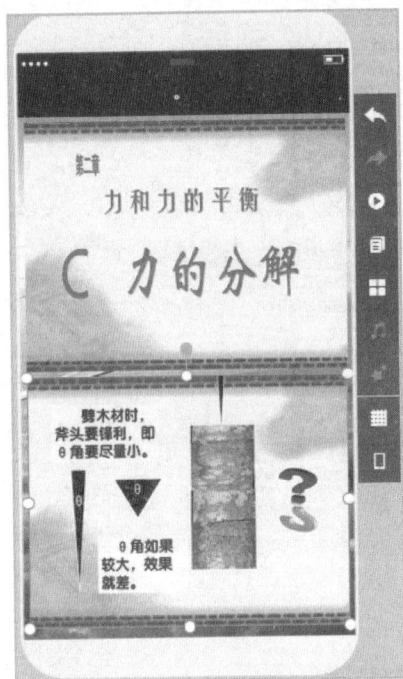

图 8-49

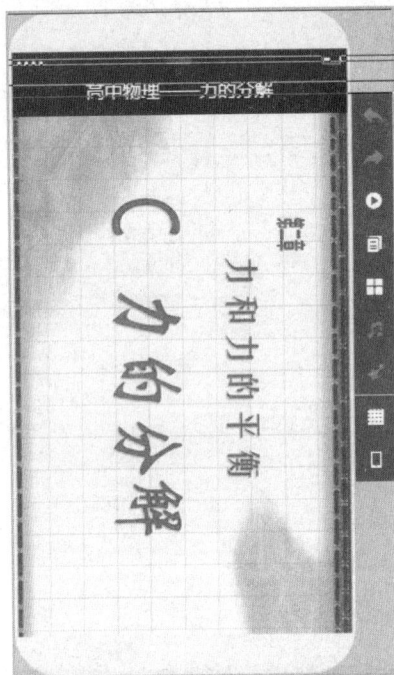

图 8-50

（3）宽屏幻灯片

对于 16：9 的宽屏幻灯片，可以作为背景图插入，一页只显示一张幻灯片图片。首先把幻灯片保存为图片，然后利用图片软件（如 ACDSee 软件），批量、快速地把所有图片向右转 90°，然后把这些图片作为背景图插入场景中，如图 8-50 所示。打开微信时建议横屏浏览。

由于这是利用插入图片的方法显示幻灯片的，所以不能显示原来 PowerPoint 课件中的动画效果。

2　将 Word 文档复制到页面中

对于一些文字的学习材料，可以把文字直接复制过去，字号为 20 px 时，一般一页最多有 250 个字左右，可以插入纵向长页面，如图 8-51 所示。这样可以在一页上添加更多的内容，便于学习、浏览。

3　插入优酷网上的视频

把录制的微课程视频上传到优酷网上，再复制该视频的"通用代码"，可以把视频插入到场景中，如图 8-52 所示。

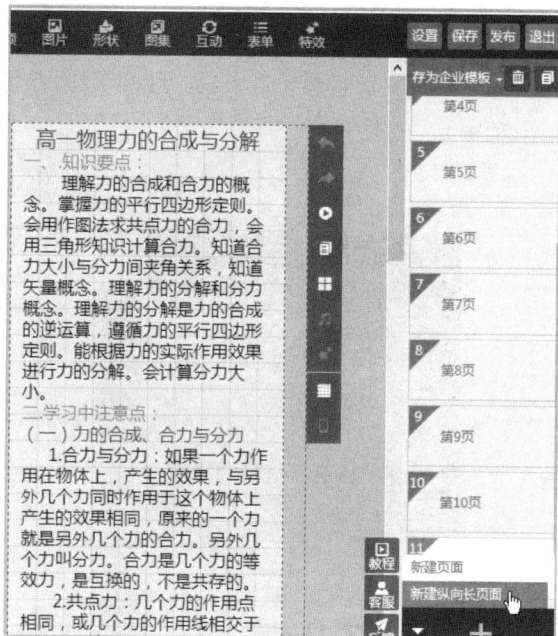

图 8-51

图 8-52

**4　链接问卷星做试卷**

在问卷星上可以制作网络试卷(参见第 7 章的"7.01 网络测试卷的制作"),通过组件工具中互动链接的功能,将问卷星中的试卷链接到场景中,也可以下载问卷星中试卷的二维码并作为图片插入到场景页面中,如图 8－53 所示。

图 8－53

扫描图 8－54 的二维码可以观看本案例场景。

图 8－54

(微信扫一扫)

# 第9章 公共网络资源的利用

要进行翻转课堂教学,除了有高质量的微课视频以外,还需要有网络平台放置微课视频,并对课程进行管理,对学生的学习进行监控,学生学习中有了问题能够及时反馈,学生之间,学生与教师之间可以互动交流,并通过网络平台及时检测学生学习的效果。但是目前大多数学校仍然不具备使用网络平台的条件,而教师自己又想进行翻转课堂的教学实践,怎么办? 可以把自己录制的微课视频放在公共视频网站上(优酷等网站),让学生自己下载或在线观看。下面介绍把微课视频放在优酷网络上供学生使用的方法。

## 9.01 优酷客户端

### 1 下载客户端

电脑上打开优酷网站(http://www.youku.com),在右上角点击"PC客户端",就会出现一个"新建下载任务"对话框,在此点击"浏览",选择保存文件的位置,如图9-1所示。点击"下载"即可。

图 9-1

也可以在百度中输入"优酷客户端",搜索后下载即可。

2　安装客户端

打开下载的文件,进行安装,如图9-2所示。点击"立即安装"即可,如果点击"自定义安装",则可以更改安装的路径。安装后在桌面上得到优酷客户端的快捷方式。

图9-2

## 9.02　上传微课视频

1　认识客户端界面

打开客户端,界面如图9-3所示。可以点击右上角的菜单进行相关的"设置"以及"检查更新"。

图9-3

2　上传视频文件

(1)在客户端的左下角点击"上传",然后点击上方的"已上传",就可以看到已经上传的视频文件,如图9-4所示。

图 9 - 4

（2）点击客户端上方的"新建上传"，选中一个或多个视频文件，然后点击"打开"，如图 9 - 5 所示。

（3）在得到的"新建上传"对话框的右上角，点击"继续添加"，可以继续添加上传的视频文件，一次最多可以上传 30 个微视频，如图 9 - 6 所示。

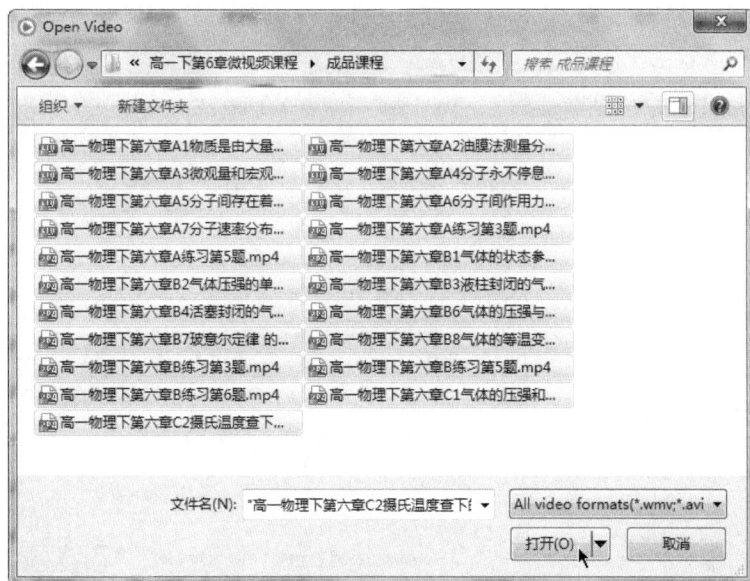

图 9 - 5

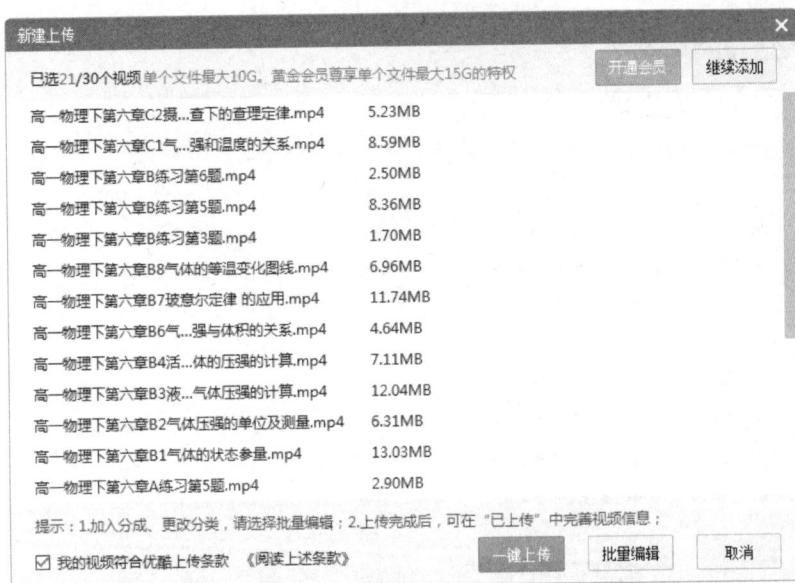

图 9-6

（4）点击图9-6右下角的"批量编辑"，进入视频文件的简介说明的编辑状态，可以在上方添加文件的标签，也可以在中间添加这个视频的简介说明，还可以在下方设置该文件是否公开，如果选择"设置密码"，还可以设置打开该视频文件的密码，如图9-7所示。可以分别就不同的视频文件设置简介说明。点击右下角"开始上传"，可以上传这些视频文件。点击"上传中"或"已上传"，可以看到"已发布"的文件或"转码中"的文件，如图9-8所示。

图 9-7

图 9-8

## 9.03　在博客上建立目录

### 1　在优酷中查找视频文件

（1）在图 9-8 中选中需要在网上查找的视频文件，在得到的"编辑视频"对话框中，选中视频文件的标题文字，并复制下来，如图 9-9 所示。当然在此处也可以继续编辑该视频的简介说明。

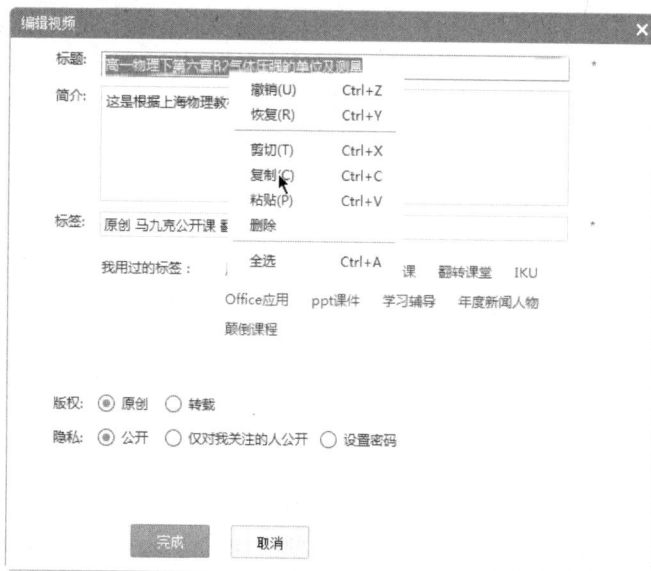

图 9-9

（2）打开优酷网站，把复制的视频文件名粘贴在优酷网页的搜索框中，然后搜索出该文件，如图 9-10 所示。打开、播放该视频文件，并把播放时上方的网址复制下来（与视频是否完整播放没有关系），如图 9-11 所示。

图 9-10

图 9-11

2　在博客上建立文件目录

（1）打开自己的博客（以网易博客为例），进入日志的编辑状态，输入日志的名称，光标在下方区域中准备插入视频链接的地方点击一下，再点击中间的"超链接"按钮，如图 9-12 所示。

（2）在打开的"超链接"对话框中，把前面的网址复制过来，并复制视频文件的名称，如图 9-13 所示。

（3）利用文字格式的编辑工具，可以设置文字的字号、颜色等，如图 9-14 所示。

（4）通过此方法可以将更多的微视频课程添加到博客上，并利用优酷网和博客建立自己的微课视频目录，如图 9-15 所示。点击某一个视频文件的链接，即可进入优酷网进行视频的播放。

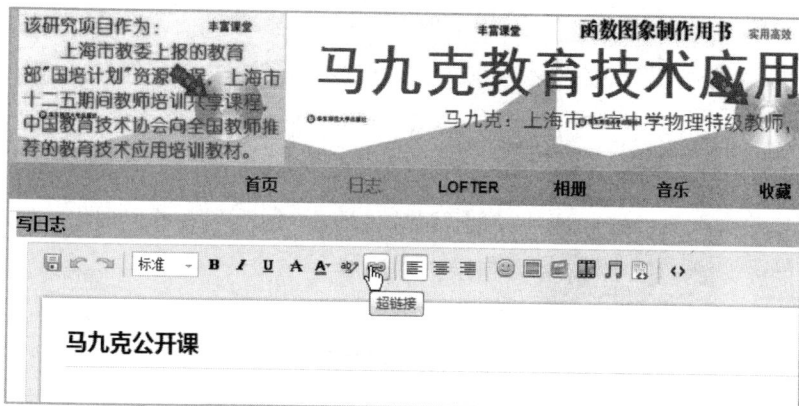

图 9 - 12

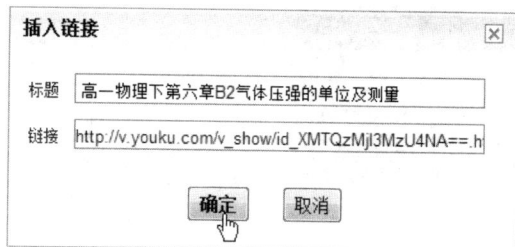

图 9 - 13

图 9 - 14

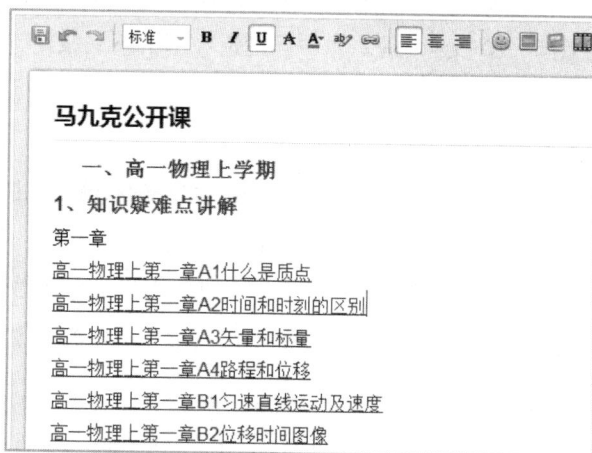

图 9 - 15

## 9.04　用手机播放微课视频

1　下载视频

（1）在手机（以苹果手机为例）上安装优酷软件后，点击打开，在弹出的优酷界面的上方点击用于搜索的放大镜按钮，如图9-16所示。

图9-16

图9-17

（2）在得到的搜索框中输入文件的名称，可以搜索到该视频文件，如图9-17所示。

（3）点击该视频文件，在小窗口的播放界面的中间靠右处点击加号按钮，可以把该视频添加到"我的收藏"中，如图9-18所示。若点击中间的箭头形的下载按钮，可以把该视频文件下载到手机中并保存在"我的缓存"中。

2　播放视频

（1）在主界面的右下角点击"我的"，然后点击上方的"我的收藏"，如图9-19所示，可以看到已经被收藏起来的文件。收藏的视频文件只能在线播放。

（2）在图9-19中点击"我的缓存"，可以打开在自己的手机中存储的视频文件，如图9-20所示。"我的缓存"中的文件可以离线播放。手机中可以缓存多个视频文件，学生可以随时随地地进行离线观看。

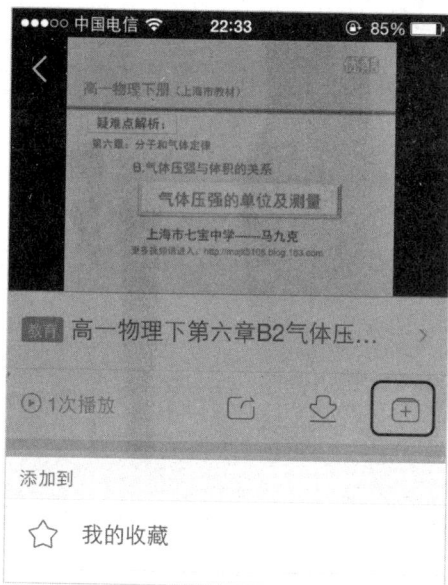

图 9 - 18

图 9 - 19

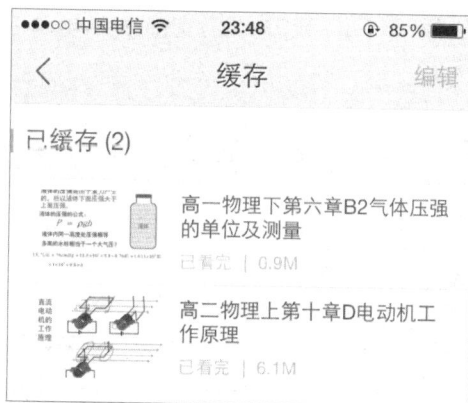

图 9 - 20

# 第 10 章　教学中常用的其他技能

![whirl icon] **10.01　手机屏幕在电脑上显示**

随着手机应用的范围越来越广泛,功能越来越强大,教学中常常需要通过手机上的画面来展示教学内容。我们可以把手机上的画面在电脑上显示出来,然后在屏幕上投影显示。

1　苹果手机与电脑的连接

（1）电脑界面

百度上搜索"苹果屏幕大师"并下载,无需安装,直接打开,电脑上出现如图 10-1 所示的苹果屏幕大师界面。

图 10-1

（2）手机界面

1）打开手机，用手指从下向上滑动，出现如图 10 - 2 所示的界面，然后点击右下方的"Airplay"键。

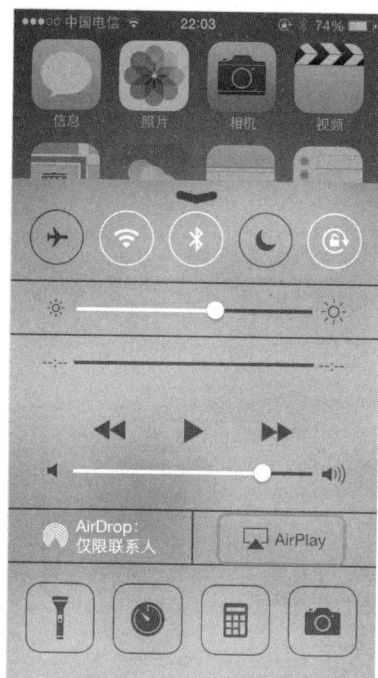

图 10 - 2

图 10 - 3

2）在手机上选择你的电脑"iTools［MAJIUKE］"，并打开镜像开关，如图 10 - 3 所示。

（3）使用苹果屏幕大师

1）手机屏幕立即显示在电脑上，点开左上角的录像开关，可以录制手机上的所有操作过程，如图 10 - 4 所示。

2）利用苹果屏幕大师，可以录制视频文件。手机打开一个网络视频，边看边录，很方便地把视频录制成 MP4 的常规视频文件，如图 10 - 5 所示。这样可以解决一些网络视频不能下载的问题，录制的视频清晰度几乎没有什么变化。

2  安卓手机与电脑的链接

在电脑上下载安装软件"应用宝"，并把手机与电脑用 USB 相连接。点击上方"我的手机"，然后点击左下方的"工具箱"，鼠标置于手机屏幕图标上，如图 10 - 6 所示。点击即可播放。还可以全屏播放。

图 10 - 4

图 10 - 5

图 10 - 6

## 10.02　百度云管家

百度云管家是一个不错的网络云盘,不仅可以把电脑中的文件上传到云端保存,可以下载后在自己的任意设备中使用,还可以把该文件的下载链接发送给朋友,供他人下载分享使用。还有个很好的功能,就是在电脑或手机中安装了百度云管家后,可以在线播放百度云中的视频文件,避免了看其他网站视频有广告的现象,且清晰流畅。

1　软件下载安装

(1) 软件的下载。百度中输入"百度云管家",如图 10-7 所示。下载后安装。

图 10-7

(2) 安装后,在自己的电脑中出现百度云管家图标,如图 10-8 所示。

图 10-8

(3) 注册并登录

1) 双击图标,点击"立即注册百度账号",如图 10-9 所示。

2) 可以用手机号注册,如图 10-10 所示。注册后登录。

2　文件的上传

(1) 打开软件的主界面,可以直接点击"上传文件",在自己电脑中找到文件后上传,或者右击鼠标,新建文件夹,如图 10-11 所示。

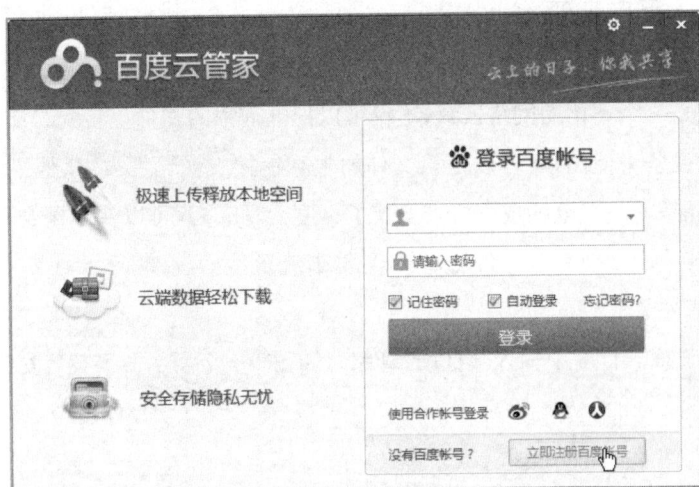

图 10 - 9

图 10 - 10

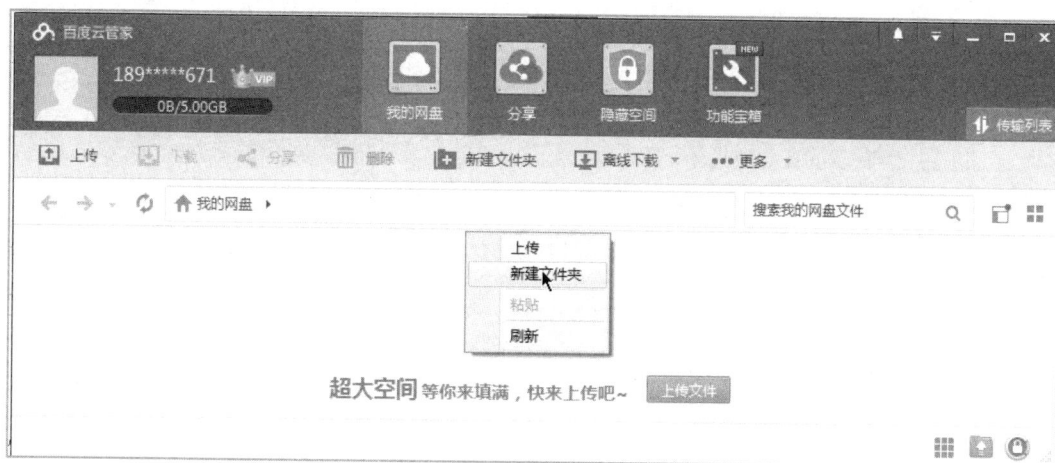

图 10 - 11

图 10 - 12

（2）文件上传后，在得到的全部文件中，可以看到所有上传的文件及建立的文件夹，如图 10 - 12 所示。可以在左边分别选择"图片"、"文档"、"视频"等类别进行分类查看。

3　文件的下载与分享

（1）文件的下载。选中某一文件，右击鼠标，点击下载，如图 10 - 13 所示。选择文件的存放路径后下载即可。如果点击"播放"，即可在线播放。

（2）文件的分享

1）所谓分享，即自己的文件让朋友下载和观看。在上图中点击"分享"，得到设置分享对话

图 10 - 13

框。在"公开分享"选项卡中,点击"创建公开链接",如图 10 - 14 所示。公开分享的文件会出现在自己的分享主页上,其他人都可以查看下载。

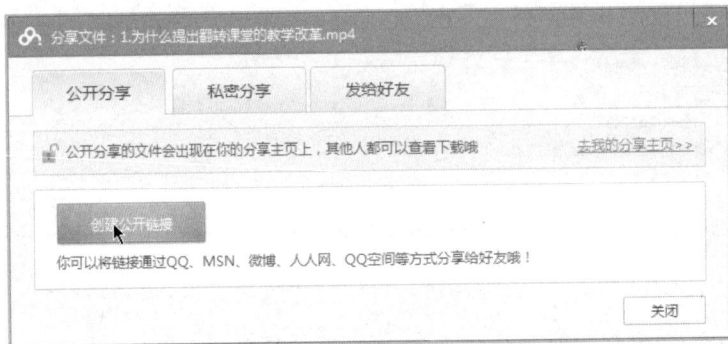

图 10 - 14

2)然后点击"复制链接",如图 10 - 15 所示。将链接的网址复制后发送给朋友。

3)私密分享。点击上面的"私密分享",可以得到链接和密码,如图 10 - 16 所示。然后发送链接和密码给朋友。

4)在线播放。朋友根据发送的链接网址和密码打开文件后可以在线播放,如图 10 - 17 所示。也可以点击右上方的"下载"按钮下载文件。

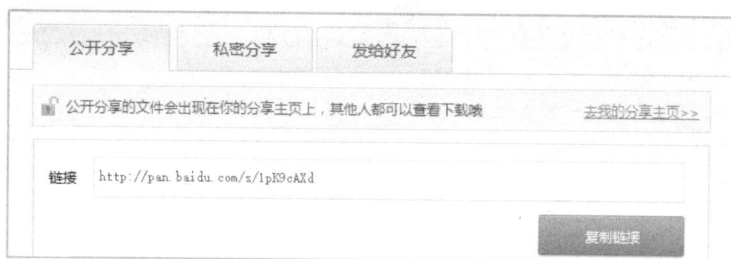

图 10 - 15

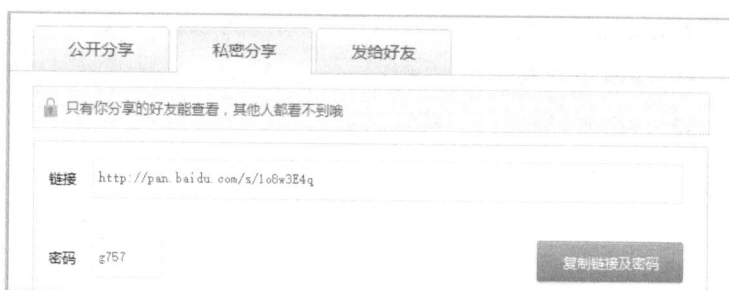

图 10 - 16

图 10 - 17

5）预览分享。在图 10 - 13 中点击左边的"我的分享"，可以看到所有分享的文件。带有小锁图标的是私密分享。鼠标置于某一个文件上，可以"取消分享"和继续"复制"网址，如图 10 - 18 所示。

4　网络上使用百度云管家

（1）进入网络百度云管家

1）电脑上没有安装百度云管家时，可以通过百度搜索"百度云网盘"并进入官网（http://pan. baidu. com），输入账号、密码登录即可，如图 10 - 19 所示。

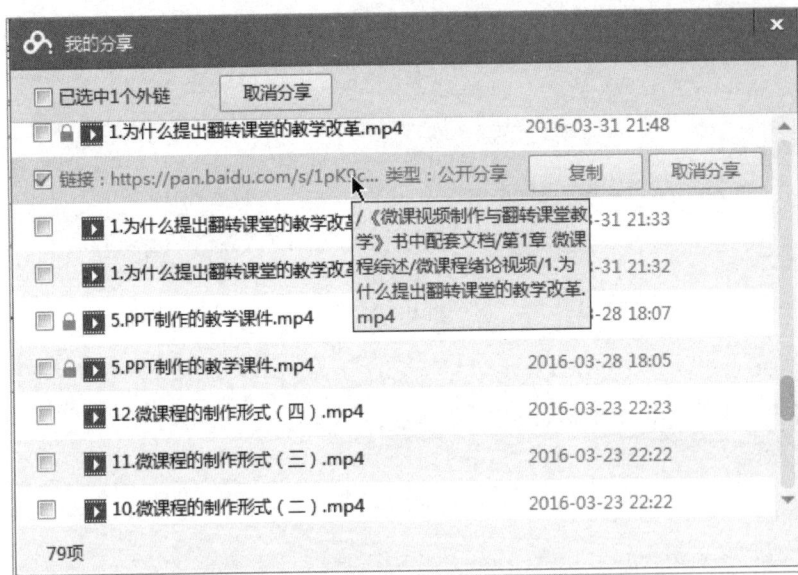

图 10 - 18

图 10 - 19

2) 也可以通过百度云管家客户端进入网络云盘。点击右上角的"设置"图标,如图 10 - 20 所示。在此点击"访问百度云网站"直接进入。

(2) 在网络上使用百度云管家

1) 网络百度云管家的界面与电脑客户端基本是一样的,如图 10 - 21 所示,只是左边多了个"回收站",点击"回收站",可以找到删除的文件,回收站不占用云盘空间,但是文件保存 10 天后将被自动清除。

2) 选中一个或多个文件,可以进行"下载"、"删除"、"分享"、"移动到"云盘的其他位置等操作,如图 10 - 22 所示。

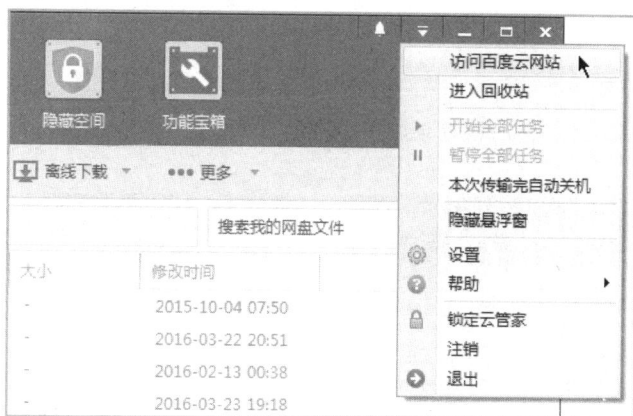

图 10-20

图 10-21

图 10-22

5 在手机上使用百度云管家

(1) 在手机上预览文件

1) 在手机上安装百度云管家,登录后可以看到如图 10 - 23 所示的界面。

图 10 - 23

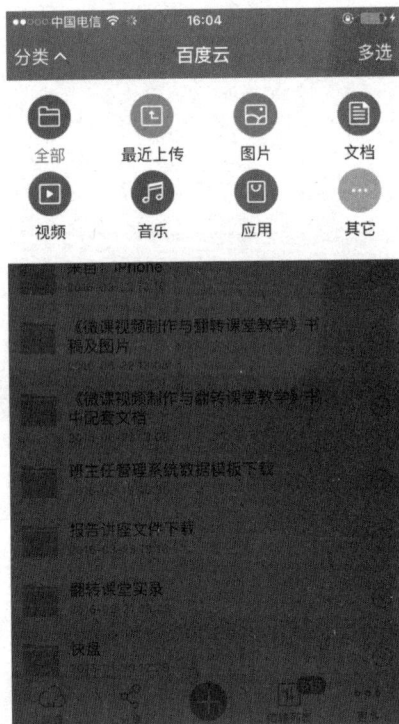

图 10 - 24

2) 点击左上角的"分类",选择不同的选项,可以进行分类预览,如图 10 - 24 所示。

(2) 文件的使用

1) 点击图 10 - 24 右上角的"多选",选择一个或多个文件后,可以进行"下载"、"分享"、"删除"等操作,如图 10 - 25 所示。

2) 点击某一文件右边的三角下拉箭头,可以对该文件进行"下载"、"分享"、"删除"等操作,如图 10 - 26 所示。点击下方的"传输列表",可以看到下载的文件,这里的文件可以离线播放。

3) 在图 10 - 26 中点击"分享"后,可以复制该文件的链接,然后把链接的地址发给对方,或通过邮件把地址发送出去,或通过微信直接发送给微信朋友,对方可以下载或直接在线播放。如图 10 - 27 所示。

4) 点击图 10 - 26 中的某一个文件,可以在线播放,如图 10 - 28 所示。

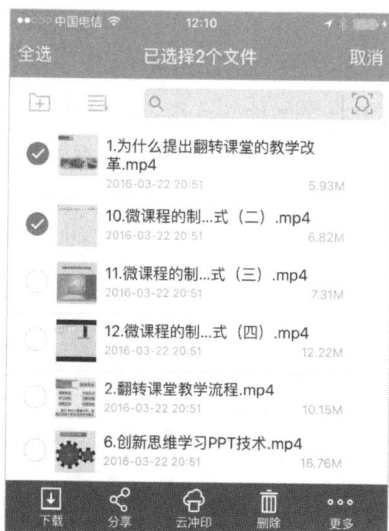

图 10 - 25

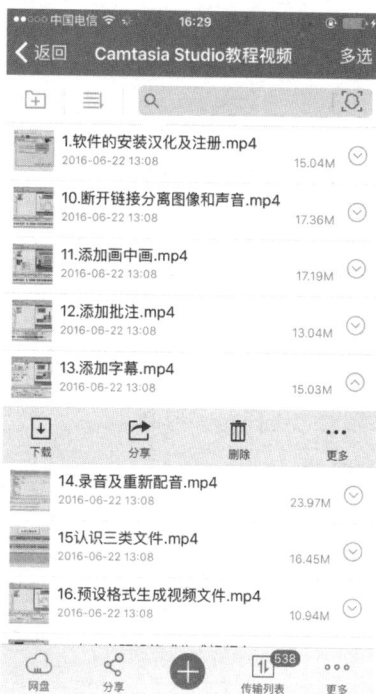

图 10 - 26

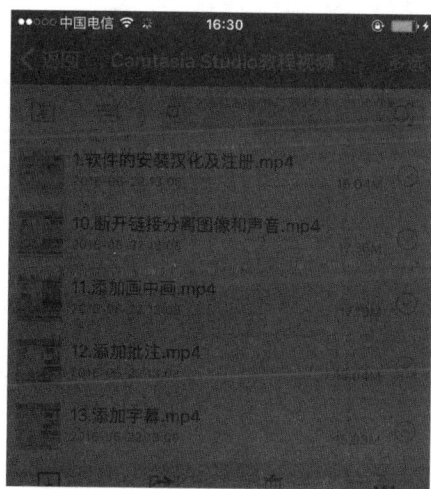

取消

图 10 - 27

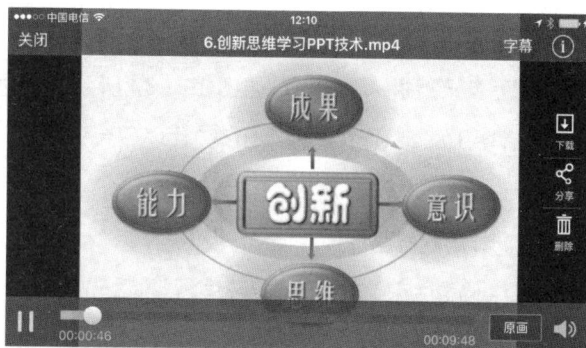

图 10 - 28

209　　第 10 章　教学中常用的其他技能

百度云管家可以在电脑客户端、网络及手机上使用，方便我们的学习和工作，方便学生观看微课程视频。

## 🌀 10.03 二维码的制作

我们常常用手机扫描各种二维码，二维码实际上是个网址的链接，通过扫描二维码可以打开各种文件以及网络的链接，有些二维码图案不会变，当更改链接的文件内容后再扫描原来的二维码图案时，内容常常会自动更新。制作二维码的网站很多，比较好的是草料二维码网站。下面我们来看看二维码是如何制作的。

1　进入网站

（1）进入草料二维码官网 http://cli.im，界面如图 10-29 所示。可以直接在中间的框中输入文字内容，点击下面的"生成二维码"，可以直接在右边生成二维码。一般都要先注册再登录，建立自己的账号。

图 10-29

（2）登录后进入主界面，如图 10-30 所示。或通过图 10-29 右上角的"管理后台"进入（登录后图 10-29 的右上角会出现"管理后台"字样）。主界面左边的"概况"是指浏览自己创建的各种二维码的情况。

2　创建二维码

二维码分为静态码、活码、名片码等，活码就是在二维码图案不变的前提下随时修改内容，它是针对静态码而言的。名片码是自己制作的个性化名片。

图 10 - 30

（1）静态码的制作

1）点击左边的"静态码"，点击"新建目录"，可以建立自己的静态码目录，便于今后的管理。点击右上角的"新建静态码"，如图 10 - 31 所示，可以进入静态码的创建页面。

图 10 - 31

2）进入静态码创建界面后，可以创建内容为"文本"、"网址"、"电话"等的二维码，如图 10 - 32 所示。

（2）创建活码二维码

图 10 - 32

1）点击左边的"活码"，点击"新建目录"，可以建立自己的活码目录，便于对不同二维码进行管理。点击右上角的"新建活码"，可以进入活码的创建页面。创建好的二维码，可以通过下方的按钮，进行"预览"、"统计"、"删除"和再"编辑"，如图 10 - 33 所示。

图 10 - 33

2）点击"新建活码"后，要选择一个活码的类型，如图 10 - 34 所示。可以创建"文本"、"图文"、"网址导航"、"电话"等类型的二维码。

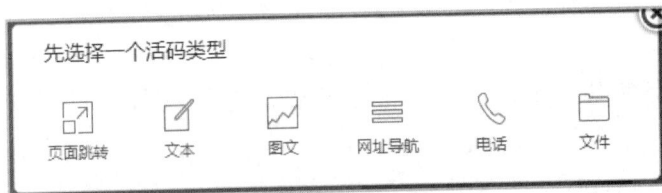

图 10 - 34

3）在下方的框中输入文字内容，设置完格式后，点击下方的"生成活码"，即可得到文本二维码。点击上方的"文本"右面的箭头，可以改变二维码的类型，如图 10-35 所示。

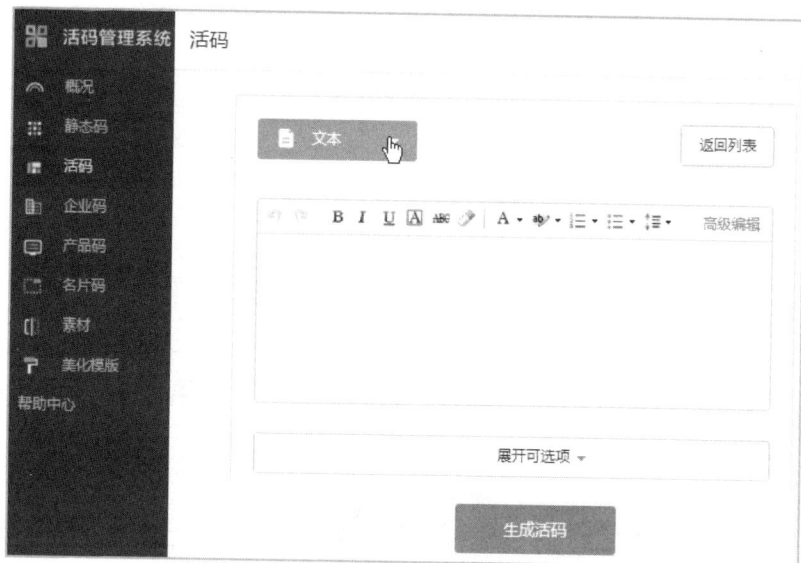

图 10-35

4）创建图文二维码时，即既可以添加图片，也可以添加文字，如图 10-36 所示。

图 10-36

5）创建网址导航二维码时，可以把多个网址复制到框里，并加上网址的文字说明。点击右边的加号或减号，可以添加或删除项目。点击下方的"展开可选项"，可以添加更多的内容，如

图 10 - 37 所示。

图 10 - 37

（3）名片二维码创建方法类同，在此不再赘述。

3  二维码的美化

输入相关内容后，点击"生成二维码"，或者创建二维码后，点击"二维码"，可以下载二维码美化模版备用，或者点击"快速美化"也可，如图 10 - 38 所示。

图 10 - 38

（1）快速美化

1) 在图 10 - 38 的下方点击"快速美化"后,选择一种预设的美化样式,如图 10 - 39 所示。然后点击"下一步"。

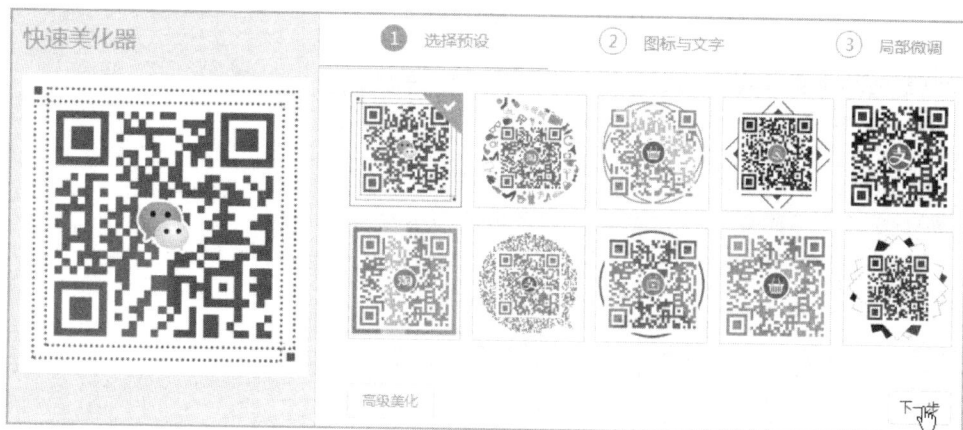

图 10 - 39

2) 选择一种图标,或点击"本地上传"选择自己电脑中的图片作为图标,然后添加文字内容,如图 10 - 40 所示。然后点击"下一步"。

图 10 - 40

3) 在"局部微调"中,可以设置"二维码颜色"、二维码的"码眼样式"及内外框颜色等,如图 10 - 41 所示。

（2）高级美化

1) 在左边的"基本"选项卡中,可以设置前景色和背景色,以及前景图和背景图,如在图 10 - 42 所示的二维码中,前景图和背景图分别选择了"在线图库"中的图形。

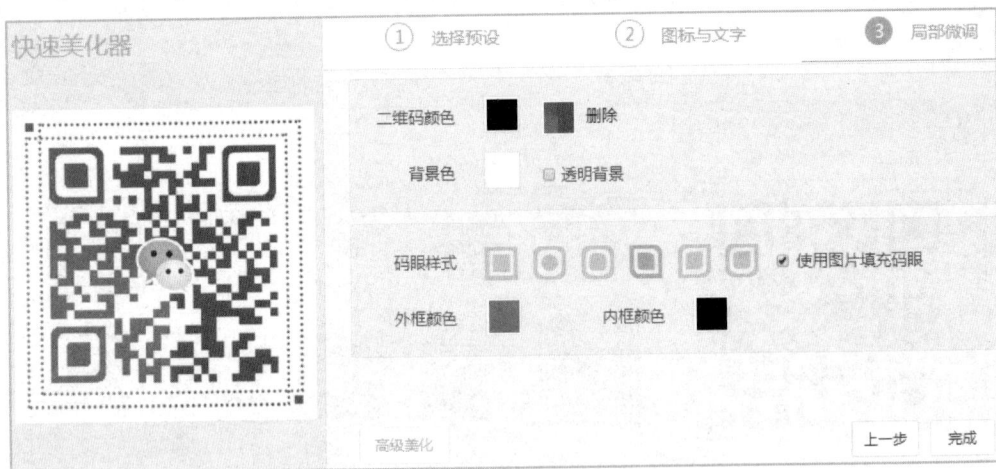

图 10-41

图 10-42

2）在"模板"选项卡中，也可以直接通过模板美化二维码，这里既有自己保存的模板，也有公用美化模板。图 10-43 的示例，是选择了公用美化模板的二维码。

3）在"嵌入"选项卡中，可以添加 LOGO 图片，还可以添加文字并设置文字的格式，如图 10-44 所示。

图 10 - 43

图 10 - 44

4）在"码眼"选项卡中，可以设置码眼内外框的颜色，也可以选择码眼的样式，如图 10 - 45 所示。

完成"高级美化"制作过程中的任意步骤后，都可以点击上方的"下载二维码"按钮，将二维码下载后备用，也可以将它作为图片插入到 PowerPoint 中。

图 10 - 45

## 10.04 QQ 群视频的应用

利用 QQ 群视频可以给学生进行网络授课,并且进行互动交流。

1　创建聊天群

(1) 在 QQ 面板上点击"双人"图标,然后在"创建"选项中,点击"创建群",如图 10 - 46 所示。

图 10 - 46

图 10 - 47

(2) 选择群的类型,如图 10 - 47 所示。可选择"行业交流"、"同事同学"或其他。

（3）填写群的名称等相关信息，如图 10 - 48 所示。

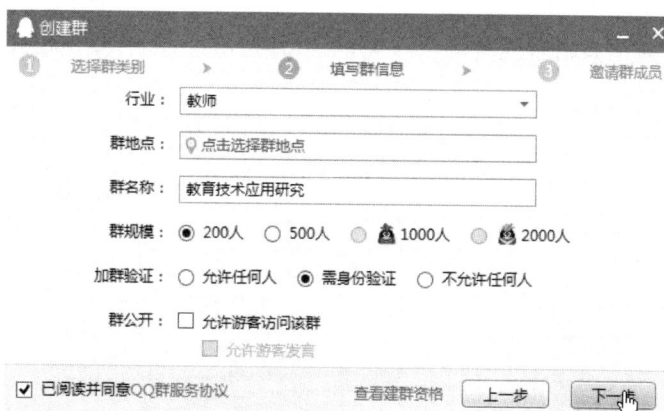

图 10 - 48

（4）在左边选择你的好友，点击"添加"，将好友添加到右边的群中，如图 10 - 49 所示。

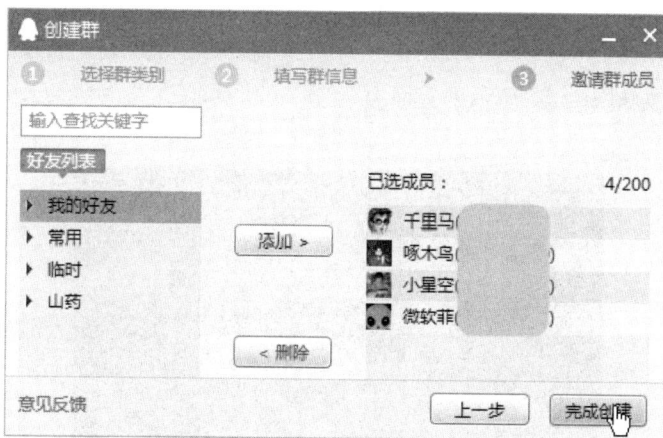

图 10 - 49

（5）首次建群，需要进行身份认证，如图 10 - 50 所示。接着按照提示，完成群的创建。

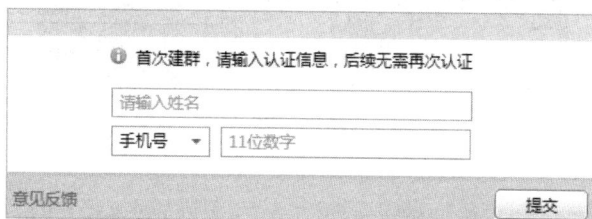

图 10 - 50

2 运用群视频

（1）进入群视频。在群聊天的主界面右边的群应用中，点击"群视频"，如图 10-51 所示，即可进入群视频。或者点击右上角的"更多"，可以看到群的多个应用模块，再点击"群视频"即可。

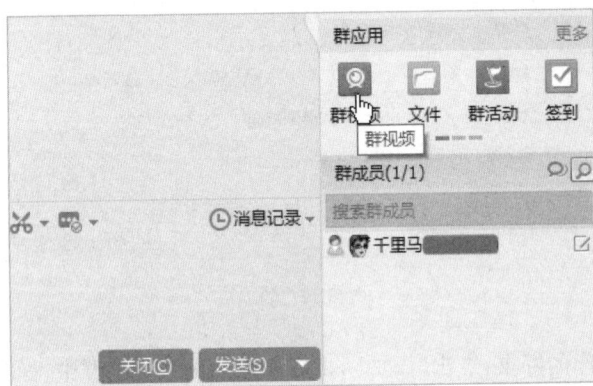

图 10-51

（2）在得到的如图 10-52 所示的界面上，点击"立即体验"。

图 10-52

（3）可以看到如图 10-53 所示的群视频界面。在下方的"上台"菜单中，可以分别选择"播放影片"、"分享屏幕"、"演示 PPT"等内容，如图 10-54 所示。

图 10 - 53

图 10 - 54

（4）在群视频中看到的播放影片界面如图 10 - 55 所示。

（5）分享窗口屏幕。

1）如果在图 10 - 54 中选择了"分享屏幕"，则出现如图 10 - 56 所示的分享窗口模式的选择界面。

2）选择分享窗口模式后，点击右下角"开始实时分享"，如图 10 - 57 所示，即可分享窗口内容。

也可以利用手机中的微信建立群，在群中可以与学生进行互动交流。

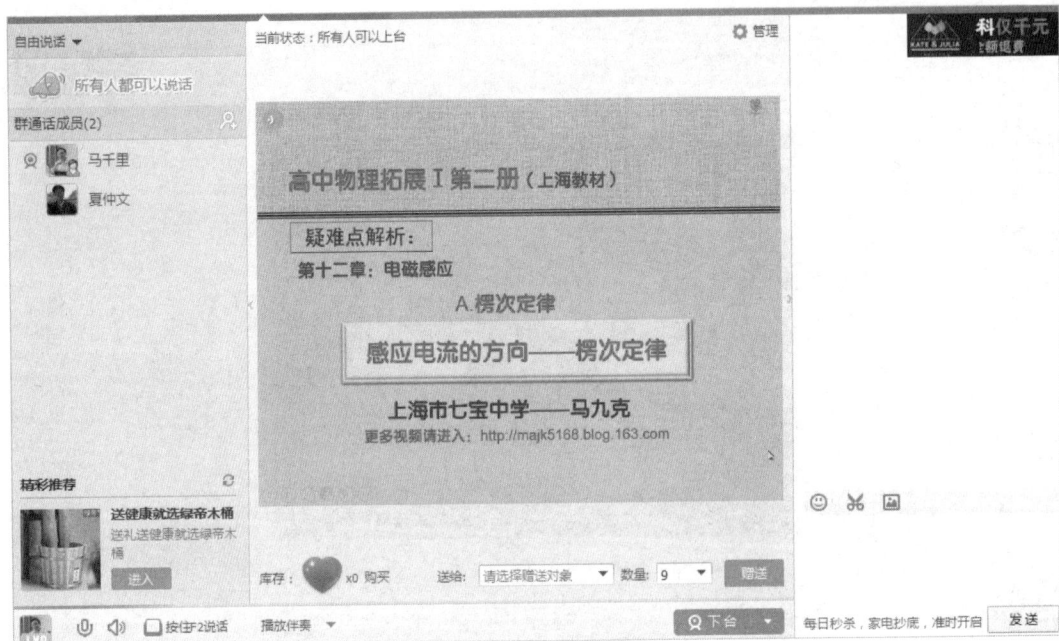

图 10 - 55

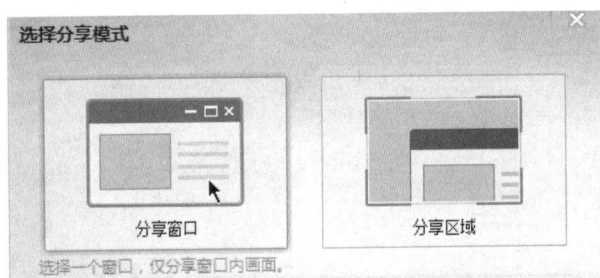

图 10 - 56

图 10 - 57

## 🌀 10.05 UMU互动平台使用简介

UMU互动平台是专门为教育培训机构、企业培训部门、培训师以及演讲者打造的互联网产品,可以让演讲者与听众有很好的互动交流。我们可以把它用在课堂教学中,通过它,教师与学生间可以进行即时的互动,从而提高学生学习的兴趣。

1　注册、登录后学习操作

(1) 打开 UMU 互动平台官网 https：//www.umu.cn,初始界面如图 10 - 58 所示。注册后登录。

图 10 - 58

(2) 进入主界面后,中间出现的是供新手学习的视频教程。点击中间的三角形按钮可以播放视频,点击左、右两边的三角符号,可以观看上一个或下一个视频文件,如图 10 - 59 所示。通过观看这些视频,基本上可以掌握 UMU 的使用方法。可点击上方的"帮助",查看帮助文件。

图 10 - 59

2　创建活动

(1) 创建活动就是添加一个与学生互动的项目。点击视频教程左下方的"今日的课程"按钮,如图 10 - 60 所示,可以添加一个活动项目(添加任何活动项目都可以从"今日的课程"开始)。

图 10 - 60

（2）一个活动项目中可以选择不同的活动类型，如培训、演讲、会议等。可添加活动名称，输入活动的人数。可以在此点击"完成"，如图 10 - 61 所示，也可以继续添加设置。

图 10 - 61

（3）一个活动项目可以添加一个或多个互动环节。互动环节包括问卷、提问、讨论、签到、考试等，如图 10 - 62 所示。添加不同的环节的操作方法大同小异，下面从添加问卷、添加考试等方面作简单介绍。

3　添加问卷

（1）在图 10 - 62 中点击"添加问卷"，进入问卷设置的界面，添加上问卷名称以及问卷说明，如图 10 - 63 所示，然后点击"添加问题"。

图 10-62

图 10-63

（2）在 Q1 中输入第一个问题，选择问卷题的类型，如单选题，输入选项内容，在"高级设置"中选择相应内容，如图 10-64 所示。点击"添加问题"，继续添加问卷试题。问卷试题输入完后，点击"完成"。

（3）修改问卷。点击上方的"首页"，可以看到创建的所有活动，点击"活动管理"，可以通过日历选择查看某日创建的活动项目。在右下角点击"编辑"，可以重新进入编辑状态，如图 10-65 所示。点击"复制"，可以复制一个相同的活动项目。

（4）发布问卷。问卷制成后，可以发布到屏幕上。在图 10-65 的右下方点击"中控台"，在得到的如图 10-66 所示的页面上点击"激活"，然后点击"展示"。

（5）点击"展示"后，在得到的如图 10-67 所示的页面上（该页面上是一些操作说明），点击下方的"立即开始互动"。

图 10 - 64

图 10 - 65

图 10 - 66

（6）点击"立即开始互动"后，得到如图 10－68 所示的页面，该页面是告诉听众，打开自己的手机浏览器，输入网址 UMU. cn，再输入互动号码，然后加入现场活动。或者在图 10－67中，点击右下角的二维码显示按钮，会显示出二维码，用手机扫描即可。

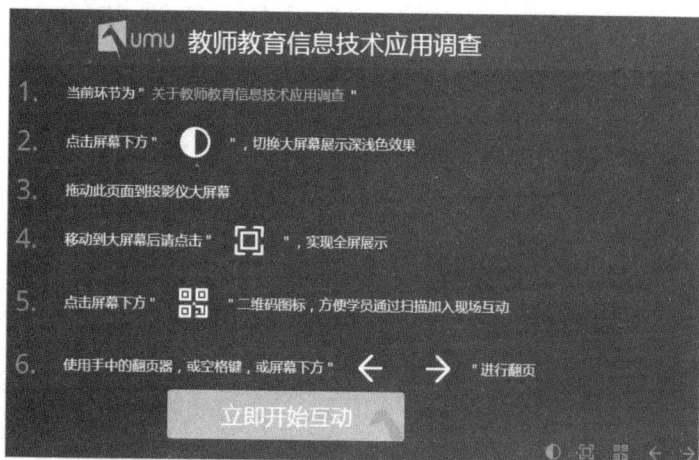

图 10－67

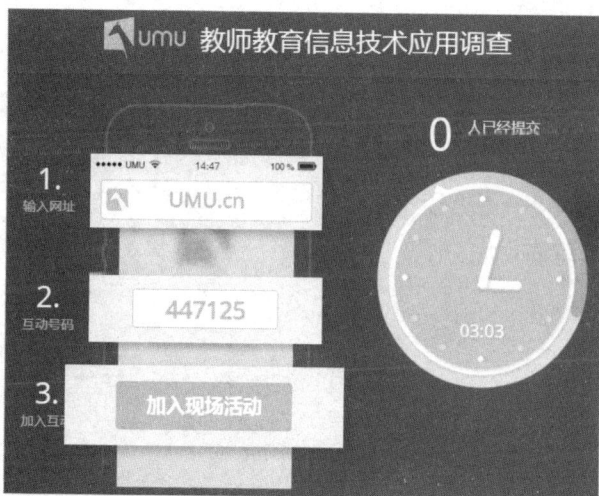

图 10－68

（7）在图 10－67 的右下角点击翻页键，可以看到统计的结果，如图 10－69 所示。

（8）有了数据后，在题的右边点击"报告"，如图 10－70 所示，可以导出数据的统计结果。

4　添加考试

（1）在图 10－60 中，点击"今日的课程"，即可创建一个新的活动并输入相关内容，如图10－71 所示。然后在得到的如图 10－62 所示的页面上方点击"添加考试"。

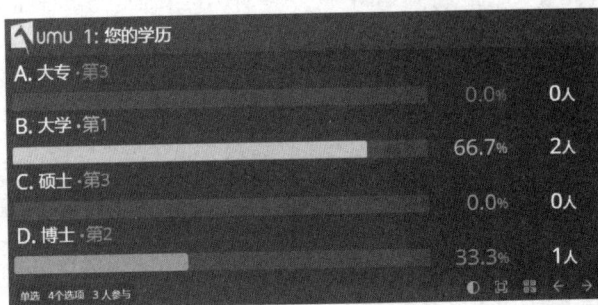

图 10 - 69

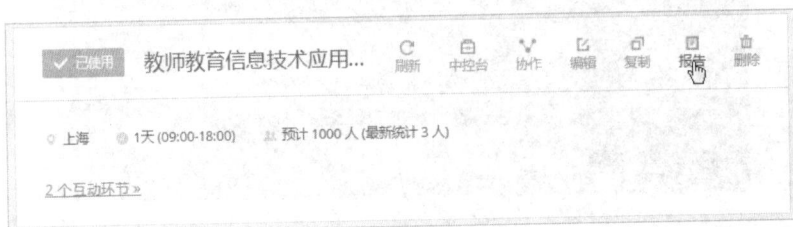

图 10 - 70

图 10 - 71

（2）输入考试题目，设置考试的相关项目，如图 10 - 72 所示。然后点击"添加问题"，即可输入试题。

（3）输入试题后，选择"正确答案"，设置"分值"，如图 10 - 73 所示。继续添加试题，最后点击"完成"。

图 10 - 72

图 10 - 73

（4）让学生做题。

1）点击"互动环节"，显示出考试试题，点击右边的"分享"，如图 10 - 74 所示。

2）分享的方法有两种：可以把网址链接复制后发送出去，在电脑上打开网页做题；或者在

图 10-74

二维码上右击鼠标,选中"图片另存为"保存图片,如图 10-75 所示。然后把二维码图片再插入到 PowerPoint 中,学生扫描后即可做题。

图 10-75

　　(5) 展示下载成绩。考试结束后刷新网页,可以查看学生的"考试结果",点击"考试题目",可以看到学生的每个试题的做题情况,即每个试题的正确率等信息,如图 10-76 所示。点击右上角的"数据",可以把学生考试的成绩直接下载为 Excel 文件。点击图 10-74 上方的"报告",可以生成 PDF 文件。

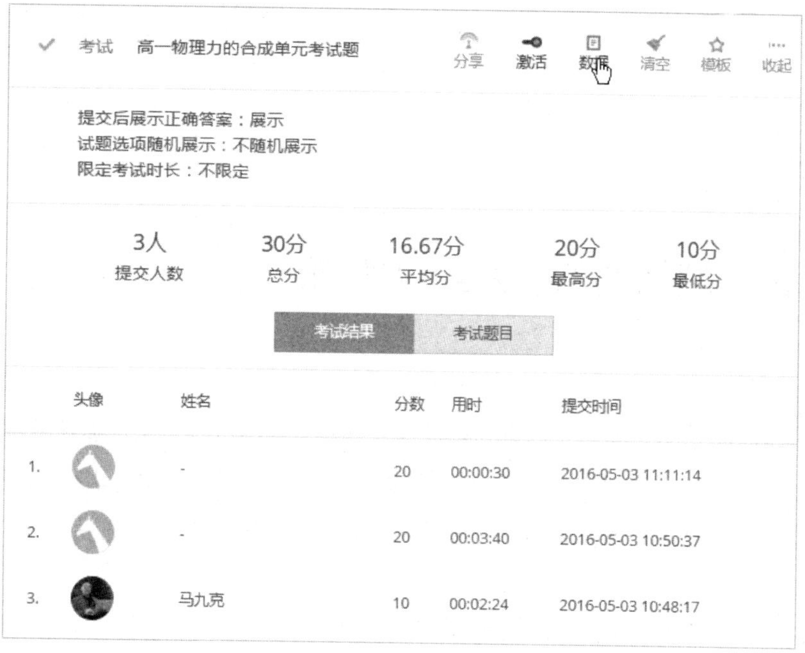

图 10 - 76

其他的"添加提问"、"添加讨论"等互动环节,操作方法类同,不再赘述。

# 第 11 章　翻转课堂教学的实施

所谓翻转课堂,就是教师创建的系列微课程。这些微课程由一定量的微课视频构成,形成一门主题课程。学生可以在课堂外利用终端观看微课视频,然后在课堂上师生面对面交流,解决疑难问题,拓展深化知识和完成作业。这是有别于传统课堂的教学形式。

## ⟳ 11.01　优质的微课视频是基础

微课视频是进行翻转课堂教学的基础,教师在备课时,不仅仅是文字的教案,更要创建微课视频。虽然网络上有大量的微课视频,但是很多是不能直接拿来使用的,因为学校的层次不同,学生的基础水平不同,学生使用的教材不同,不同的教材对相同知识点的要求不同。如上海的教材与全国教材比较,很多相同的知识点要求是不一样的。因此教师,特别是优秀的骨干教师,一定要学会制作适合自己学生情况的微课视频。网络上的微课视频可以作为参考,通过筛选可以有选择性地提供给自己的学生使用。

## ⟳ 11.02　翻转课堂流程

有了微课视频,教师就可以在课堂上进行翻转课堂的教学实践,翻转课堂教学不仅仅局限在课堂上,从课前、课中以及课后等方面都要进行变革。

1　课前

教师在上课之前的前几天,在网络平台上发布录制好的微课视频,当然不仅局限于微课视频,可以根据教学的需要以及学生学习的实际情况,上传导学案、任务单、学习辅助材料、检测试题。特别是检测试题,要结合本节课的学习要求,布置学生自主学习后能够完成的、且难度不宜太大的试题,这些试题主要是为了督促学生观看微课视频,以及掌握学生课前预习学习的情况,为教师的课堂教学提供依据。还可以上传一些网页的链接,如物理课中讲解人造地球卫星,除了上传一些课本中有关人造卫星的基本知识的微课视频,还可以上传一些有关卫星的发射、制造以及天体运行等的学习材料以及网址的链接,让学有余力的学生进行更加深入的学习。

学生在教师的指导下,自主地、有选择性地在课下观看微课视频。教师要引导学生梳理所学的知识点,在自主学习的基础上,提出本节课学习中遇到的问题。当然也可以直接通过网络学习平台与同学们进行交流,或让学生在网络平台上给教师留言。

教师在备课时录制微课视频,制作任务单,上传测试题等,可以称为第一次备课,教师在第二天的上课前,要进行第二次备课。课前要观看学生在网络平台上反馈的自主学习的情况,学生在自主学习中遇到的问题正是教师进行二次备课的依据。教师的第二次备课是为了在课堂上更加有针对性地解决疑难问题。

### 2 课堂中

在课堂中,要充分发挥学生学习的积极性和主动性,还课堂予学生。可以分组进行讨论、互动、交流、展示、合作与分享。学生在学习中的问题可以在小组中通过讨论交流解决一部分,如果小组讨论交流不能解决,教师在巡查的过程中给予回答。还可以鼓励学生,以组为单位进行发言,让学生提出本节课的主要知识点以及组内没有解决的问题,接着让其他组内同学帮助完善、补充知识点,可以让学生通过抢答来解答前面学生提出的问题。为了鼓励学生们积极主动地在班级内发言,可以根据学生知识点的总结和提出的问题的难易程度,以及其他组帮助解决问题的情况,给予全组学生一个平时学习成绩,一般可以设置 $1-5$ 分,对学生进行鼓励,这样学生会非常积极主动地发言交流。

教师在课堂上,除了在巡查过程中帮助学生解决问题以外,还要根据学生在自主学习过程中遇到的问题,有针对性地进行讲解。教师在课堂上所要做的是答疑、解惑、设疑、解疑、参与和组织。答疑解惑就是根据学生学习中的问题有针对性地进行答疑讲解,设疑就是根据学生在自主学习过程中反馈回来的问题,把知识引向深入。教师要参与到整个教学活动中去,引导学生进行学习,即教师由知识的传授者变为学生学习的指导者、参与者,由演员转变为导演。

最后留出时间,可以让学生在课堂上讨论做作业,遇到不会做的题目,还可以随时提问,讨论研究。课堂上是否能全部完成作业,还要根据不同的学段、不同的学科区别对待。一般低年级的非主要学科可以在课堂上完成作业。总之,要还课堂予学生,要让学生真正地动起来,课堂才会活起来。

### 3 课后

学生在课后,还要对课堂讲授的知识进行反思、总结。课堂上作业没有完成,还要继续完成作业。对于一些学习基础不太好的学生,教师还可以通过网络平台发布一些作业难题的解析,来帮助其完成作业。

## 11.03 网络平台作技术支撑

网络平台是翻转课堂教学实施的重要环节,网络平台的主要作用是,供教师放置教学微课视频以及其他多媒体教学资源,并监控学生的学习情况。不仅在课前,课堂中和课堂后都要用到。

1 网络平台的功能设计

网络平台除了放置教学微课视频以及其他多媒体教学资源以外,它还具有以下功能:

(1)课程管理

上传的微课视频什么时候让学生观看,让哪些班级、哪些学生观看,教师要能够对视频观看的权限及观看时间进行控制。

(2)学习监控

通过网络平台,能够对学生的学习情况进行监控,如某一个微课视频有多少学生观看了,某一学生观看某一微课视频的时间、次数等信息都能够从网络平台上反映出来。

(3)问题反馈

学生在观看微课视频以及进行自主学习的过程中,遇到问题要能够在网络平台上及时准确地反馈给教师,教师将此作为备课的依据。

(4)交流互动

学习过程中,学生遇到了问题,要能够在网络平台上与同学、老师进行互动交流。

(5)检测效果

在网络平台上通过试题测试,检测学生对某一章节内容的掌握情况。

(6)诊断问题

网络平台通过后台数据的分析,能够诊断出学生在学习过程中,哪些章节存在问题,哪些知识点没有掌握。

通过网络平台后台大数据的分析,可以准确反映出每个学生在线学习情况,学生在班级的情况比较、在全校的情况比较乃至在全区的情况比较,以及学生对学科知识点掌握的情况。

2 网络平台的使用

网络平台不仅在课前观看微课视频时使用,课堂中以及课后都要用到。

(1)课前使用

课前的使用主要是通过网络平台让学生观看微课视频以及其他数字化学习资源。通过观看微课视频、导学案,让学生梳理知识点,发现学习中的问题,通过试题检测预习的效果。

（2）课中使用

在课堂中，教师可以通过平台下发试题，学生做答后立即上传。课堂中网络平台的作用主要是促进师生间互动，即时反馈教学信息。

（3）课后使用

课后主要是供学生复习巩固使用。学生可以再次观看微课视频进行复习，教师可以上传一些作业的解析方法，分析思路，帮助学生完成作业。通过后台的大数据分析，可以诊断学习中存在的问题。

## 11.04　翻转课堂的再认识

据作者一年多来的跟踪调查，目前中国城镇条件较好学校的优秀教师中的85％没有尝试过翻转课堂教学，其中15％的教师从来没有听说过翻转课堂教学。要知道，这是当地条件好的学校的优秀教师的情况。可见，翻转课堂教学改革在中国发展还是很缓慢的。由于翻转课堂教学是基于互联网多媒体信息技术与教育的深度结合，据调查显示，不少教师不知道如何去操作它。当前全球教育改革发展的趋势，是以互联网多媒体信息技术为手段，变知识传授型的学习为自主性的、体验式的学习。教师由知识的传授者变为学生学习的指导者、参与者。中国开展的翻转课堂的教学改革，正是顺应了当今全球教育改革发展的方向，是全球教育信息技术改革在中国本土化的实践。翻转课堂的教学涉及到两个问题，一个是技术，另一个是理念，除了掌握先进的教育技术以外，还要有先进的教育理念，而更为重要的是，如何把先进的技术与先进的教育理念深度地融合在一起。

### 1　教育理念并不神秘

目前所说的翻转课堂教学前期学生的自主学习，实际上就是以前我们一直倡导的"先学后教，以学定教"的深化。课前的学生观看微课视频的自主学习，实际上就是通常所说的课前预习。课前预习的本质没有变化，但是内容和形式发生了根本性的变化。以前学生的课前预习，是教师先给学生下发导学案、学习材料以及测试题，学生根据这些材料进行自主学习，然后做试卷。教师收了试卷，批改后看看哪些试题错误率高，哪些知识点学生没有掌握，然后在课堂上进行有针对性的教学，这就是传统的"先学后教，以学定教"的教学形式。这种传统方法的弊端包括两点：一是学生学习的材料都是纸质的，形式单一，内容单调，学生学习没有兴趣，很容易引起学生自主学习的学习疲劳；二是教师课前要批改学生预习时做的试卷，每节课都如此，工作量可想而知，实际上是不可能坚持的。

现在应用网络多媒体技术，它的优势在于，使学生学习的媒介发生了根本性的变化。由于有了网络微课视频以及其他的数字化学习资源，使得学生学习的内容更加丰富，形式更加多样,通过声、光、电、图形、动画、视频等多种形式,展示教学内容,并以此突出教学的重点,突破难点,解决疑点,梳理考点。此外,教师获得学生学习的信息更加快捷、方便、即时、准确。学生在网上提交试卷后,教师可以立即看到学生答题的结果,并且还可以看到学生在网上的问题留言。这样教师可以根据学生学习的情况确定下节课的课堂教学内容。教师可以更加有针对性地进行课堂教学。

### 2 探索适合自己学生的翻转课堂教学模式

目前不少学校的教师都在进行翻转课堂的教学实践探索,并且取得了不少成功的经验。但是,对于其他学校已经取得的成功经验,不可以照搬,要根据自己学校的实际情况进行借鉴。不仅小学、初中、高中不完全相同,即使同一学段的不同学科也不相同。即不同学校,不同学段,不同学科都是有差别的。但是他们又是有共性的,即课前让学生自主地学习微课视频及其他多媒体教学资源,课堂上让学生讨论、展示、交流,教师有针对性地解决教学问题,这一点是共通的。

### 3 澄清一些错误认识

对于翻转课堂教学,要澄清一些错误的认识。翻转课堂不是让学生孤立地、无序地学习,不是让全体学生不停地都盯着电脑屏幕。除了观看必要的教学视频外,更重要的是学生与学生间,学生与教师间有面对面的互动的学习活动,因此翻转课堂教学是永远离不开教师的。翻转课堂对教师提出了更高的要求:教师知识面要广,组织和驾驭课堂教学能力以及课堂上的应变能力要比以往更强。

## 11.05 没有资金和网络平台怎么办

目前全国的绝大多数学校,由于各种原因以及条件所限,学校没有过多的资金投入,更没有建立网络平台,但是很多教师都想进行翻转课堂的教学实践,怎么办?

### 1 微课视频的录制几乎是零成本

微课视频的录制可以通过三大件:PowerPoint 课件、录屏软件、手写板。录屏软件是免费使用的,如果 PowerPoint 课件做得足够好,不要手写板也可以,文字、公式全在 PowerPoint 课件中设置好。所以微课视频制作成本几乎为零。即使购买手写板,成本也是不高的。

### 2 借助公共网络放置微课视频

教师在实施翻转课堂教学实践的初期,如果学校没有建立网络平台,可以利用公共视频网络资源,如优酷网、酷六网、土豆网等,可以把微课视频上传到这些免费的网站上,然后让学生下载观看(具体方法参见"第9章 公共网络资源的利用")。教师在课堂上再根据学生学习中的问题进行课堂教学。总之,课堂上,多媒体信息技术只是技术手段,目的是要让学生讨论、互动、交流成为课堂教学的主旋律。

# 第12章 翻转课堂教学典型案例赏析

  翻转课堂教学到底怎么做？很多学校已经取得了不少成功的经验,作者也在全国各地听过许多进行翻转课堂教学实践的课,这里选择了小学、初中、高中有代表性的十节课。这些课将分别从微课的设计思路、课堂教学的设计方案、课堂教学后的反思总结等几方面,给大家提供可以操作的翻转课堂教学的实战案例。在书后面的下载地址中,可下载他们自己制作的微课视频和翻转课堂教学的录像。同时,每一节课后都有对微课视频及课堂教学的点评说明,指出本节课值得大家学习的亮点在哪里,还有哪些是值得注意的。读者可以自己观看微课视频和课堂教学录像视频后,对照他们写的教学设计思想和课堂教学点评,进行学习参考。提供这些案例,是为了最大限度地让广大读者掌握翻转课堂教学的设计思想和课堂教学的组织结构形式。

（微信扫一扫）

## 案例赏析

### 沪教版小学语文第三册《25 海上气象员》教学案例

（教师：杨　悦）

#### 1　微课视频设计思路

《海上气象员》是第五单元的一篇课文。本单元的训练重点是：读课文，圈划词句。要求学生从整体感知入手，了解课文大意。读课文时要静下心来，根据要求圈划词句。让学生初步学习通过圈划词句读懂课文内容的方法，懂得不动笔墨不读书的道理，并逐步养成这样的读书习惯。考虑到这项阅读方法的重要性，我们将"读课文，圈划词句"选为此次微课视频的主题。

#### 2　课堂教学设计方案

（1）课前设计

本节课教学的设计主要体现在阅读方法"读课文，圈划词句"的渗透上。课前，学生们在不同环境下观看微课视频，并根据自身情况采用不同节奏、不同方式初步自学了"读课文，圈划词句"的阅读方法，明确了学习任务。观看了微课视频后，要求学着老师的样子，用圈划词句的方法继续解决问题："这三天中，小海鸥看见妈妈怎样飞？每天带回了什么？"，并将自己的作业上传到网络平台。

这样能够让教师在课前就了解学生整体情况及个别情况以及学生出现的疑难点，明确教学的任务。

（2）课中设计

在教学设计的第一个板块中，教师展示几组较有代表性的病例，供学生讨论、评判，教师指导、解惑。在此过程中，进一步明确圈划词句的方法和注意事项，也解决了课前微课视频中提出的问题。

1）教学环节一：学习反馈，整体感知

A 呈现导学视频中的学习任务。

B 出示部分课前作业病例并指导。

C 呈现学生正确作业，整体感知。

　　读一读：读划出的三句话，小结圈划词句的方法。

　　圈一圈：找出关键词，理解课文，学习生字。

　　　　贴：通过动作体验理解字义。

　　　　翔：通过范写及运用 pad 组合部件的操作，掌握生字结构和田字格中的位置。

　　　　喂：通过书写笔顺加深对字形记忆。

　　演一演：表演三天的飞行方式。


2）教学环节二：运用方法，感悟理解

A 读第 1—3 节，用"——"划出海鸥妈妈说的三段话。

B 找关键词，了解飞行方式和天气情况的关系。

　　读海鸥妈妈说的三句话，找出与天气有关的关键词。

　　在 pad 上有序排列一系列关键词。

　　运用关键词，按句式说一说：第几天，海鸥妈妈怎样飞，带回了什么，是因为天气如何，鱼虾怎么样。

　　尝试重组板书，并说一说


　　课堂教学设计的第二环节"运用方法，感悟理解"旨在充分给予学生实践圈划词句这一阅读方法的机会。《海上气象员》是一篇生动有趣的科学童话，为我们展现了海鸥妈妈为了给孩子寻找食物，三次飞到海上，但由于天气情况不同，每一次飞行的方式也都不同。海鸥的飞行方式和天气情况的关系都蕴藏在文中海鸥妈妈说的三句话中。课堂上，引导学生划出海鸥妈妈说的三段话，找出与天气有关的关键词，结合其他教学手段了解飞行方式和天气情况的关系。这是圈划词句方法在课堂内的具体运用。至此，课堂已发生翻转。

　　翻转课堂不仅有助于提高学生的学习效率，还能够释放更多课堂时间，让课堂更饱满。从上述教学环节中也可看出，本节课上学生有更立体、更丰富、更充实的学习体验。体现在：

　　① 信息化技术的运用。如运用 pad 组合部件的操作，掌握生字结构和田字格中的位置；在 pad 中移动并整理相关信息，理清课文脉络，整体了解课文内容。

　　② 多处运用语言的说话练习。例如，让学生说一说"第几天，海鸥妈妈怎样飞，带回了什

么,是因为天气如何,鱼虾怎么样"。在运用语言的过程中理解重点内容,理清课文逻辑。其实,天气、鱼虾、海鸥的飞行方式三者间不只有一种逻辑关系,通过让学生重组板书并根据新板书说清逻辑关系,既激发了学生思维,也是学生将类似的句式表达内化的过程。

以上教学环节的设计旨在激发学生学习兴趣,养成学生良好的学习习惯,提升学习的能力。

(3) 课后设计

1) 课堂知识点检测。

2) 问题交流互动。

3) 个性化辅导。

3 课后教学反思

(1) 微课选题要恰当

我们将《海上气象员》所在单元的训练重点"读课文,圈划词句"选为微课的主题。这么做最大的好处是,能够在学生自学的基础上,在课堂内进一步巩固、运用该方法学习课文,为日后培养学生的独立阅读能力做铺垫。

我们的微课视频将阅读方法与课文相结合,以问题"这三天里,小海鸥看见妈妈是怎样捕食的呢?每天又都带回了什么?"为抓手,以"第一天"为例,向学生展示了如何通过圈划词句的方法解决问题,读懂课文内容。微课视频中明确了运用此种阅读方法的步骤:先读课文,再划句子,最后找关键字词。考虑到二年级学生在圈划词句时可能存在种种不规范,因此,微课视频中对圈划要求及规范做了提醒,告知并示范如何规范划线、加点。微课视频的最后,鼓励学生们尝试运用圈划词句的方法解决"第二天"、"第三天"的问题。

(2) 课堂翻转要到位

与传统的课堂教学模式不同的是,在翻转课堂教学模式下,学生在家完成知识的搜集和学习,而课堂变成了老师学生之间和学生与学生之间互动的场所,包括答疑解惑、知识的运用等,从而达到更好的教育效果。这就是翻转课堂的特点:先学后教,其中"学"的本质是学生自主的学习,"教"则是课堂里教师引导下的讨论和实践运用。

学生在课前已经初步自学了相关知识,有了自己的见解。因此,课堂上,教师无需也不应当再次机械重复教授,而应将课堂还给学生,提供机会并引导学生对知识进行提问、讨论,以求在思维的碰撞中对知识有更深层、更准确、更扎实的理解和掌握。

翻转课堂使得学生成为知识学习的主体,但是教师的作用仍不可忽视。在学生初步掌握知识或方法后,课堂内对知识或方法的运用必不可少,这是将知识内化的重要环节。

(3) 语文味道要浓郁

语文是一门学习语言、文字,并强调运用的综合性、实践性课程。课程中有不少知识点都是渗透在整个语文学习过程中的。翻转课堂能帮助学生更扎实地掌握知识,同时在有限的时间内丰富学生的学习经历,这也为课堂上"语文味"更好更多地释放提供了条件。

语文课程以学习语言、文字并运用为重要任务,故综合性和实践性是它的重要特征。在本课的微课视频设计中,让学生在 pad 上有序排列一系列关键词,并运用关键词按句式说一说,即在读懂文中"百科知识"的同时,学习文中的好词好句,并进行适当的词句表达训练,在课堂内更多地给予了学生语言实践的机会。

### ■ 微课视频及课堂教学点评

(1) 课前导学微课视频

本节课的微课视频是利用 PowerPoint 制作的,用屏幕录相专家软件进行屏幕录相。教师讲解语言流利,思路清晰。但是 PowerPoint 制作时,不宜使用宋体字。文字的出现可以添加动画,让文字的出现像黑板板书似的,随着教师的讲解,文字逐渐显示出来,同时在制作 PowerPoint 课件时,可以适当添加与讲授内容相匹配的鱼、虾等图片,增加学生学习的趣味性。右上角的"屏幕录相专家"等字样应该去掉,当然注册后就没有了,同时视频中仍然有杂音,屏幕录相专家软件对录制的视频后期编辑功能欠佳,有噪音常常会影响视听效果。

(2) 课堂教学点评

本节课课堂上学生活跃,PowerPoint 课件制作较好,插入的图片清晰形象生动,利用网络平台在课堂上展示了学生提交的作业,并与学生一起分析讨论有代表性的作业。

首先引导学生,让学生思考分析(5:30 处),利用黑板上的贴图辅助课堂教学(11:30 处),利用 PowerPoint 动画让学生练习字的笔画(12:30 处),并指出了学生写字时常常出现的问题(15:40 处),利用头饰让学生扮演小海鸥(19:10 处),让学生在玩中学习,提高了学生学习的兴趣。课堂中利用平板电脑让学生自主练习(26:30 处),讲练结合。课堂上让学生充分地讨论互动,课堂气氛活跃(29:20 处),讨论后让学习发言。利用海涛的音频,让学生感受海浪的波涛汹涌(31:40 处),形象生动,培训学生丰富的想象力。利用表示天气、鱼虾等图片的不同排列顺序(35:50 处),引导学生思考后回答,培训学生的抽象思维能力;让学生亲自上台对图片重新排序(37:40),培训学生的想象能力、语言的组织和表达能力。再次让学生讨论(39:30 处),并让学生扮演小海鸥,介绍说明海鸥妈妈的本领,再次让学生在台上大胆展示自己;最后引导学生进行知识的扩展(40:50 处),并给学生推荐了进一步学习的课外书籍。

整个课堂教师语言流利,表述准确规范。特别是课堂上,学生非常活跃,整个教学过程中,始终是在教师的引导下,学生充分动手、动口、动脑地在学习,调动了学生参与课堂教学的积极性和主动性。在课堂教学中,采用 PowerPoint 课件、黑板磁贴图片、学生平板电脑等多种现代化教学手段,极大地丰富了课堂教学的策略。PowerPoint 课件制作得也很精美,图片动画以及课件的板面设计极具美感,文字与图片配合得当。

## 12.02　小学数学教学案例—上海市金山区第二实验小学

案例赏析

### 沪教版小学数学第十册《测量不规则物体的体积》教学案例

（教师：沈　英）

1　微课视频设计思路

本节课的微课视频分为课前学生自主学习的微课视频和课堂中使用的微课视频。

（1）课前微课视频制作

在 PowerPoint 中插入"曹冲称象"的 Flash 动画,通过"曹冲称象"这一等量变换的故事,引发学生思考：能否也用类似的转化思想求"不规则物体的体积"？ 在提供尺子、量杯、普通杯子、土豆、石块等操作实践工具的前提下,进行体验探究测量不规则物体体积的活动,同时要求：将测量的过程用视频、照片、文字等形式记录下来,并上传至班级 QQ 群。

（2）课中微课视频制作

教师演示利用"水面上升"、"水面下降"和"水溢出"三种方法来测量不规则物体的体积。

2　课堂教学设计方案

（1）课前自学

1）学生在家观看视频自学。

2）根据视频学习的要求,进行体验探究测量不规则物体体积的活动。

3）测量的过程可以用视频、照片、文字等形式记录,做好交流分享的准备。

（2）课中交流

在互动交流中,掌握不规则物体的体积的测量方法。

A　学生就测量体积的视频、照片、文字进行交流展示,并进行点评和判断。

B　初步总结出测量的基本方法（观看教师的"课中视频"）。

在解决问题的过程中,巩固求不规则物体的体积的计算方法。

学生通过网络平台做出判断,并交流反馈。

C　分析判断：小胖、小巧、小亚、小丁四个小伙伴也在用这种方法测量苹果的体积。他们的说法对吗？（容器厚度忽略不计）

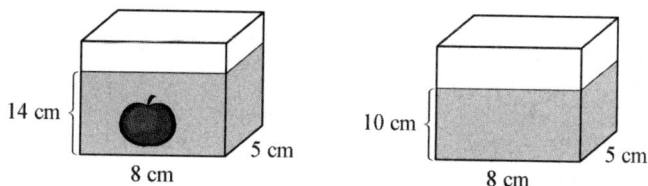

小胖：下降的水的体积就是苹果的体积。

小丁：苹果的体积，就是容器的长×容器的宽×变化的水位的高度。

小巧：水的体积没有发生变化。

小亚：苹果的体积就是：$8×5×14=560 \ cm^3$。

D　动手计算：如下图所示，土豆的体积是多少呢？（容器厚度忽略不计）

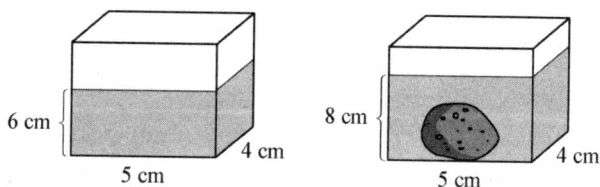

E　选择练习：一个棱长为 15 厘米的正方体鱼缸内水深 8 厘米，放入一些小石块后，水面离缸口还有 3 厘米，这些小石块的体积是多少？正确的算式是（　　　）。

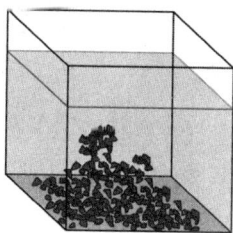

（A）$15×15×(15-3)$

（B）$15×15×(15-8)$

（C）$15×15×(15-3-8)$

（D）$15×15×8$

F　提高练习：一个容器如图所示，原来的水位高度是 7 厘米，放入一个石块后，水溢出了 24 毫升，那么这个石块的体积是多少？

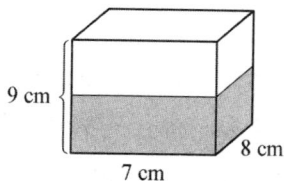

G　课堂小结。

总结本节课的内容,深化不规则物体体积的测量计算的方法。

H　今天你有什么收获?

I　还有什么想要解决的疑惑?

(3) 课后提升

1) 课下让学生尝试测量并计算出一个乒乓球或一粒黄豆的体积,并记录测量的全过程。

2) 检测

3　课后教学反思

(1) 提供微课视频引导学生自主学习

经过了一段时间的"翻转课堂"教学实践,发现学生很喜欢这样的教学形式,也很享受实践操作过程。相比以往的教学,因为学生有了事先动手操作实践感知的体验,所以课堂上的理解和表达都很积极,而巩固练习也有较充足的时间去完成。不规则物体的体积计算对学生来说是一个抽象的内容,是学生空间观念的一次飞跃。学生通过提前观看微课视频,掌握了基本知识,同时课前的体验过程就是探究过程,学生在家一边看,一边思考,一边动手操作,这三者相互结合。尤其是学习困难的学生,如果一次看不懂,可以多看几次,还可以和父母交流学习。教师提供的微课视频,帮助学生确立了学习的目标,为学生探索问题情境提供方向,而不是茫然地摸索。

(2) 创设了平台激发学生思维

在观看完教师的课前视频后,让学生自己去尝试测量某一个不规则物体的体积,并且让学生将自己测量的过程拍成小视频和照片,上传到班级群里,供所有人进行观看。有的同学很快想到了方法,有的同学在观看比较中不断完善自己的测量方式,还有的同学为了不甘落后,又从网上查找其他测量的方法。这里,老师为学生们创设了一个可以充分展示自己的平台,同时,学生上传的这些视频和照片又为大家提供了新的学习资源,各种思维的相互碰撞不断产生新的火花。这样,使学生超越自己的认识局限,看到了其他学生与自己不同的见解,通过比较分析和再实践,不断反思自己的探索过程,通过不断的反思探索提高了学生分析问题、解决问题和动手的能力。在课堂上展示一些学生制作的视频和照片,让大家进行点评,学生们根据自己操作实践中得到的经验和感悟纷纷发表意见,气氛非常热烈。相比教师的一言堂教学或者是教师和优秀学生的个别展示,这种教学方法更能激发全体学生的学习兴趣。

(3) 注重引导体现学生的主体地位

本节课,让学生观看"曹冲称象"的动画,由"曹冲称象"这一等量变换的故事,引发学生思考,这里,我只是对学生进行适当的引导和启发。因为学生有了事先动手操作、实践、感知的体验,所以课堂上的理解和表达都很积极,而巩固练习也有较充足的时间去完成。本节课中,教师没有具体的操作演示，而是只提供了一个故事，一些工具，让学生去思考、去尝试解决问题。在这个学习的过程中，促使学生去主动思考、探索，达到了化被动学习为主动学习的目的，真正体现学生的学习主体地位。

■ 微课视频及课堂教学点评

（1）课前导学微课视频

本节课微课视频利用 PowerPoint 制作，在 PowerPoint 中插入了 Flsah 动画，提高了微课视频教学的趣味性，形象直观生动，并且课中提醒学生暂停以进行思考。利用 PowerPoint 动画，图片随着教师的讲解逐渐出现，但是 PowerPoint 制作时，不宜使用宋体字。此外，录制的视频杂音较大，后期对微课视频的音质没有很好地处理；图片以动画形式出现，很好，但图片的选取和加工有待进一步提高，插入 PowerPoint 中的图片要清晰，如土豆、苹果、石块等图片，要进一步处理加工，使其边缘清晰。

（2）课堂教学点评

学生自己录制小实验视频，这样培训了学生的动手能力（1:30 处）。利用网络平台在屏幕上方便操作（3:30），展现教学内容，提高了学生课堂学习的兴趣，也体现了现代化教学手段在课堂教学中的魅力。

让学生分析实验的过程（7:20 处），并且总结其规律，培训学生分析问题的能力；引导学生分析学生实验中出现的问题（12:50 处），以此培训学生分析问题的能力和思考探究能力；引导学生进行充分的讨论（14:10 处）分析，并能够根据学生在自主学习过程中反馈的问题（16:00 处），共同分析研究，深化课本知识。

在学生们充分讨论交流的基础上，教师再次展现微课视频（18:50 处），进行总结，归纳测量不规则物体的体积的方法；根据总结的规律方法，进行课堂练习（22:10 处），学生充分的讨论交流，然后通过平板电脑和网络平台，快速即时地反馈学生的答题情况。

根据学生可能出现的问题，再次进行知识的深化（24:50 处），水的体积有没有发生变化？把知识引向深入，并进一步地说明苹果的体积就是容器的长、宽与变化的水的高度的乘积。针对学生计算中可能出现的问题，专门设计了一个包含错误的实例（26:55 处），让学生判断分析，以此培养学生分析问题的能力。

学生利用平板电脑做题（29:10 处）。利用网络平台，快速即时地在屏幕上反映出学生做题的情况，并让学生回答解题的过程，在此培训学生的语言组织和表达能力，既要能做出来，还要能说出来。此处（31:25 处）的练习题，难度显然加大。

随着学习的深入，练习的难度继续增加（35:15 处），练习题的难度循序渐进，由浅入深；最后引导学生（40:20 处）自己总结出测量不规则物体的体积的方法，学生们充分讨论交流，各抒己见,课堂气氛活跃。

　　本节课的最大特点是学生自己录制了大量微课视频,在录制的过程中,学生已经基本掌握了不规则形状物体体积的计算方法,课堂上对知识进一步地深化,通过师生的互动,将学习的课堂知识与生活实际充分地结合起来。课堂上学生充分地互动交流、展示自己,教师根据学生在课前预习中的问题,有针对性地进行讲解分析,即教师在课前要进行二次备课,要根据学生课前的"学"来确定课堂上怎么进行"教",即先学后教,以学定教。同时教师也制作了课堂上使用的微课视频。在课堂教学中,充分地利用平板电脑和网络平台,将学生的答题情况快速即时地反馈出来。整个课堂教学气氛活跃,学生们真正地动起来了,课堂也就活起来了。

## 12.03　初中数学教学案例—青岛开发区实验初中

(微信扫一扫)

### 案例赏析

#### 北师大版初中数学七年级上学期《截一个几何体》教学案例

(教师:王晓霞)

#### 1　微课视频设计思路

　　本节课的所有活动都需要在学生理解截面的基础上进行,而对于初一的学生,这一新的概念又比较抽象,因此课前用 Adobe Premiere 制作了一个科普小视频。在视频中,呈现了水果拼盘、CT 影像、3D 打印技术、玉石切面等不同的场景。这些场景拥有不同空间不同领域的背景,既有生活中常见的,也有引领科技的,揭示了截面在不同领域的广泛应用,既吸引了学生的注意力,又加深了学生对于概念的理解。

　　在此基础上学生动手完成操作:探索正方体的截面,并完成《用一个平面截正方体截面可以是什么形状》的问卷调查。

2  课堂教学设计方案

本节课分为以下六个坏节进行：

（1）课前设计

1）老师发布课前自主学习导学单

A  看微课视频：在日常生活的情境中感知截面。

B  动手操作：让学生动手操作，自主探索正方体的截面。

用土豆设计一个图形印章。具体要求：请找一个土豆，先切成正方体，然后只用一刀切出一个图形，记住只能一刀，你能切出哪些形状？（如果家里没有土豆，可用地瓜、萝卜等物品代替，明天可将你切好的作品带到学校，也可将切截的过程录成视频发给老师。）

观察你切出的几何图形，思考并实践它们可以是两边形吗？三边形吗？四边形呢？完成《用一个平面截正方体截面可以是什么形状》的问卷调查。

动手操作后思考：

a  通过你的操作实践，你的截面图形是怎么截出来的，比如三角形，是随便一刀切出的，还是经过思考有选择的切出的？

b  除了切几何体，你还有别的方法能得出几何体的截面吗？看看你身边的物体，有没有可以借助使用的？

C  在学习和做题的过程中你有哪些困惑和收获，请到论坛参与讨论和分享。

2）学生根据老师的要求进行自主学习，并将收获和疑问发到论坛上。

3）老师课前进行学情的收集和分析：

A  调查问卷统计及部分有代表性视频整理。

B  系统地统计数据。

截面形状从三角形到七边形的各个选项的具体数据，如图 12-1 所示。

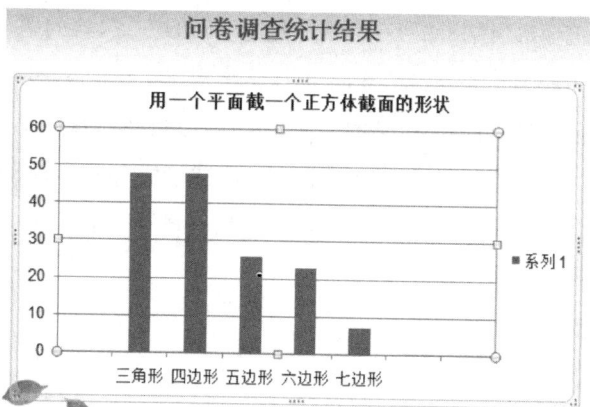

图 12-1

（2）课中设计

1）学生预习成果展示

播放部分有代表性的学生视频(是学生在之前动手操作中录制的,除切割过程和结果的呈现外,还包括了切割思路的解释)。

2）学生对该展示进行质疑和补充

3）继续深化知识

A　活动探究：探索正方体的截面

通过问卷调查和视频演示,发现大家对于截面是三角形和四边形已经掌握了,但对于截面是五边形、六边形的截取方式会有疑惑,接下来重点探索这个问题：截面可以是五边形和六边形,如何截可以得到五边形、六边形？ 不能截出七边形的截面,为什么？

我希望学生可以选择多种方式进行探究,因此在课堂上提供了注水的正方体教具、几何画板、数码笔等工具,配合学生预习中切割的正方体土豆块进行探究。

B　成果分享

课堂上同学们展示自己的研究成果

4）课堂学习的再总结提升：探索一般几何体的截面

A　抛出问题,引发思考

a　用平面去截一个三棱柱,截面可能是什么形状？

b　与其他的几何体还能形成什么样的截面？

c　如果想得到一个三角形的截面,你可以选择什么样的几何体？

B　展讲质疑,形成结论

第一个问题,期待学生能通过探索正方体截面形状的学习方式,类比得出结论：当平面经过三棱柱的三个面时,得到的截面是三角形；经过三棱柱的四个面时,截面是四边形；经过三棱柱的五个面时,截面是五边形；因为三棱柱只有 5 个面,所以截面最多是五边形。

如果学生不能完整地给出期待的答案,我会通过追问的方式,将问题分解为截面可以是什么形状以及怎样截取。提示学生类比思考,从而探索出规律性结论。

后两个问题,期待学生能将前面所学的常见几何体(如圆柱、圆锥、球体)的截面解释出来,学生可以仿照刚才的回答方式解释,如果不能出现合理或者完整的答案,我会转问其他可以给予帮助的学生,有争议或疑惑较大我会引导学生借助几何画板演示,也会在课堂中暗藏圆柱形水杯让学生借以演示说明。

5）自主学习问题反馈

A　学生做题练习：

① 用一个平面去截圆锥,得到的平面不可能是(C)

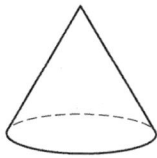

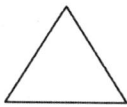 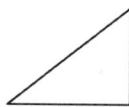

(A)　　　　(B)　　　　(C)　　　　(D)

② 用一个平面去截一个圆柱,得到的图形不可能是(D)

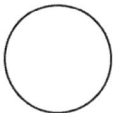  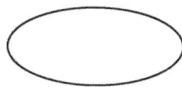 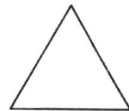

(A)　　　　(B)　　　　(C)　　　　(D)

③ 观察截面的形状分别是什么?

(A) 六边形　　　(B) 圆　　　(C) 椭圆　　　(D) 三角形

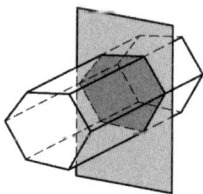 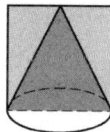 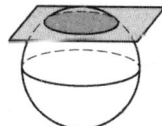

a)　　　　b)　　　　c)

④ 观察截面的形状分别是什么?

(A) 圆　　　(B) 长方形　　　(C) 五边形　　　(D) 椭圆

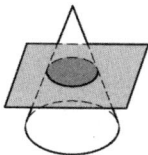 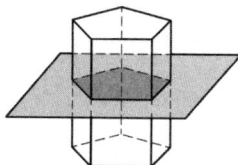 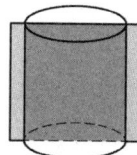

a)　　　　b)　　　　c)

⑤ 用平面截下面几何体,找出相应的截面形状(C)

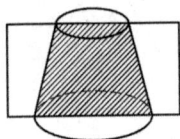

(A)      (B)      (C)

⑥ 用平面截下面几何体,找出相应的截面形状(A)

(A)      (B)      (C)

⑦ 用一个平面去截五棱柱,边数最多的截面是(C)

(A) 五边形      (B) 六边形      (C) 七边形      (D) 八边形

B　数据统计

通过网络平台即时反馈学生做题的情况,对于错误较多的题目,分析错误原因,会有审题不清、圆柱和圆锥直观理解不透等情况,经过再次思考,基本能够理解。

C　解决办法

通过对错误题目的分析,学生自我纠错,通过几何画板演示,再通过平台资源浏览学习和小组讨论,最后解决问题。

(3) 课后巩固

看推荐资源中的微课,思考以下问题,将你的理解在网络平台中回复:

在小学中,我们曾辨认过从正面、左面和上面三个不同的方向观察同一物体时看到的物体的形状图,你能用实物摆出如下的几何体吗? 分别从三个不同的方向观察一下,画出他们的主视图、左视图和俯视图。

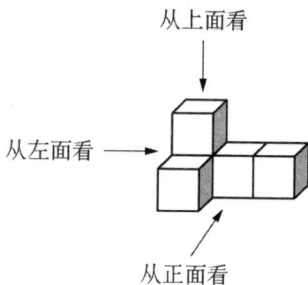

从上面看

从左面看

从正面看

### 3 课后教学反思

数学是来源于生活的,在课前制作微课视频时我寻找一些生活当中利用截面的事例,如"地质探查"、"石油勘测"及"医学 CT"的应用等,这些事例会让学生明白数学不仅仅是抽象的概念,它是来源于生活实际的,这些贴近生活的实例,在为学生增长科技知识的同时,也为实践作业"用土豆切一个正方体,研究正方体截面的形状"打下基础。

本节课在学生认识了截面之后,要求学生对一个平面截一个正方体得到的截面图形的形状进行了归类,并由对正方体的切截,过渡到一般几何体的切截上,从而使学生对切截出来的截面图形的变化规律进行分析思考,得出一般规律,并且能应用这些规律解决实际问题,从而让数学课堂的结构更具有发现数学、了解数学、应用数学的逻辑性。在教学过程中营造学习研究的气氛,学生表现出极大的学习热情,有较好的教学效果。

在教学过程中,通过分析确定学习方式,理清了课前预习、课中深入、课后反思各教学环节中的学习任务,课堂上在研究学生的课前预习数据的基础上制定教学目标,使教学真正实现以学生为主体,在课堂中有针对性地解决学生预习中出现的问题。把"对几何体的切截"与"开发学生的空间立体想象能力"结合起来,重视学生自主探究在教学过程中的作用,体现了课改的精神。

在教学过程中,应该注意到学生对立体图形的理解能力。本节课虽然做了充分的预设以及教具的准备,但考虑到初一学生的空间想象能力和语言表达能力的不足,讲解方式上还有待于进一步改善。

### ■ 微课视频及课堂教学点评

(1)课前导学微课视频

本节课的微课视频,内容丰富,制作精美,为了说明截面的概念而给出了许多实例,先从生活中的切水果,到科学研究中的年轮,再到医学中应用的 CT 机和目前的 3D 打印技术,泥火山形成的截面,再讲到赌石中涉及到的截面,让学生了解截面无处不在,以此激发学生学习的兴趣。数学的概念实际上是生活的抽象。

从制作的形式上看,采用了大量的图片和视频,而且选取的素材与教学内容结合得很好,图像清晰,各部分内容间的讲解,过渡性语言用得很好,最后再布置学生的动手作业。

微课视频整体设计科学合理,讲解语感柔和,视频形象生动,内容丰富多彩,过渡自然流畅。讲解时加入了背景音乐,增加了微课视频的艺术效果,也使得各画面间的过渡更加自然。

不过,视频中有几张 PowerPoint 画面的文字字体,不用宋体字会更好。

(2)课堂教学点评

开始给学生展示课前预习的结果,在学生课前深度预习的基础上,对于简单的问题如三角形和四边形不再讨论,这也是翻转课堂教学的重要特性,由于课前深度预习,课中是基于学生预习中提出的问题,进行探索性教学。

课堂一开始(2:40处),就让学生动手操作,如何能切出五边形和六边形,教师在学生操作的过程中进行指导,帮助学生进行探究学习,随时解决学习中遇到的问题。学生的探究性研究操作进行了近10分钟,然后学生展示是如何切出五边形和六边形的。学生的动手能力、思考探究的学习能力都得到了培养。

课堂上既给学生准备了土豆这样的实物供学生切截,同时利用立方体水槽的倾斜角度的变化(4:35处),改变液面的形状,来形象说明立方体是如何被截取出多个形状的多边形的。在学生得到感性认识的基础上,让学生通过几何画板(14:50处),演示五边形和六边形截面的形成原理,然后教师进行归纳总结(15:40处),并引导学生分析(15:55处)形成五边形和六边形的区别之处。先让学生进行分析讲解(17:10处),教师再进行归纳总结(18:35处)。

通过网络平台再次对学生(19:18处)进行问卷调查,这样可以发现存在问题的学生。引导学生分析总结(20:25处)正方体能够切截成几边形取决于正方体的面的多少。再将刚学习过的正方体切截成多边形的知识,推广到其他球体、圆锥、圆柱、棱锥、棱柱等几何体(21:15处),这些几何体切截出的几何图形是什么样的形状呢?提出问题让学生实践探究(22:15处)。

在学生探究的过程中,教师适时地给予指导(24:55处),启发和引导(26:55处),教师真正地参与到了学生的学习过程中。学生探究学习的结果,与大家分享(28:00处),相互交流共同学习,教师进一步地进行演示讲解(30:40处)说明。再次让学生交流分享自主探究学习过程中的体会(33:50),充分地让学生交流互动,调动了学生学习的积极性。

最后(37:15处)引导学生进行逆向思维,原来讲的是一个几何体如何切截出多边形,现在的问题是,哪些几何体能够切截出三角形的截面,培养学生的逆向思维能力,学生思维活跃,发言积极主动(37:35处)。

最后进行检测练习(39:10处),由于课堂上学生知识的获得是建立在学生充分讨论、交流、自主探究学习的基础上的,所以学生能够在课堂上很好地完成检测练习。

本节课,学生始终是在教师的指导下进行探究的学习。结论的归纳总结是在教师的引领下,通过启发引导让学生回答总结出来的,教师在课堂中始终是作为学生学习的引导者、参与者出现,学生知识的获得是靠学生自主体验的方式,合作探究的渠道,而不是教师的课堂灌输,所以学生掌握的知识较扎实,并能触类旁通,灵活运用。教学过程中,通过实物的操作以及教师对知识的引导和拓展,培训了学生的抽象思维能力。学生的分组操作、讨论、交流式的学习方式,培训了学生团队合作的精神,让学生在课堂上分享学习的成果,培训了学生与人交往、语言表达的能力。这种教学模式能够使学生的多种能力得到培养和提高。

## 12.04　初中化学教学案例—青岛开发区实验初中

**案例赏析**

### 鲁教版初中化学下册《复分解反应的条件及其应用》教学案例

（教师：薛建君）

1　微课视频设计思路

初中化学教材中共讲述了四种基本反应类型,其中复分解反应是比较重要的一类反应,它既是酸、碱、盐之间相互反应的核心内容,又在物质的制备、检验和除杂等方面应用广泛。但是在鲁教版初中化学教科书中只是提到了复分解反应的定义,简单说明了复分解反应发生的实质和对生成物的要求,而没有涉及反应发生时对反应物的要求,导致很多学生不能正确判断复分解反应能否发生。为了解决这个难题,也为了分散教学的重难点,录制了微课视频《探究复分解反应的实质》。微课视频中以同学们熟悉的三个典型的复分解反应为例,借助动画模拟从微观上分析了反应发生时离子的变化情况,直观形象,从而很容易地得出了复分解反应的实质和生成物应具备的条件。

2　课堂教学设计方案

（1）课前设计

同学们登录网络学习平台观看微课视频《探究复分解反应的实质》,并自学课本上的相关内容。同学们可以根据自身的情况多次反复地学习微课视频,弥补课堂教学的不可逆性。教师也可以在自己的平台上实时监控学生观看微课的情况:谁观看了? 观看的时间有多久? 一目了然!

观看好微课视频后,同学们可以在平台上检测自己的预习效果,完成相应的作业并提交,作业由系统自动批改,并配有答案解析,方便学生自主纠错。教师在自己的平台中可以及时查看学生的错题状况,根据系统呈现的试题质量分析图得知:同学们对复分解反应的定义、生成物具备的条件掌握得较好,但是对复分解反应的实质理解不够透彻,例如:不会判断离子共存问题。由此,确定了课堂教学中要引导学生进一步加深对复分解反应实质的理解,使课堂教学更有针对性。

同学们通过自主学习,在平台上完成话题讨论:"你对复分解反应还有哪些疑惑呢?"很多同学积极地发帖子提出了自己的疑惑,例如:只要符合 $AB+CD = AD+CB$ 都是复分解反应吗?所有的物质都会发生复分解反应吗?复分解反应要求反应物具备什么样的条件?复分解反应的应用有哪些?……教师和学生可以在平台上进行讨论交流,适时地解决了同学们提出的问题和疑惑,实现了课下老师和学生、学生和学生之间的互动,充分体现了学生学习的主体地位。

(2)课中设计

针对同学们预习检测中出现的问题和提出的疑惑,重新制定了本节课的学习目标:1.掌握复分解反应发生的条件,学会从反应物和生成物两个方面去判断酸、碱、盐之间能否发生复分解反应,进一步理解复分解反应发生的实质;2.初步了解复分解反应在实际中的应用。

1)问题探究一:复分解反应发生的条件

课堂上,首先展示前面已经通过实验证明能发生的五类化学反应,引导学生从"反应物溶不溶解"的角度去设计实验,让学生知道为什么要这样做,更加重视思维的本源性。

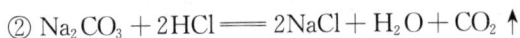

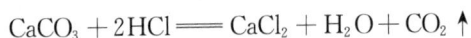

① $Fe_2O_3 + 6HCl = 2FeCl_3 + 3H_2O$

② $Na_2CO_3 + 2HCl = 2NaCl + H_2O + CO_2\uparrow$

　　$CaCO_3 + 2HCl = CaCl_2 + H_2O + CO_2\uparrow$

③ $2NaOH + H_2SO_4 = Na_2SO_4 + 2H_2O$

④ $Na_2CO_3 + Ca(OH)_2 = 2NaOH + CaCO_3\downarrow$

⑤ $Na_2CO_3 + BaCl_2 = 2NaCl + BaSO_4\downarrow$

展示实验设计

| 实验 | 现象 | 是否反应 |
|---|---|---|
| $Cu(OH)_2 + H_2SO_4$ | | |
| $Cu(OH)_2 + Na_2CO_3$ | | |
| $CaCO_3 + BaCl_2$ | | |

学生们通过实验来探究复分解反应发生的条件,在实验中感受、在实验中探寻,最终得到复分解反应发生的条件是(见下图)。反应物和生成物的条件必须同时满足,缺一不可。

$$AB + CD \xrightarrow{\text{交换成分}} AD + CB$$

1. 反应物条件

有酸可不溶，

无酸须都溶

2. 生成物条件

有水或气体或沉淀生成

（任意一种）

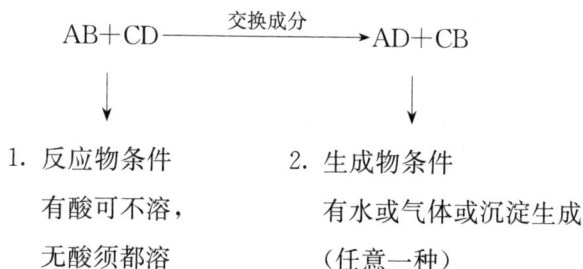

为了帮助学生巩固知识,通过小组合作学习完成练习:判断下列复分解反应能否发生,为什么?

① $CuO + H_2SO_4$

② $Na_2CO_3 + HCl$

③ $BaCl_2 + H_2SO_4$

④ $Mg(OH)_2 + H_2SO_4$

⑤ $CuSO_4 + Mg(OH)_2$

⑥ $AgNO_3 + NaCl$

⑦ $KNO_3 + NaCl$

化学源于生活,又用于生活,复分解反应在实际中的应用是非常广泛的。

2) 问题探究二:复分解反应的应用

设计了"学做小医生"、"关注生活"、"关注工业"环节,最终升华到水资源保护的层面上,让学生真切地感受到,化学与我们的生活是密切相关的。

最后,和学生一起围绕"复分解反应"展开讨论,由点到面、层层深入,形成完整的知识体系;并且在总结本节课知识的过程中生成新的问题,为下节课做好铺垫。

（3）课后设计

同学们根据自己的实际情况,自主完成作业平台中的相关题目:必做题和选做题。尊重学生个体差异,以满足不同学生的发展需要,真正实现了分层教学。

3 课后教学反思

（1）翻转课堂教学模式提高了课堂效率

由于课前学生进行了深度的自学预习,因此原来两节课完成的知识现在用一节课就完成了,课堂教学的容量增大了。更重要的是,同学们很喜欢这样的教学形式,思维得到了最大限度的发散。课堂上,在答疑解惑、知识的运用等教学活动中,教师与学生之间和学生与学生之间充分地互动交流,从而达到了最佳的学习效果。这种教学模式,不仅增加了课堂教学的容量,提高了课堂教学的效率,而且培养了学生自主学习的能力,让师生们在课堂上充分地进行互动、交流、讨论,激发了学生们的问题意识和创新意识。

（2）与信息技术整合，促进课堂教学

利用数字化学习平台，提前放置微课视频，让学生自主学习，这样突破了传统教学模式的时空限制，将线上学习与课堂教学有机地结合起来。老师也能对学生的学习效果进行适时监控，随时调整自己的教学设计方案。课堂上利用网络平台，实现师生间方便快捷的信息传递，即时反馈学生的学习情况。

（3）优化课堂教学，自主、合作、探究的学习

课堂是师生互动的舞台，课堂上要充分调动学生参与课堂学习的积极性，发挥学生学习的主体作用。课堂上，通过实验探究、小组合作学习等方式，激发了学生学习的兴趣，学生在自主学习的基础上主动探究、团结合作、勇于创新。在课堂上学生学习兴趣盎然，讨论气氛热烈，愉快地学习着。

■ 微课视频及课堂教学点评

（1）课前导学微课视频

微课视频中教师的讲解语言规范，清晰流畅。制作出 PowerPoint 课件，用 Camtasia Studio 软件录制，后期编辑较好，基本消除了噪音。在 PowerPoint 课件中，图形和动画应用得很好，绘制的图形清晰，利用 PowerPoint 动画中的动作路径，使得表示离子的图形运动，形象生动地反映了离子间的相互作用，反应方程式的出现也是随着讲解的进度，逐渐出现。微课视频中详细讲解了氢氧化钙与盐酸、碳酸钠和盐酸、氢氧化钙与碳酸钠这些复分解反应中离子变化的本质。图形的选用很形象，如 2:14 处，$CO_2$ 的生成，用云形标注形象地表示气体。在讲解反应的过程中，分别用"实质"和"旁观者"形象生动地说明各离子在反应中所起到的作用。微课视频的制作整体质量较高。但是 PowerPoint 课件中反应方程式的出现，宜使用由左到右的擦除方式动画，课件中的文字不宜用宋体字。

（2）课堂教学点评

课堂一开始，先反馈学生课前预习的情况，不仅是作业的统计，还包括学生提出的问题，本节课是根据学生预习中出现的问题开展教学的。

利用字母的移动动画形象生动地反映复分解反应的概念（3:10 处），引导学生共同分析什么是复分解反应（5:40 处），7:50 处学生动手进行实验探究，通过实验让学生进一步了解复分解反应的过程，在实验前，教师先告诉同学们实验时的注意事项，这样可以提高学生做实验的效率。

在实验的过程中，教师指导学生解决实验中遇到的问题，教师参与到了学生的探究学习过程中。到了 14:50，学生交流分享实验的结果，在学生回答的过程中，教师适时地引导学生对实验的结果进行总结。经过了 12 分钟的学生实验，教师引导学生总结复分解反应的条件和规

律,并通过让学生简短地讨论归纳以及回答问题,培养了学生归纳和表达的能力。再次让学生交流讨论(21:45处),进行知识的内化。

根据所学的复分解的知识,结合生活中的实例进行分析讨论(24:45处),让化学学科知识与生活实践紧密结合进来。通过解决小明家庭中的化学问题,使学生感受到学科知识处处可应用于我们的生活。在让学生分析回答问题时,教师适时进行引导。接着让学生自己思考如何解决"小明爸爸的问题"(32:00处),培养学生独立思考、分析问题的能力。学生在分析思考后,在台上分享自己的见解(39:35处)。为了照顾学生个体间的差异,教师再次与之一对一(43:45)地进行交流,解决个性间差异的问题。

最后让学生提出(45:20处)学习中还存在的问题,教师再次有针对性地答疑解惑,最后总结了复分解反应发生的条件。

本节课,通过让学生实验探究,去发现和总结复分解反应的条件和反应规律。绝大多数时间都是让学生讨论、探究、自主学习。教师进行适时的引导和指导,同时教师始终参与学生的学习过程,教师真正成为了学生学习的指导者和参与者。在知识内化的过程中,不是简单地让学生做几道化学试题,而是通过生活中的实例,让学生参与到分析问题、解决问题的过程中去,培养了学生将所学的课堂知识与生活生产实际相结合的能力。

## 12.05 初中语文教学案例—温州市第二中学

**案例赏析**

### 人教版初中语文八年级上册《记承天寺夜游》教学案例

(教师:倪海娜)

**1 微课视频设计思路**

当前的文言文教学,难免因在课堂上花大量时间疏通字词而令学生产生倦怠情绪,而缺少对文本主旨与人物形象的深度品析。为丰富文言教学手段,同时提升文言教学课堂效率,特引入"思维导图",以期打开另一重教学维度。

从当前语文教学中看,思维导图的运用手段大致有以下几种:

(1)绘制主题单元或单篇课文的思维导图,帮助学生了解文章主要内容,明确课文学习目标。

(2)利用思维导图帮助学生构思作文,使其在理清思路的基础上顺利写作。

(3)利用思维导图进行知识点复习,帮助学生分类整理知识,建立知识体系。

（4）采用思维导图方式记课堂笔记，帮助学生构建完整知识框架。

诚然，以上4种方式若能持之以恒，确实能够给学生的学习带来积极的变化。但某些方式的指向针对性不够强，学生实际操作起来会有无从下手之感。同时，如果只局限于以上4种方法的反复操练，难免会显得单一化，学生的兴趣也会随之降低。由此，笔者在教学实践中试图突破常规方法，引入更有创意的思维导图模式：以对韩寒的"导图式评价"启发学生用思维导图的方式，绘制一张苏轼被贬的人生地图。

2　翻转课堂教学设计方案

（1）课前翻转

1）将文言基础字词学习翻转

利用PowerPoint课件，对文章常用字词进行疏通，给出苏轼的介绍以及《记承天寺夜游》的写作背景，并利用一套自学检测题反馈自学掌握程度，为课堂上重难点字词的讲解指明方向。

2）将低效的讨论翻转

在网络平台上建立一个问题讨论区，让学生以小组为单位进行讨论、质疑与解惑。在互动讨论的过程中主要解决难度低的问题，小组内解决不了的问题，上传到教师建立的"疑难杂症区"。由此，既保证每个学生对文本的积极思考，又能让学生在课前有一定交流，更利于教师掌握学情，以便进行第二次备课。

3）将耗时的任务翻转

以思维导图评价苏轼的生平，的确是一项费时的任务。通过微课视频讲解，学生可以领悟具体操作方法，并在课前绘制好思维导图，课上只做修改与展示，让课堂的弹性空间变大。

（2）课中翻转

1）以思辨性问题组织课堂

要让课堂"翻转"成功，问题的设计至关重要。在主要问题到延伸性问题的设计上，预设性不宜太强，应选择开放性强、最好具有思辨性的问题介入，以此引发学生间的碰撞，师生之间也能有火花出现。如本课中对"怀民亦未寝"一句"亦"字含有的情感品析就是一例。对于语文课而言，有些问题不应追求答案的精准，而应追求答案的丰富。

2）以具体任务驱动小组合作

翻转课堂注重学生个人与小组合作展示，如要小组展示精彩，可以以任务驱动的方式让小组活动运作起来。如对"但少闲人如吾两人者耳"一句中"闲人"一词的把握，就设计了以下合作任务：讨论"闲人"的词义；推敲"闲人"中的情感；带感情地朗读此句。一个主要问题，通过不同梯度的任务设置，让小组中不同层次的学生都能参与讨论与展示，同时水平高的学生亦能在学生间的互动中展现自我风采。

（3）课后翻转

摆脱纸质书写，打造活动式"作业"。通过课前自学与课中落实，学生对于课文的三维学习目标都已基本落实，无需再做纸质练习。因而本节课结束后的作业，是要求学生小组合作，共演夜游片段。利用表演课的时间，真正让学生"动起来"。此类的作业还可以采取"落叶题诗"、"照片配文"等形式。

### 3　课后教学反思

（1）课前导学以任务单先行

课前给学生导学的内容应由以下几个版块构成：导学任务单、导学视频、导学 PowerPoint、自学检测题、问题讨论区。（其中导学 PowerPoint 初始页建议应先向学生阐明自学目标。）根据不同性质的文本，选择不同版块组合成导学内容。

面对多个版块的导学内容，学生自学前的首要任务是阅读导学任务单。导学任务单的意义在于为学生提供导学步骤，指导学生条理清晰、目标明确地完成自学任务。如果缺失了任务单，学生的自学过程将走向无序，自学效果也将大打折扣。

（2）微课视频制作内容与形式须多样化

微课视频内容应多样化，它可以是一个具体任务的演示，也可以是一个学法的指导，可以是文章特定背景的介绍，也可以是略读教材解析等等。确保每一个微课视频都是理解文章的一个切入点，切口小，且能让学生一课一得。《记承天寺夜游》一课所提供的微课视频通过一个具体任务的演示，令学生由形象的模仿走向个性化的创造。

此外，使用 Camtasia Studio 软件，以 PowerPoint 为载体录制视频只是诸多微课视频制作手段之一，语文的微课视频制作也可以采取手绘图文、真人秀等形式，也可以以录屏大师、会声会影、flash 等其他软件进行设计与录制。微课视频的录制人可以是老师，也可以是学生。唯有手段丰富，才能不断给学生以新鲜的刺激，带动其学习积极性。

（3）注重学生思维可视化

与其他学科比较，语文学科最大的特点是知识点模糊，面对一个问题，学生不是从一个公理或公式开始推导与解析，而多半是评价语言的感觉，分析与理解，文意但这并不意味着答题或思考的过程不可视。

"思维导图"的本质是以立体方式思考文本，既整体把握又联系局部，帮助学生更好地和文本"对话"。将思维导图引入语文课堂教学，真正实现了将主导权交还给了学生，让学生成为主角。

通过使用"思维导图"，学生不再被动地去设法记下课堂上教师的每句话和阅读一串串长长的句子，而是积极地对关键字进行加工、分析和整理，并和教师积极地对话，学生的思维得到了发展；另外，思维导图还非常有利于开发学生的空间智能。通过绘制思维导图，把杂乱的信息有条理地组织起来并存储在人脑中,同时也使得抽象的知识以网络图的形式呈现出来,变得可视化,因而思维导图是促进课堂有效教学的有力手段。

(4) 课堂语文味不能被弱化

翻转课堂作为转变传统课堂教学的一种手段,虽然伴有平板、微视频等非纸质的教学资源,但语文课的核心终究应立足于引领学生的精神成长。多媒体的使用与自媒体时代的来临,倒逼教师们研习技术运用,同时,教师也不应忘却对于教材的研究。带领学生从语言本身走向言语本质,汲取文学涵养,获得生命生长,这是何时何地都不能被撼动的语文教育工作者的立场。

### ■ 微课视频及课堂教学点评

(1) 课前导学微课视频

本节课微课视频是基于 PowerPoint 课件用录屏软件录制而成的,以学生感兴趣的韩寒话题为例,介绍本课最核心的思维导图学习法,进行课前学习目标定位和学法指导;微课视频的设计图文并茂,形象活泼,利用“牛”和“COOL”,形象生动地引入思维导图的概念。

(2) 课堂教学评价

本节课的教学有以下几方面特点:

1)由之前学过的陶渊明引入有关苏轼的话题,掌控适中,教态自然大方。

2)学生朗读(6:18 处)时,个别语句情感色彩没有呈现出来,先留下悬念,经过对课文深入解读后再回头明确正确的感情投入,让学生反复体会。

3)学生回答问题(8:18 处和 9:35 处)时,让学生与教师互换角色,回归了语文本色。对学生听、说、读、写能力的培养,贯穿在课堂教学的点滴中。

4)学生自主学习积极性被调动,提出诸多有价值的思辨性问题,一改传统教学中教师“一言堂”灌输式的教学方式,使学生以批判性思维审视文本,发挥学生的主观能动性,使其独立思考的能力和创造力得到锻炼。

5)(11:20 处)引导学生利用思维导图,掌握文言字词知识点之间的联系和区别,比较清晰易懂,一目了然,巩固扎实。

6)(12:50 处)教师问题设计巧妙,学生能够随机应变,大胆地“指点江山,激扬文字”,并请听课的老师在课堂上帮助解疑答惑,拓宽思路,教学弹性空间大,课堂生成效果较好,教学互动气氛活跃。此处并非预设的情景,教师也能够灵活处置,这是本课最值得借鉴学习的亮点之一。语文本来就应该是生活化的,处处都是语言学习的环境。

7)(13:21 处)学生结合自测对有关的文言字词进行多角度理解,既夯实了基础,又大大激发了学习兴趣。

8)（15:30 处）教师把课前查阅的有关本文的写作背景和作者当时心境的材料穿插融入到学生对文本的解读中，自然地引出一个关键性的问题：作者苏轼当时被贬，心情郁闷，但身边有家人陪伴，为何却说"无与乐者"，独去承天寺找张怀民？学生经老师的引导和指点，思想火花被点燃，很快能够抓住本文最核心的解读：苏轼认为张怀民懂自己，跟自己的命运相似，同是天下沦落人，且志同道合。

9)（19:53 处）学生能举一反三，即刻抓住文中的词语"亦未寝"。（24:10 处）学生重新朗读课文，同时老师指出了要读出感情色彩（24:28 处），与前面的内容遥相呼应。此刻学生心门已经打开，马上紧扣体现文章主旨的词句"闲人"，进行热烈的小组互动讨论交流（27:27 处）。教师在学生讨论的过程中适时给予指导，画龙点睛，恰到好处，水到渠成。《论语》中说"不愤不启，不悱不发"，意在此吧。学生进行了 10 分钟的讨论交流后（38:00），分小组在台上分享讨论的结果，这些讨论与展示相得益彰。

古语云："授人以鱼，一餐之需；而教人以渔，终身受益。"本节课较好地体现了学生在教师的引导下自己做学习的主人，教师充分调动学生学习的兴趣和积极性，启发学生主动质疑，并根据学情先学后教，以学定教，成功实现课堂的翻转。课堂容量大延伸度拓宽，时而聚焦文本，时而回归生活，"功夫在诗外"，很好地体现了"大语文"的本色。整堂课收放自如，学生全身心投入，吸收、交互、创造，听说读写能力得到有效的训练。

## 12.06 初中英语教学案例—温州市第二中学

**案例赏析**

### 外研社初中英语八年级上册 Module 4 Unit 2 What is the best way to travel？教学案例

（教师：孙如媛）

1 微课设计思路

"Module 4 Unit 2 What is the best way to travel?"一文介绍了从伦敦到阿姆斯特丹的交通方式。希望学生能在课前微课视频的帮助下学会如何预习一篇阅读文章。因此，微课视频就相当于一份"活"的导学案：

（1）对所介绍的地方（阿姆斯特丹）进行文化背景的介绍。

（2）在语境中呈现生词，让学生边学边用，同时解决发音的问题。

（3）提供学生"寻找关键词"的阅读技能，帮助学生快速准确地完成课文中的习题。

（4）鼓励学生质疑，在自己不懂的地方做好标记，以便交流讨论。

## 2 课堂教学设计方案

本节课的教学主要体现在"如何预习一篇阅读文章"上,阅读文章时不仅要关注生词的语境,还要掌握阅读技巧,同时关注文化背景。

(1)学生们观看了微课视频,并初步自学了课文,明确了学习任务,尔后将自己的作业上传到网络平台。这样能够让教师在课前就了解了学生的情况,在二次备课中,进一步明确教学的重点和难点。

在教学中的第一个片段,通过话题的设计,检查学生是否掌握了课文中生词的用法。学生们在交流这一话题的过程中,自然而然要使用到前面预习过的生词和句型,体验预习带来的成功感。教师在这个过程中可以指导和纠正学生们用法上的错误。紧接着,通过问题的设置,检测学生对四种交通方式的理解是否正确。再让学生们通过小组合作的方式对课文中的习题进行检查和答疑,让每个学生都掌握"寻找关键词"这个阅读技巧。

(2)课中

1)教学片段一

在第一个教学片段中,主要是学习反馈,设计话题导入,复习巩固生词。

Guess:—What did I do before my last journey?

—How much did my last journey cost?

设计问题,检查对课文内容的了解

Going by coach is the _____ way to travel.

_____ is the second cheapest way to travel.

_____ is the third cheapest way to travel.

_____ is the most expensive way to travel.

小组合作,互帮互学掌握阅读技巧

Check the answers with your group members. If someone is wrong, tell him/her how and where you can find the right answer.

小组讨论结束,再请个别能力较弱的学生到台前讲解如何运用"寻找关键词"这个技巧完成阅读理解题,让学生体验成功的快乐。

对于英语的阅读文章,不仅要让学生了解文章的大意,还要指导学生读懂文章的深层次含义以及作者写作的意图。因此,课堂教学设计的第二个片段,就着眼于点拨学生对文章框架结构的认识和对情感态度的提升上。

2)教学片段二

A 理解感悟,点拨提升,观察表格,提炼句型

Look at the table very carefully, how can we put the good points and the bad points together? Yes, we use "but" to put them together. （仔细观察表格，我们如何表达优点和缺点？是的，我们用"但是"这个词来连接优点和缺点。）

B 情感提升，层层深入

Learn to compare the good points and the bad points. It helps you make the journey better! （学会比较交通方式的优缺点，会使你的旅行更美好！）

But what do we need to compare? （那么，我们要学会比较什么呢？）

Where can we find this kind of article? （我们在哪里会看到这样的一篇文章呢？）

How many ways of giving suggestions can you find in the article? （你能在文章中找到几种给建议的方式？）

Use different ways to express the same meaning. Your writing will be more beautiful! （用不同的表达方式来表达同一个意思，你的文章会更加漂亮！）

第二教学片段的设计旨在引导学生提炼重点句型、学习文章框架结构和了解作者写作意图。让学生随着问题的层层深入慢慢体会和感知，并通过自己的实践，理解和掌握这些句型和框架结构，为第三教学片段中学生的语言表述做好准备。

3）教学片段三

迁移拓展、活学活用。这里希望学生能在前面教学片段的铺垫下，进行语言表述的练习，为书面表述打好基础。课前任务单里已经要求，小组中，每人要查找一种从安徽到南京的交通方式所需的时间和费用。在课堂上，通过小组合作的方式，将信息补充完整，并说出最理想的"Best answer"，其中包括每种交通方式的优点和缺点。将课堂上学到的知识进行迁移和拓展，结合生活的实际，活学活用。

（3）课后检测

**3 课后教学反思**

（1）微课视频要成为会说话的电子导学案

希望学生在微课视频的指导下，学会如何自学预习一篇阅读文章。因此，我们将微课定义为"一份会说话的电子导学案"。学生能看懂的就让学生自己去解决，看不懂的地方提出质疑，大胆发问。微课程中每个步骤都有老师的引导和讲解。学生们的问题和质疑，可以通过网络平台，让同学们或老师解答、讨论。通过平台，教师也可以掌握学生们的预习情况，明确第二天上课时的难点所在。

（2）要让学生们成为课堂的主人

在进行了充分的课前预习之后，学生自信地进课堂。要让学生成为课堂的主人，给他们更多的机会，在课堂上练习和使用英语。在进行翻转课堂的实践过程里，关键的一点就是要将以教师为主体的课堂，转变为以学生为主体的课堂。让学生在展示、讨论和交流的过程中，培养收集信息和处理信息的能力，提高用英语思维和表达的能力。教师在学生交流的过程中进行适当的点拨，以求在思维的碰撞中让学生对知识有更深层、更准确、更扎实的理解和掌握。

（3）英语课要有英语味

现代外语教育注重语言学习的过程，强调语言学习的实践性，主张学生在语境中接触、体验和理解真实语言，并在此基础上学习和运用语言。因此，无论是单词、句型还是语言的呈现都离不开真实的语言环境，在学生进行了充分的预习之后，教师在课堂中还要尽可能多地为学生创设在真实语言环境中运用语言的机会。

## ■ 微课视频及课堂教学点评

（1）课前导学微课视频

本节课的微课视频是利用 PowerPoint 课件制作，再利用录屏软件录制屏幕。教师讲解语言清晰，语音语调流畅、优美、流利、标准、规范、地道。课程设计科学合理，突出了本节课的重点内容。PowerPoint 课件做得比较简洁，在 PowerPoint 课件中插入了不少图片，并且制作了表格，这样能够激发学生学习的兴趣，有助于学生对知识的理解。插入的图片清晰，并且能够根据教师的讲解进度逐渐显示图片（00:55 处）。利用 PowerPoint 中的动画，逐渐呈现教学内容，讲解过程中如果需要学生思考做题，则适时告知学生暂停，引导学生进行微课程的学习。适时应用标注（6:48 处），提醒学生注意，使重点词句非常清晰地展示在微课程中。

但是录制的视频噪音较大，PowerPoint 的画面不宜满屏显示（7:21 处），周围要留有空白，PowerPoint 中的文字不宜用宋体字。

（2）课堂教学点评

开始，老师展示了什么是话筒并告诉学生如何传递，学生通过实际操作以示他们理解了老师英文的 Instruction，跟学生的互动拉近了师生间的关系。

在相互交流之后，（2:39 处）老师开始播放课前预习的微课视频，这是为听课的需要而给听课者播放的。老师很巧妙地用了他们在微课视频里预习的句型，问了一个英语口语非常棒的孩子：“Are you the best one in your class?”（12:00 处）这个孩子非常自如地回答了这个问题，同时还介绍了另外一个学生，从而展示了学生课前预习的情况，这样对学生今后的课前预习是一个促进。师生利用网络平台进行互动交流，使得教师课前就了解了学生的预习情况，在二次备课时会有的放矢地进行课堂教学的设计。

从 12:10 开始到 16:58，老师运用了预习课里的所有句型，学生很自然地回答出老师的问题，而且他们用了几个非常好的形容词恰如其分地回答了老师的问题，比如：enjoyable，relaxing。整节课对所有句型的操练都非常自然地与他们的日常生活和习惯相结合，问题的设计有效性强(very practical questions)。

从 17:00 到 18:00,由比较级和最高级句式提问和回答,过渡到老师的一次旅游经历,自然导入正课,并以自身的旅行经历,引导学生对此话题进行提问(17:41 处)。

从 18:01 到 21:36 老师通过让学生猜她去清迈旅行的价格,操练了另外两种句式,循序渐进。

从 21:37 到 22:30,老师让学生用刚刚所操练的句型,准备对话(pair work),讨论旅行的方式、预算、计划(21:54 处)。

22:31 学生开始结合自己的实际情况进行交流。

23:53 老师把话题又切回到课文的内容,即从 London 到 Amsterdam 可选择的交通方式,对微课视频的内容再次巩固。学生回答得准确无误,由此可见,微课视频的预习效果很好。

25:53 老师开始核对学生的答案并教他们阅读的技巧:先看关键词,再说出优点和缺点。

26:20 开始到 28:28,学生做,老师给予巡回指导。

从 28:29 到 33:24 老师再次讲解和示范,然后让学生在屏幕上直接划出关键词和优缺点。

33:25 到 34:08 老师告诉学生如何用语言表达优缺点,提示要用转折词 but。

34:09 到 35:31 老师再次提出问题:"What do you need to compare?",并让学生继续在文中寻找。

35:32 到 40:33 学生开始结合 PowerPoint 上的文字提示做出反馈。老师让他们知道,如果想了解更多关于从伦敦到阿姆斯特丹所需的信息,可以从因特网上搜索。

40:34 到 42:35 学生并始提出各自的困惑,对文章里的词和句进行分析和理解并要求学生根据内容提出最佳建议或方案做准备,以此培养学生分析问题解决问题的能力。

42:36 到 45:45 学生反馈,集体朗读学生的答案,根据学生的回答,巧妙地联系到写作技巧。

45:46 到 47:15 老师提出一个新的议题,让学生按照先前的句式完成表格的内容,回答从合肥到南京他们各自选择什么交通工具,说出理由,各抒己见。这实际上是让学生用所学的知识解决实际问题,将课堂知识与生活实际相结合。

47:16 到 53:14 学生以小组形式准备分享各人的想法,在此过程中老师巡回指导,其中有个画面,老师摸摸学生的头以示亲切,这显示了师生间的情感交流。

53:15 到 1:00:08 学生开始上台展示分享(presentation),两小组展示完后,老师布置作业。

本节课建立在学生课下已经学习了微课视频、学生对课堂教学中的基础内容已经有所掌握的基础上。在课堂上由于不需要再进行基础知识的重复讲解,因此学生有时间可以充分地进行互动、合作、交流、讨论。课堂中的大部分时间,学生都是积极主动地在教师的引导和指导下,进行情境式交流。学生知识的获取,不是靠教师的灌输,而是靠自己的探究。同时课堂教学的设计符合科学性的原则,循序渐进,由浅入深。本节课教师充当了引导者,全体学生在教师的引导下不断应用生活经验回答实际问题。因此,本节课互动性强,每个学生都有不止一次的机会说英文,因此目标达成率相当高。

## 12.07 初中科学教学案例—温州市第二中学

### 案例赏析

#### 浙教版科学八年级上册第四章第一节《电荷》教学案例

(教师:林宏达)

1 微课视频设计思路

微课视频主要讲解认知目标较低的教学内容,如识记和领会。科学探究类的内容,不适合在微课视频中进行讲解。故在涉及科学探究内容的翻转课堂教学中,微课视频主要讲解进行科学探究所需的相关知识和基本技能,作为课堂上学生进行探究式活动的基础。《电荷》这节课的研究性活动是探究电荷间的相互作用,学生需要具备电荷的概念、摩擦起电的概念及电荷产生的原因等基础知识。因此微课视频的内容包括两部分:一是摩擦过的玻璃棒、橡胶棒都能够吸引小纸屑,借助这些现象讲解摩擦起电的概念;二是从微观角度讲解玻璃棒和橡胶棒带电的原因。

为了提高课前学生学习微课视频的成效,随同微课视频还有一份自学任务单,明确了自主学习和相应的自学活动的内容,指导学生进行有效的课前自学。《电荷》的课前自学要求如下:

(1) 观看微课视频《摩擦起电》,并记录在课本中。

(2) 收集生活中摩擦起电的现象。

(3) 思考:不碰到铝罐,用玻璃棒或橡胶棒怎么使它滚起来? 你是怎么想到的?

(4) 完成平板"作业"中的课前练习3题。

(5) 将课前学习中的疑问发送到平板上的"师生互动"中。

2 课堂教学设计方案

(1) 灵活运用,夯实基础

课堂中并不是直接进行科学探究,而是基于课前自学任务以及自学学情,设计相应的活动,让学生对知识进行运用。《电荷》这节课以情景引入的形式设计探究活动:在不碰到铝罐的情况下,用玻璃棒或橡胶棒等器材,怎样使铝罐滚动起来? 学生基于课前的自主学习,对新的探究任务进行小组讨论并设计相应的方案。该活动主要目的是让学生根据微课视频中学习的摩擦起电现象,探究物体相互摩擦后能够带电的方法。

在动手体验的过程中,再请学生将玻璃棒和橡胶棒带电的原理通过画图加以说明。这样做的主要目的是让学生能够解释摩擦起电的原因。在画图解释这一环节中,部分学生在建构模型时出现了错误,如正电荷发生了转移、玻璃棒带了负电等,学生学习中的问题得到了充分的暴露。这时通过学生间和师生间的互相纠正,学生能够正确有效地掌握科学概念,为进一步的探究活动奠定扎实的基础。

(2)科学探究,掌握方法

课堂上通过创设情境,引出问题,进行科学探究。如在《电荷》这节课中,通过学生分享课前收集到的日常生活中摩擦起电现象来创设情境。如女生举出了梳头发时,头发会贴在梳子上的例子。

这个现象与用手摩擦尼龙丝,尼龙丝之间会互相排斥而翘起来的实验现象相似。从尼龙丝这个情境出发,提出"为什么尼龙丝之间会互相排斥而翘起来"这一问题。由于摩擦后的尼龙丝均带上同一种电荷,则把问题转变为"电荷间的相互作用规律是什么"这一问题。围绕这一科学问题建立假设,并根据所提供的实验器材(玻璃棒两支,橡胶棒两支,丝绸一条,毛皮一张,底座一个),设计实验方案、记录实验现象、得出实验结论等。通过小组内的合作,学生能够成功设计并完成实验,得出电荷间的相互作用规律是"同种电荷相互排斥,异种电荷相互吸引"。这么做的目的是让学生体验科学探究的过程,掌握科学探究的方法。

这个规律似乎还没有回答学生课前自学时,在"师生互动"中提出的"怎么判断摩擦后的物体是带正电还是负电?"这一问题。教师巧妙引导:请同学们思考怎么判断尼龙丝摩擦后带什么电? 学生很快就能想到用摩擦后的玻璃棒或橡胶棒去靠近尼龙丝,观察其排斥或吸引现象。用这种方法就可以判断物体的带电情况。

(3)课堂练习,深化拓展

在课堂教学中,最后的评价是落脚点,该环节是对学生学习成果的检验,检测学生对本节课的掌握情况。该环节对基础较为薄弱的学生而言,主要是巩固知识,而对于基础较好的学生,可设置较高难度的拓展题,满足高层次的学习需求。

在《电荷》这节课中,主要设计"摩擦起电现象以及产生的原因"和"电荷间相互作用"这两个知识点的相关习题,并当堂检测本节课学习的内容,且每个学生给予反馈。其中,"把用丝绸摩擦过的玻璃棒去靠近用细线悬挂着的轻质小球时,产生了互相吸引的现象。则这个轻质小球的带电情况如何? A. 肯定带负电;B. 可能带负电,也可能不带电;C. 肯定带正电;D. 可能带正电,也可能不带电",这道题的正确答案是B,正确率仅为16%。从学生错误的选项中可以了解到学生均掌握了丝绸摩擦后的玻璃棒带正电,电荷间相互作用这些知识点,能判断出该小球带负电,但是学生不能根据"摩擦后的玻璃棒能吸引泡沫球"这个现象,得出该小球不带电这一种可能。此时可以结合课前易拉罐活动进行思考,引导学生知道带电的物体也能够吸引不带电的物体。课堂还没有结束,个别爱思考的学生又开始追问教师:"为什么带电物体也能吸引不带电的物体?"(原因是由于电荷间的相互作用规律,在不带电物体内部正负电荷会发生移动,与带电物体带不同性质的电荷会靠近带电物体,发生吸引)面对课堂中学生差异性问题的生成,教师同样有针对性地对部分学生做出引导。充分体现了在翻转课堂教学过程中,能够对问题进行探究、深化与拓展。

### 3 课后教学反思

(1) 结合学生课前自学学情设计课堂探究活动

翻转课堂教学,需要学生课前进行自学,并通过网络平台反馈学习的情况。教师应根据学生自学中出现的问题,设计相对应的课堂教学活动。学生在课堂探究过程中解决了疑难问题。在《电荷》这节课中,很多学生在课前自学中提出了"如何判断摩擦后物体的带电情况"这一问题,虽然这一个知识点并不是课本知识,但是可以结合教学内容对其进行解决。因此在课堂活动中,设计了"摩擦后的塑料丝带什么电?"这一问题。请学生结合"电荷之间的相互作用"这一知识点,设计检验塑料丝带电情况的方法。解决问题的过程就是对这节课教学内容的一次灵活运用。

(2) 翻转课堂的优势——科学探究更充分

由于课前学生通过微课的学习已经掌握了教学中的基本知识,所以在课堂上,学生有充分的时间进行科学的探究活动。通过实践活动,能充分暴露学生探究中出现的问题,通过对学生出现的问题进行剖析讲解,使学生更好地掌握本节内容的知识,亲历探究过程,掌握科学研究的方法。《电荷》这节课中有近 17 分钟的课堂时间让学生进行"电荷之间的相互作用"这一探究活动,并交流实验成果。在课堂中能完成实验设计,并通过实验得出相应的结论。学生在实验过程中,可能会遇到一些困难,但能在小组合作中解决相应的问题,并顺利地完成实验,如此通过亲历科学探究过程,掌握的内容更加深刻、扎实。

---

### ■ 微课视频及课堂教学点评

(1) 课前导学微课视频

本节课的微课视频是利用 PowerPoint 课件制作的,再利用录屏软件录制屏幕,教师语言清晰,PowerPoint 课件做得较好。在微课视频制作过程中插入了小视频,在 PowerPoint 课件中插入了不少图片,并用动画中的"动作路径"功能,形象生动地演示电子的运动,这样能够引起学生学习的兴趣,有助于学生对知识的理解。但是在制作 PowerPoint 教学课件设置动画时,进入一般不用"飞入",要想引起学生的注意,可以使用"切入"功能,或者采用"擦除"的方式让文字逐渐地显示出来。课件中的字体不宜用宋体字,可以用黑体字、微软雅黑等其他醒目的字体。

微课视频的第二个画面和最后一个画面,只有几个字,显得过于单调,可以插入形象的图片等,使得画面活泼有趣。幻灯片版面的设计技能有待进一步提高。如果想再进一步提高微课视频的质量,可以自己操作演示摩擦起电的现象,边演示边讲解,录制一段视频,这样效果会更好。

(2)课堂教学点评

开始播放的微课视频是为听课的需要,给听课者播放的。

一开始(5:40处)先展示了学生课前预习的情况,这样对学生今后的课前预习是一个促进。师生利用网络平台进行互动交流,使教师课前就了解了学生的预习情况,在第二次备课时会有的放矢地进行课堂教学的设计。

7:00正式上课,教师只是做了简短的说明,即让学生进入自主学习的实验研究阶段。由于课前已经进行了微课程的预习,基础知识不需要在此重复,直接进入实验探究阶段,学生并不感到突然。

从7:28开始,学生边做实验边讨论,合作进行探究学习,然后让学生(9:58处)根据自己的实验情况给大家演示分享,两组学生分别在台上展示(12:30处)了实验的情况,但是第二组没有成功,教师根据突发情况,引导学生分析是什么原因使得第二组没有成功,培养学生分析问题的能力。

学生有了感性认识以后,接着(14:05处)让学生在纸上用图形表示玻璃棒和橡胶棒带电的原理,这样知识的学习由感性认识上升到理性认识,培养学生的抽象思维能力。当然这是建立在课前深度预习的基础上的,课堂中在学生课前预习的基础上才能把知识引向深入,使知识进一步深化。

接着让学生在黑板前画出(16:28处)摩擦起电的原理图,并进行讲解,这样学生就真正理解了摩擦起电的原理。然后让学生列举生活中摩擦起电的现象,把学到的知识再运用到生活中去。

然后教师再演示(19:15处),说明摩擦起电现象在生活中到处都有,这样,学生学到的科学知识的同时又不会感到枯燥。教师在引导学生分析客观现象的同时,提出为什么尼龙线间是相互排斥呢(21:10处)?

再进一步把知识引向深入。提出同种电荷相互排斥、异种电荷相互吸引的猜想。为了验证这个猜想,让学生设计实验,对猜想进行实验的验证(23:30处)。这个过程是需要学生动脑思考和动手去操作的,在此培养学生的动手能力,思考探究能力,同时培养同学们间合作学习的能力,教师在学生动手操作的过程中巡回指导,即时解决学生学习中的问题。

直到35:55,十多分钟的时间里学生一直处于合作探究的学习之中,学生们在享受着探究学习的乐趣和获得知识的快乐。36:40时学生交流,分享实验的过程和结果。

教师这时再次提出问题(39:10处):"如何判断物体到底是带正电还是带负电?"这是本节

课中更加深入的问题,学生在教师的引导下,分析总结出判断物体带正电或者带负电的方法。

最后(42:45处)学生利用平板电脑做练习题,巩固学习的课堂知识。通过网络平台,屏幕上快速呈现出了学生做题的结果,但是并没有简单地给出题目的正确或错误的答案,而是让学生进一步地分析做题的依据。

由于学生在课下已经学习了微课视频,对课堂教学中的基础内容已经有所掌握,所以在课堂上不需要再对基础知识进行重复讲解,从而,课堂中可以利用更多的时间,让学生进行探究学习。这样的学习过程中,学生知识的获取不是靠教师的灌输,而是学生自己探究的结果。在学习的过程中,先由学生通过大量的实验获得了感性的认识,然后再通过对学生的引导,将感性认识上升到理性认识,分析摩擦起电的本质根源,最后再将课堂中学习的知识应用于生活实践中,让学生认识到科学并不遥远,它就在我们的身边。同时,也让他们认识到中学科学课的学习并不困难,把我们生活中的一些自然现象,经过分析加工抽象出来,就是书本中学习的科学知识,然后再应用科学知识解决我们生活生产中的问题。本节课在培养学生动手实践操作能力、动脑思考探究能力、学生间合作学习能力等方面都做得很好。教师充当了导演的角色,全体学生在教师的引导下通过探究式的研究和实验过程,去完成知识的学习。

## 12.08 高中化学教学案例—蚌埠市第二中学

(微信扫一扫)

### 案例赏析

**鲁科版高中二年级化学选修4"反应原理"《化学能转化为电能》教学案例**

(教师:胡婷婷)

1 微课视频设计思路

在录制本节微课视频之前先绘制知识地图,对该章节的知识点进行梳理、概括,明确学生必须掌握的目标及重点和难点,并通过实验录像展现本节课的知识内容。由于学生在必修2

中已经基本掌握原电池的基础知识,所以微课中先回顾学生已有的知识,cefp 录制实验的过程,让学生观察实验中出现的异常现象,启发学生思考以下几个问题:

(1) 这种异常现象带来的缺陷是什么?

(2) 如何改进该装置避免这些缺陷? 由此引出盐桥的作用,并进一步介绍双液原电池的工作原理。同时为了帮助同学们在课堂上能更好地完成实验探究,在微课中通过举例的方式介绍了双液原电池的设计方法。

2 课堂教学设计方案

(1) 课前设计

1) 学生依据学习任务单在家观看微课视频自学。

2) 根据微课视频中学习的内容,完成作业平台中的阶梯型练习。

3) 通过上网查阅资料了解盐桥在生活中各类电池的应用。

(2) 课中设计

1) 作业情况反馈:对课前任务完成情况进行总结性分析反馈。选择性分析,错误率较高的问题采用同学之间互相交流、教师引导的方式解决。在批改作业平台中的练习时发现前 4 道题的正确率都在 95% 以上,说明学生的自学能力很强,对微课中有关原电池的工作原理掌握得很好,所以及时调整了课堂教学内容,对于原电池的工作原理在课堂上不必再过多解释。同时通过整理学生的困惑和分析在线答疑情况,发现多数学生对于以下几个问题困惑较大:

A 盐桥是如何阻止液体外流的?

B 盐桥中的离子是如何运动的?

C 盐桥中的离子流完了怎么办?

D 生活中的电池有盐桥吗?

E 盐桥的作用有哪些?

通过整理以上问题发现学生对于盐桥这个实物比较陌生,对于它的组成、作用还不是很清楚,因此在设计教学环节时就考虑如何为学生提供自主探究的机会,让学生在互动交流中体会盐桥的作用。

2) 学生实验:小组合作设计作业平台中的双液原电池,亲自感受盐桥的作用。

3) 数字化实验展示:利用微电流传感器实时测定单液原电池与双液原电池的电流变化,引导学生分析图像中两种原电池产生的电流变化曲线,对比两种原电池的优缺点。

4) 实验探究:根据教师提供的材料——电极材料:锌片、铁片、铜片、碳棒;电解质溶液:$1\ mol \cdot L^{-1}\ CuSO_4$ 溶液、$1\ mol \cdot L^{-1}\ ZnSO_4$ 溶液、$0.01\ mol \cdot L^{-1}\ CuSO_4$ 溶液、$0.01\ mol \cdot L^{-1}$ $ZnSO_4$ 溶液、$1\ mol \cdot L^{-1}\ FeSO_4$ 溶液、$1\ mol \cdot L^{-1}\ FeCl_3$ 溶液、$1\ mol \cdot L^{-1}\ H_2SO_4$、$1\ mol \cdot L^{-1}$ $NaCl$ 溶液;仪器:烧杯、导线、盐桥、电流计。

小组讨论,搭建各种能产生稳定电流的双液原电池并分析原电池的工作原理。组与组交流比较搭建的不同原电池产生的电流大小差异,分析原电池电流的影响因素。在交流互动过程中,教师有针对性地引导学生分析自己设计出的原电池的工作原理,讨论解决学习任务单中的困惑。通过自主探究、讨论,学生自己解决了多数的问题:

A 盐桥是如何阻止液体外流的?

B 盐桥中的离子是如何运动的?

C 盐桥中的离子流完了怎么办?

D 盐桥的作用有哪些?

E 而"生活中的电池有盐桥吗?"这一问题在目前的探究过程中学生还未能解决。此时教师引导学生进入下面环节。

5) 知识拓展:学生交流讨论双液原电池在生活和工业生产中的应用。利用课前网络中查找的生活中各种电池的内部结构图,结合盐桥的作用,通过观察、比对、分析找出电池内部可以取代盐桥的部分——各种隔膜,在此过程中学生讨论积极热烈并指出了隔膜取代盐桥的好处是为了减小电阻。通过分析生活中的各种电池,加深了学生对盐桥的理解,真正实现了学以致用。

6) 随堂检测:最后教师组织学生进行随堂反馈,通过三道练习及时了解学生对本节教学重难点的掌握情况,实现知识(技能)的构建与内化。

3 课后教学反思

(1) 提高了学生自主学习的能力

翻转课堂的教学模式能够满足学生的自主学习需求。学生可以按照"阅读学习任务单——观看微课——完成练习——课堂探究——课堂反馈——形成评价"的流程,结合自身情况,调整自己的学习进度,选择性地补充知识,养成良好的自主学习习惯,提升自主学习的能力。

(2) 实现了一对一的个性化教学

学生在学习微课时由于理解能力不同,在作业平台上自主完成作业时,会出现错误率参差不齐的现象,此时教师可以分别录制微视频推送给作业中出现错误的学生,不需要在课堂上一一讲解。同时学生在学习同一知识时,所产生的困惑也会不同,在课堂上教师巡视学生分组探究过程中,可以依据不同学生的不同困惑与学生单独交流,予以指导,进行分小组或一对一的答疑解惑,进而对学生实施个性化教学。

(3) 实现了高效的课堂教学

学生在课前阅读学习任务单后就明确了学习内容、目标和方法,从而根据任务单和个人需要选择观看微课的次数和时间,自主地有选择性地学习,有助于充分掌握知识和概念。同时将课堂探究过程的实验方案设计前置,这样学生在课堂上就有了充足的时间进行自主探究、合作探究,成为课堂的主人,真正实现高效的课堂教学。

（1）课前导学微课视频：

利用 PowerPoint 课件录制微课视频，对本节课的知识点进行了梳理和概括，以简约生动的语言及清晰的实验录像，展现了本节课的知识内容。教师讲解思路清晰，语言简练。微课程中插入很多图片和录制的视频，并且视频的录制过程中，突出了实验的装置，而不是突出教师本人，这样有助于学生观察实验的现象。边做实验边讲解，讲解和实验操作的过程能很好地配合，截取的图片（2:05 处）清晰地反映出了实验前后的铜片和锌片发生的变化。在对图片进行讲解的过程中（0:35 处和 4:55 处），边讲解文字逐渐出现，有助于学生的学习和对知识的理解。

但是微课视频制作还不够精致，如：3:35 处和 6:45 处，可以用 PowerPoint 画图，并设置动画。规范的作图和动画，可以更加生动地显示原电池产生持续稳定电流的过程和双液原电池的设计过程。4:13 处文字可以慢慢地逐渐出现，不宜突然出现；5:30 处的公式出现，可以用擦除的动画从左到右慢慢地逐渐出现；录课时的板书还不够规范，可以把部分的板书内容改为插入的文字，并且随着教师的讲解逐渐显示出来会更好。

（2）课堂教学点评：

在课前，不仅让学生观看介绍双液原电池工作原理的微课视频，还给学生留有学习任务单，通过学习任务单，让学生课前就明白学习的内容、预期达成的目标、学习的建议和方法、学习的流程以及学习任务等内容。

课堂教学开始，反馈了学生课前预习的情况，分别展示了几个学生设计的双液原电池。接着让学生动手实验操作（16:50 处），搭建双液原电池。在实验中同学们进行小组合作，有的实验操作，有的拍照上传，这能培养学生团队合作的能力。

通过网络平台，随即把不同组学生的实验情况呈现在屏幕上（21:50 处），并引导学生分析两种电池的区别是什么（23:05 处）？再进一步地引导学生回答，为什么会有不同的情况。

为了更加精准地反应两种原电池电流的变化情况，利用微电流传感器（25:40 处），在屏幕上显示了单液原电池（27:15 处）和双液原电池（28:25 处）的电流变化情况，让学生们真实感受到两种原电池的电流变化是不同的。将学生的分组实验和屏幕上的演示实验结合起来，引导学生分析总结双液原电池的优点。

从学生的回答可以看出，学生是通过实验发现了（29:55 处）单液原电池的缺点和双液原电池的优点。这个教学环节，在培养学生动手操作能力的同时，培养了学生思考探究能力、分析问题解决问题的能力，不亲手做实验是不会发现这些问题的。

在教师的引导下，让学生再次动手（32:12 处）操作，搭建更多的原电池。在实验的过程中，教师适时地指导。然后让学生把实验的结果与大家分享（36:55 处），结合生活实际（41:40 处）

学以致用,并引导学生深入分析问题(45:10处)。

结合生活中常见的原电池(46:05处),引导学生分析哪些物质起到盐桥的作用。课堂知识与生活实际相结合。最后通过本节课的学习,让大家共同解决课前预习的过程中学生提出的问题(49:55处),课堂教学的内容前后遥相呼应。这个过程既解决了课前学生提出的问题,更重要的是把课堂学习的知识进一步深化。

本节课不仅是让学生通过实验探究学习、搭建两种原电池,还把分组实验与演示实验结合起来。学生大量的时间是在探究学习,通过亲自实践获取知识,并能很好地把课堂知识与生活实际相结合。

最后的环节,通过屏幕展现了学生课前的问题,让学生根据所学的知识回答,教师则答疑解惑,有针对性地进行课堂教学。

本节课整体设计合理,课题的引入、讲解、讨论、实验、结论,各个知识点分析透彻,各个环节过渡自然流畅。本节课探究性强,每个知识点都是通过实验让学生观察思考得出。如用铜—锌原电池的演示实验帮助学生理解原电池的原理时,教师没有给出"构成原电池的条件",而是增加了一些演示实验,按铜—锌原电池的装置,变化电极材料和烧杯里的物质,让学生通过预测、观察、对比、分析、归纳得出结论。

师生互动热烈,整节课学生都处在积极的思维状态中,比如让学生设计原电池这个环节,这不仅加深学生对原电池工作原理的理解,更培养了他们主动学习的能力。问题设计前后呼应,整堂课都按照提出问题、分析问题、解决问题的思路进行,效果很好。课堂中教师对能正确回答问题的学生给予充分的肯定和表扬,提高了学生学习热情和自信心。教师教态亲切自然、语言清晰也是本节课的一个亮点。

## 12.09 高中化学教学案例—合肥市第一中学

**案例赏析**

### 人教版高中化学选修4《原电池》教学案例

(教师:张 春)

1 微课视频设计思想

该课题是结合人教版高一化学必修1中的原电池知识,再次深入地学习和探究原电池。在微课的设计上,首先是让学生回顾已经学习过的知识,以锌铜原电池为例,复习原电池装置及其构成要素,并搭建装置,探究是否有电流的产生。通过装置,进一步分析原电池电流产生的原理,并介绍单液原电池。由锌表面变黑的意外情况,提出了因反应物的直接接触反应,化学能转化为热能,从而使化学能转化为电能的利用率较低。进而对实验进行改建——将锌和硫酸铜分开在两个烧杯,再组装双液原电池。这种装置也有电流产生,且锌片的表面没有黑色物质产生,该实验打破学生原有的认知——反应物必须直接接触才能反应,从而引入了特殊装置——盐桥。最后,精选双液原电池例题并讲解,让微课视频更加的完整。

2 课堂教学设计方案

教学目标:使学生深入理解原电池的结构和工作原理,认识盐桥的作用,知道内电路、外电路等概念,能根据反应原理设计简单的原电池。通过从化学理论到化学电源的成型,学生体验建构实用原电池的过程,以及理论转化为实际应用的过程。让学生知道数字化实验对化学探究的意义。通过双液电池模型的建构,渗透对立统一的辩证唯物主义思想——反应物不直接接触也可以发生化学反应。学生参与制备干电池,激发学习兴趣,感受化学原理运用于生活的巧妙和创新之处。

本节课教学分为三个阶段

(1)第一阶段:课前自主学习

学生在课外观看老师事先录制的微课,完成第一阶段的自主学习,控制的时间为:学生看微课视频、做练习和提出问题共 25 分钟;教师要根据学生课前微课程学习过程中遇到的问题,进一步设计课堂教学方案,即进行二次备课。

(2)第二阶段:课中深入探究

该阶段共分为五个环节:

1)环节一:反馈矫正,答疑解惑

简单讲解平台的习题,展示一些同学们有集中疑问的问题,引导学生在本节课中探究这些问题。

2)环节二:体验实验,感受真知

让学生在课堂上用提供的实验药品,搭建双液原电池,体验自己设计的实验,感受真知,总结盐桥的作用和双液原电池的工作原理。

3)环节三:发现问题,深入探究

A 氧化剂和还原剂不直接接触也可以反应吗?

B 用导线代替盐桥,也可以产生电流,这种装置是双液原电池吗?为什么?

C 对比单液原电池和双液原电池电流曲线,分析双液原电池电流稳定的原因,但同时我们也发现电流较单液原电池有所减小,学生分组讨论原因及对策。

4)环节四:创设情景,运用知识

结合干电池的组成——锌筒、碳棒、牛皮纸、淀粉糊,通过动画对比干电池与双液原电池,了解干电池各个组成的目的,然后让学生动手制作干电池。利用锌筒和碳棒为正负极,把浸泡在饱和氯化钾溶液的牛皮纸放入锌筒中作为盐桥,用硫酸铜溶液和面粉拌成糊状物充当电解质溶液,组装成一个干电池。学生用制作的干电池带动音乐卡片发声和发光(或让电流计指针发生偏转),学生通过自己制作干电池的过程感受化学的魅力,把课堂学习的理论知识,与生活中的实际应用结合起来。

5)环节五:课堂在线测试,巩固新知识

精选习题,当堂测试,借助网络学习平台,当堂反馈并给予评价。

(3)第三阶段:课后巩固复习

3 课后教学反思

(1)运用四重表征,让学生从多角度认识原电池

1)符号表征:如本节课以 $Zn + CuSO_4 =\!=\!= ZnSO_4 + Cu$ 反应为实验设计基础。

2)宏观表征:以实验为主线。包括两个学生自主实验:一是体验各种类型的双液原电池(不同电极和电解质溶液);二是自己制作干电池。还包括教师的两个数字化实验。通过观察实验现象认识电池。

3)曲线表征:数字化实验精确测量单液和双液电池电流的特征,并展示给学生进行比较。

4)微观表征:通过 Flash 动画直观呈现盐桥在双液电池中的作用与意义。

(2)积极发挥学生的主体作用,教师重在引导和组织学生,所有实验方案由学生设计并完成,实验中的问题全部由学生发现并给予解决。

(3)化抽象为具体,强化数字化实验的作用

1)数字化实验解决了传统实验中无法解决的难题。

2)不但验证假设,还能发现新的问题,过渡到下一环节(双重功能)。

(4)借助网络学习平台,提高教与学的效率

本节课借助网络学习平台,对学生课前自学检测进行统计分析,这对教师的二次备课和课堂问题的设置起到至关重要的作用,也可以加强课堂的互动和评价,提高课堂效率。

(5)创设应用环境,促进知识的内化

通过现场制作干电池,让学生体验原电池到化学电源的演变过程,感受化学之美。

■ **微课视频及课堂教学点评**

(1)课前导学微课视频

用录课笔边书写边讲解,微课视频中插入了教师亲自录制的实验录像,边讲解理论边实验操作,理论与实验结合得很好。在录制实验过程时,采用演示用灵敏电流计,能够清晰地显示出电流的变化,并突出显示了实验的局部过程。通过实验说明了单液原电池的缺陷,进而引出

双液原电池。在讲解的过程中，随着讲解内容的变化，图形逐渐显示出来(4:15处)，在例题的讲解过程中，采用边讲解边板书的方式，与课堂黑板上的讲授很相似，学生会感到更加亲切。

但内容的讲授和实验的讲解，声音的过渡不够流畅，视频录制好后，可以重新配音，保持所有内容声音的一致性。1:55处应该让学生看到，在硫酸铜溶液中插入锌片和铜片后，显示出电流指针的变化过程。

（2）课堂教学点评

本节课课前既有微课视频，又给学生发放了学习任务单，根据教师下发的任务单，学生课下自主学习避免了盲目性，同时教师也作了课堂学习形式的预告。

13:28开始上课，不仅反馈了学生课前微课程自主学习的情况，同时对学生课前原电池的设计方案进行了简单分析，为接着进行的设计原电池的实验打下了基础。

紧接着让学生根据自己课前设计的方案或屏幕上展示的方案动手设计原电池(17:40处)，学生分组合作，共同设计制作原电池，并将设计的方案拍照上传，实验结束后，分组发言共同分享(22:35处)实验的成果。

在学生充分自主学习、交流互动的基础上，教师归纳(24:28处)总结了不同的设计方案。教师又调出了课前学生学习的过程中所反馈的问题(25:15处)，根据学生实验的情况，引导学生共同解决自主学习中遇到的问题，并通过Flash动画(28:24处)形象地说明了离子运动的情况。

继续引导学生深入分析(30:25处)，学生发表不同的意见(31:10处)，这个过程既解决了学生学习中的疑问，同时把知识进一步地引向深入。

为了说明两种原电池的优缺点，播放了教师录制的实验视频(35:05处)，由于该实验的过程较长，通过播放视频可以节省课堂上做实验的时间，同时也说明了两种原电池产生电流的特点。此时引导学生分析，为什么双液原电池电流较小(38:05处)，把知识进一步地引向深入，引导学生认识到由于盐桥的加入，增大了电阻，引起电流变小，同时又引导分析如何减小电阻使其电流增大，最后学生回答增大盐桥的面积且减小长度(40:10处)，这正是物理学中电阻定律的知识，让学生知道学科间的知识是相互关联的。

同时由"纸"引出了"膜"，知识逐渐由理论上升到实践，引向生活、生产的实际。接着在知识延伸的过程中，介绍了离子交换膜(40:50处)，接着把所学的知识结合到生活实际中，展示了干电池的内部结构，同时让学生亲自感受干电池的结构(43:28处)，使课堂知识与生活实践相结合，理论联系实际。又让学生亲自动手组装原电池(44:40处)，并让其再次拍照上传分享实验的结果。最后通过平板做练习(50:10处)和继续设计原电池(51:30处)，检测学习的效果。

本课例是在教师的引导下，学生探究学习的典型的教学模式。在老师的启发下，学生很好地掌握了构成原电池的条件和单双液原电池的工作原理。在整个教学过程中，学生的学习热情十分高涨,课堂气氛相当活跃,充分体现了课堂教学中学生的主体地位。教学中通过让学生自己组装原电池,不仅加深了学生对原电池工作原理的认识,而且大大提高了学生的动手能力和团队协作精神。课堂教学设计,知识由浅入深,循序渐进,理论与实践相结合,讲授和实验相结合。本节课的另一大亮点就是学生的提问环节,学生提出的问题非常有深度。通过提问环节,不仅使学生更全面地认识了单双液原电池工作原理,同时也大大增强了学生分析具体问题的能力。本节课从提出问题到分析问题,解决问题后又诱使学生提出新的问题,从问题开始,最后又以问题结束,体现了一种全新的以问题为主链的课堂学习模式。

## 12.10　高中地理教学案例—合肥市第六中学

**案例赏析**

### 人教版高中二年级地理选修六《认识环境管理》教学案例

(教师：汪洪波)

1　微课视频的设计思路

本节微课视频分为三个阶段来设计,即微课视频的整体设计阶段、具体设计阶段和后期制作阶段。

(1) 整体设计阶段

根据课程标准的要求,本节课的内容主要是让学生学习环境管理并认识实施环境管理对保护环境的重要性。关于环境管理的基本内容,书本知识较为浅显,但书本上的内容比较抽象,为了变抽象的内容为具体的、形象的、生动的内容,微课视频选定"以秸秆焚烧的防治为例"来学习《认识环境管理》。

(2) 具体设计实施阶段

为了能较快地吸引学生的注意力,使学生投入到微课视频的学习之中,微课视频的片头设计以当前全民禁烧的图片为引入,给学生以视觉上的冲击,并插入了背景音乐,在听觉上给同学以震撼,把学生带入到具体的情境之中。在学习具体内容的环节中,插入了两段视频材料,让学生通过视频内容结合教材回答三个问题：秸秆焚烧的危害、环境管理的手段、环境管理的对象和执行主体。其中问题和答案的设计是交互式的,中间有暂停,给学生以思考和回答问题的时间。微课视频的最后留出相关的问题,供同学们进行思考,给学生以想象的空间,以达到发散思维和拓展的目的,同时内容的延伸为课堂教学做铺垫。在主要内容的学习中也插入了比较平和舒缓的背景音乐,给学生创造轻松愉悦的学习氛围,在总结阶段要调高音乐以凸显知识的总结和微课视频的结束,以提醒学生注意。

（3）后期制作阶段

根据前面的设计要求,做好 PowerPoint 课件并打开,同时打开屏幕录制软件 Camtasia Studio,以自己配音的方式开始录制,直至完成,将录制好的文件在软件中根据需求进行后期编辑,添加字幕,插入背景音乐并调整音乐的声音高低。

2　课堂教学设计方案

（1）课前设计

发放学习任务单和基础练习,让学生学习微课视频、完成相关练习,并根据任务单的内容,填写学习过程中遇到的问题和困惑。

课堂的教学设计是以微课视频学习中反馈的问题和疑惑为依据。微课视频学习结束后,根据大多数同学的疑问"为什么秸秆禁烧却屡禁不止?"进行教学设计。为了解决这个问题,课前带同学到实地进行考查,获取第一手的资料,制定主题"包公镇秸秆禁烧现象调研"。

（2）课中设计

1）快速回顾阶段

学生共同回顾微课视频中的基本知识,教师板书。

2）引入课题阶段

为什么秸秆禁烧却屡禁不止,由此导入主题,包公镇秸秆禁烧现状调研。学生通过图文材料初步了解包公镇的概况,线索是由农业大镇到秸秆的产生,再到秸秆的禁烧现状。学生通过观看采访当地主管部门的视频材料,了解当前包公镇秸秆禁烧的手段。通过分析对农民的采访,了解农民的意愿,发现农民的意愿与官方要求之间的矛盾,认识到当前禁烧的阶段性成果是靠"堵"。

3）进一步分析问题阶段

解决秸秆问题要"疏"。从当前农村能源消费结构的变化、农业机械化水平的提高、农村劳动力年龄及人口的变化等方面找到大量秸秆产生的原因和应该采取的对策。

4）总结提升阶段

通过环境管理,正确处理农村秸秆以实现农村地区的经济、社会和生态的可持续发展。

3　课后反思

（1）微课制作反思

微课是课的一种形式,因此微课的设计应该有传统课的结构和形式,如问题的引入,教学环节的设计和课后的总结等。微课的内容设计一定要以课程标准为中心,哪些是了解的内容,哪些是掌握的内容,要先整体设计。在具体内容的设计上,要重点和难点突出,同时要渗透情感、态度、价值观的教育。微课的学习环境要与传统的课堂有所区别,传统的课堂相对来说较为压抑,那么微课的设计就要轻松愉悦。微课视频的制作要控制好时间,短小精悍。同时视频的声音不能有噪音、画面要清晰。

(2) 对于翻转课堂的一点认识

传统课堂的教与学基本上是同步进行的,教师讲、学生听,教师往往是课堂的主角,而翻转课堂教学从根本上改变了传统课堂的教学模式,强调先学后教、以学定教。学生通过课前学习微课程,可以掌握教学的基本内容;课堂上根据学生自主学习中反馈的问题,在教师的引导下,学生讨论、交流、互动,在此过程中教师答疑、解惑。这种课堂教学形式,避免了课堂上简单知识的再重复,提高了课堂教学的效率。由于学生已经习惯了传统课堂的教学模式,所以,进行翻转课堂教学的过程中,各个环节教师都要对学生进行引导和指导。课前要指导学生如何预习,课堂中要引导学生积极主动地参与课堂教学,发挥学生的主体作用,提高学生学习的积极性和主动性。

小组合作学习是翻转课堂教学的重要环节。教师提出问题后,要让学生在小组内充分地发言、交流、讨论。在学生讨论互动的过程中,教师给予引导,并答疑解惑,解决学生学习中的问题。以学生为中心的翻转课堂教学,虽强调学生的主体地位,但活动的设计和学生问题的回答一般应该在教师的掌控之下进行,所以在翻转课堂教学中要更加注重教师的导演作用的发挥。

■ **微课视频及课堂教学点评**

(1) 课前导学微课视频

本节课的微课视频制作水平较高,制作好 PowerPoint 课件,用 Camtasia Studio 软件录制,不仅在 PowerPoint 课件制作时插入了多段新闻报导的视频片段,在录制时还插入了背景音乐,增添了微课视频的艺术效果。添加的字幕清晰、适时。片头设计以当前全民禁烧的图片为引入,给学生以视觉上的冲击,并插入了背景音乐,在听觉上给学生以震撼,很快把学生带到了具体的情境之中。通过播放新闻报道,让学生归纳总结秸秆焚烧的危害有哪些,进而引出了环境管理的必要性和环境管理的对象和执行主体等内容,课程的设计层次分明,清晰易懂。利用 PowerPoint 动画中的擦除功能,突出强调了某些内容(8:20 处),以此引起学生的注意,并设置悬念,留下问题,为课堂教学做准备。但是 PowerPoint 课件的制作水平还有待进一步提高,在小结中(9:10 处),左边的文字不宜用宋体字,中间的内容不宜使用蓝底黑字,这样的搭配降低了文字的艺术效果(7:02 处等),一般文本框中的填充颜色与文字的颜色要分别用冷色和暖色,如蓝底黄字或蓝底白字等,这样会更加清晰。

(2) 课堂教学点评

本节课以秸秆禁烧为例,说明如何进行环境的管理。

11:40 开始上课,由于课前通过微课视频的学习,学生已经掌握了基本的知识,所以开始就引导学生,直接进入课前微课视频学习中留下的问题(14:20 处):为什么秸秆焚烧屡禁不止,且常有反弹?接着与学生一起走进秸秆禁烧工作做得较好的包公镇进行实地探访,看看他们的禁烧措施。

通过播放采访的视频片段(21:05 处),引导学生回答包公镇秸秆禁烧取得成效所采取的各种手段(22:50、24:50 处)。然后提出问题:如果政府不禁烧,农民还会选择焚烧作为处理秸秆的主要手段吗?为什么?

引导学生通过看视频(26:30 处)进行分析思考,分组讨论(27:35 处),培养学生合作学习、分析探究问题的能力。经过 4 分多钟的讨论互动,让学生发言,分享小组讨论的结果(32:18、34:05 处),以此培养学生的语言组织和表达能力、思考探究能力。

随着探究的逐渐深入,继续提出问题:为什么会有大量的秸秆产生呢?再次观看视频,结合视频内容讨论交流(37:25 处),学生的发言(40:15、42:05、44:10 处)分别从农业的发展水平、农作物的种类、农民能源消费的结构以及秸秆易产生难消耗等方面,较全面地回答了大量秸秆产生的原因。

这些问题的回答,说明了通过交流、分析、讨论,学生已经基本上掌握了教学的内容。如何解决农民大量焚烧秸秆的问题呢?再次引导学生分析讨论解决这个问题的对策(48:35 处)。

学生从调整农业种植结构(51:10 处)切入,主张让农民和企业都能得到利益(53:25 处),发展生态农业,综合利用秸秆形成产业链,说明对环境进行全方位的管理,可以使得当地的生态、经济和社会都得到可持续的发展。

整个教学环节,让学生了解秸秆禁烧的全过程,比如政府部门及农民对当前焚烧秸秆的问题的认识,让学生观看录像,全方位、多层次地展现问题,让学生充分地讨论、互动、交流,教师在与学生互动的过程中,适时引导和指导学生的学习。本节课理论与实践相结合,书本上的知识与社会实际相结合。本节课不仅是学科知识的教学,更重要的是通过课堂的交流、互动、讨论,培养了学生的公民基本素质、人生观、世界观。

## 12.11　微课视频制作和课堂教学案例点评综述

以上十节课,不论是小学、初中还是高中,不论是语文、科学还是化学,这些微课视频的制作和课堂教学都有其共同的特点,不同的学科,只是知识内容不同,而课堂教学的结构形式是相同的。

1　关于微课视频的制作

(1)屏幕录制

绝大多数都是采用预先制作好的 PowerPoint 课件,然后用录屏软件进行录制,一般录屏都是使用 Camtasia Studio,然后再用该软件进行后期编辑。不过这些教师只是对录制后的视频进行了最简单的编辑,实际上 Camtasia Studio 软件的后期编辑功能是很强大的,除了调整音量、去除噪音、添加图片和其他视频文件外,还可以添加标注、局部放大、设置过渡效果等。这样不仅增强了微课视频的艺术性,还提高了微课教学的效果。可见上述多数微课视频制作的艺术性还不强。

（2）准备素材

微课视频中要插入大量的图片和视频,图片可以在网络上下载,但是要注意两点：一是要使内容和图片保持一致,二是要保证图片的清晰度。对于视频,可以从网上搜索后下载,下载的视频一般要进行重新编辑整理,因此要掌握对视频进行剪辑、拼接等编辑操作的技能。也可以自己录制,在自己录制的过程中,要突出显示实验的操作过程,不必显示教师本人。在录制视频的过程中,可以录制声音,但是当把该视频插入到微课中用录屏软件进行编辑时,声音最好要重新录一遍,保持整个视频声音的一致性。

（3）PowerPoint 课件

前面这些例子中的教师的微课绝大多数是利用 PowerPoint 课件进行前期制作,在制作课件时,除了内容的设计上要有层次感,知识的讲解上要由浅入深以外,还要注意 PowerPoint 课件的设计艺术以及动画效果。

1）设计艺术。PowerPoint 课件中使用的字体不宜用宋体字,可以用黑体、微软雅黑、方正粗圆简体、汉正广标等艺术字体。字号不要小于 30 磅,要用大字号突出显示主要内容。文字的颜色与背景的颜色要协调,一般文本框若用冷色,则文字要用暖色,反之亦然。

2）动画效果。PowerPoint 的动画功能很强大,几乎可以制作我们教学中所需要的各种动画,利用动画可以展现一些抽象的概念,能够形象生动地显示一些动态变化的过程。文字的出现可以采用擦除式,对象的运动可以用动作路径,物体的转动可以用陀螺旋,圆周运动用动作路径中的圆形扩展,这些动画不仅可以把 PowerPoint 课件做得更加艺术,也使得知识的讲解更加形象生动。

3）插入文件。PowerPoint 课件常常要插入声音、视频和 Flash 动画等文件,这些文件的选取须注意声音要清晰、画面要清楚,最好能嵌入到文件中。

这些教师制作的 PowerPoint 课件都有很大的改进空间,基本上都没有使用 PowerPoint 动画,大片文字整体出现,文字也多是使用宋体字,有的字号还特别的小,这些都是 PowerPoint 课件制作过程中应该注意的。

2　关于课堂教学

不论小学、中学,不论文科、理科,这些课堂教学都具有以下共性。

（1）学生课前在教师指导下深度预习

翻转课堂的基本教学模式是,课前教师录制好微课视频放在平台上,供学生提前预习,为了避免学生自主学习的盲目性,也为了提高预习的效率,不少教师课前都下发学习任务单,一般可以通过平台下发电子版(也有纸质的)。学生在课前自主学习的过程中,可以梳理知识点,根据任务单,完成预习的任务,其中包括平台上的互动交流和预习练习作业,并记录下自主学习过程中遇到的问题,为课堂上问题的展示和讨论做好准备。

（2）课中学生互动讨论,教师巡回指导

由于课前学生已经学习了基本的内容,课堂上不再需要重新学习简单的基础知识了,这样节省了大量的时间,课堂上可以根据学生自主学习中反馈的问题,以及由此问题教师进行二次备课所准备的知识,进行展开讨论。课堂上学生充分地互动交流、讨论,合作学习,或就某一问题发表自己的观点和看法,这能培养学生分析问题和解决问题的能力。让学生真正地动起来,课堂才会自然地活起来。

课堂上教师的角色发生了变化,教师已不是课堂知识的传授者,而是学生学习的指导者和参与者,学生在互动讨论,或者实验探究的过程中,教师要适时地进行引导和指导,参与到学生的探究学习中去。要设置问题,层层深入,适时点拨,驾驶课堂。

（3）课后进行个性化辅导

根据教学中以及网络平台上学生反馈的问题,课后要有针对性地对学生进行个性化的辅导,可以是线下辅导,也可以是线上辅导。可以是针对一个学生的辅导,也可以是针对一部分学生的辅导。可以针对学生出现的问题,录制微课视频,通过网络平台发送,也可以通过互动平台,直接与学生互动交流。辅导形式不拘一格,多种多样,但要体现个性化,要有针对性。

# 后记

多年来,我在物理学科教学研究的基础上,带着教育教学以及教学管理中遇到的问题,对 Office 等其他常用软件以及相关的网络平台进行了深入的研究,在此基础上,针对教育教学中遇到的问题出版了系统研究专著多部。《PowerPoint 2003 在教学中的深度应用》这本书中大量的教学案例,教你如何应用 PowerPoint 制作教学课件;《Word 2003 在教学中的深度应用》,介绍了教师在教学文档编辑过程中,可以用到的大量实用的方法和技巧,让你快速方便地编辑教学文档;《Excel 2003 在教学中的深度应用》,由浅入深、全面系统地介绍了教学以及管理工作中常用到的数据分析和统计的方法;《常用信息化软件在教学中的深度应用》是作者收集整理的教学工作中常用软件的使用方法;《轻松高效做好班主任工作》是目前国内第一本从技术上支持班主任工作的论著,书中全面系统介绍了班主任工作中常用到的计算机知识,特别是详细介绍了 Excel 和 Word 在班级管理中的应用,书中大量文档模板,读者可以直接使用,使得班主任管理工作事半功倍,书中介绍了作者本人在做班主任工作中使用的学生行为习惯量化自主管理的方法,既减轻了班主任的工作负担,又提高了班级管理的效率;《方便快捷制作教学课件》一书,是把用 PowerPoint 制作课件上升到理论的高度,应用全新的与众不同的信息化思维,教会你利用 PowerPoint 绘制教学中几乎所有图形,设置教学中几乎所有动画。

需要说明的是,学习我的系列专著,与 Office 版本无关,关键是要有创新的思维方式,只要有了创新的信息化思维,什么样的版本什么样的软件都是可以实现教学信息化的。《微课视频制作与翻转课堂教学》一书,介绍了多种微课视频制作的方法,可以供读者选用,同时根据目前全国进行的翻转课堂教学实践,选录了有代表性的小学、初中、高中的 10 节课(第 12 章),在进行了认真分析研究的基础上,提出了新的课堂教学结构模式,以期能够给广大的读者朋友提供一个可供借鉴和参考的范例。

我的研究从最初的 PowerPoint,Word,Excel 以及其他常用软件的创新应用起步,拓宽到微课视频制作与翻转课堂教学,以及目前正在进行的学生综合素质评价系统的研究。由于所有研究的内容都与教师的教育教学工作密切相关,因此都得到了教育界同仁的一致赞誉和认可。系列研究专著也分别作为上海市教师"十二五"和"十三五"市级培训课程教材在全市使用，并被上海市教委推选上报教育部，作为"国培计划"培训课程教材，以及作为中国教育技术协会向全国推荐的教师培训教材和微软推荐的培训教材。

作为基础教育领域中研究教育技术应用的唯一的中国教师代表，我连续三年参加了全球教育论坛大会。在全球教育论坛大会上，了解了当前全球教育改革发展的方向是：以互联网多媒体信息技术为手段，变知识传授型的学习为自主性的、体验式的学习。教师由知识的传授者变为学生学习的指导者、参与者。这场教育大变革，涉及教育信息技术和先进的教育理念。目前信息技术手段已经足够解决我们基础教育应用中的几乎所有遇到的问题，而先进的教育理念我们也不缺乏，我们缺乏的是如何把教育信息技术与先进的教育理念融合在一起，走出一条教育信息技术支持下的教育创新和教育变革之路。目前我们开展的微课程制作与翻转课堂教学的改革，正是顺应了全球教育改革发展的方向，也是全球教育信息技术改革在中国本土化的实践。

《微课视频制作与翻转课堂教学》一书在编辑的过程中，得到了"马九克教育技术应用研究名师工作室"成员的大力帮助。参加策划和编辑工作的工作室成员有：蒋怡、张晓春、汤凤君、夏仲文、夏敏敏等，其中夏仲文帮助编写了第 3 章、第 5 章，夏敏敏帮助编写了第 4 章，两人又共同帮助编写了第 6 章，在此表示感谢。

教育现代化要求教师在转变教育观念的同时，也要实现教育手段的现代化，要求教师具有将多媒体信息技术与课堂教学进行整合的能力。这一方面要求广大教师要能够将常用的几个办公软件应用到教育教学工作中去，提高工作效率和课堂教学的实效，同时也要求教师掌握现代教育技术应用的手段和方法，能够将教育信息技术与课堂教学融合起来。

如何才能够应用好教育信息技术呢？我的体会是在教育信息技术学习的过程中（做任何事情都是这样），首先要有创新的意识，关键还要具有创新的思维方式，如此才会慢慢具有创新的能力，最后自然会有创新的成果。要培养自己创新的思维习惯，好习惯将受用终生。读者朋友在学习我的各种信息技术应用的方法和技巧时，不应该仅仅是学习一些机械的操作技能，而应该是通过学习，掌握它的思维方法，只有学到了这种创新的思维方法，你才会有所突破，有所提高，才能将这些方法和技巧结合你的工作实际进行应用，那么你将会有无限的创造力。在学习中，要根据信息技术的特点，运用信息化思维方式，才能学好信息技术。要多动手、勤于练习，深入进去，仔细琢磨、善于总结。正如黎加厚教授说的，只有你深入进去，你才有机会发现美；深入是一种体验，体验则是一种过程，过程才是一种人生享受。

让我的研究成果造福于社会、造福于教育、造福于教师是我的最大心愿。对几年来在研究工作中给予帮助和支持的各位专家，以及广大读者朋友对该研究成果的赞誉和认可，我深表感谢。由于本人水平有限，殷切希望广大读者朋友在使用本书的过程中，多提宝贵意见。来信请寄:ppt5168@163.com。也可以登录:http://majk5168.blog.163.com(马九克教育技术应用研究工作坊),或百度搜索"马九克"直接进入博客,查看更多内容并下载与本书相配套的文档。作者本人的新浪微博:http://weibo.com/majk5168(可实名搜索)。

马九克

2016 年 6 月 18 日

书中配套文档下载地址:

1. 百度云管家下载链接:http://pan.baidu.com/s/1o8xRBr8　密码:cel1

2. 360 云盘下载地址:https://yunpan.cn/cSsQ75RhuD4AB　密码:1997

3. 马九克教育技术应用研究工作坊:http://majk5168.blog.163.com。(在右上角"书中文档下载"中下载)

4. 与第 12 章配套的教学案例下载地址:

(1) 小学:http://pan.baidu.com/s/1gfruq7T

(2) 初中:http://pan.baidu.com/s/1gf4R1vl

(3) 高中:http://pan.baidu.com/s/1dFLQ3lR